la petite vermillon

Robinson des mers du Sud

Tom Neale

ROBINSON DES MERS DU SUD

Six ans sur une île déserte

Traduit de l'anglais
par René Corpel

Préface de Jean-Luc Coatalem

La Table Ronde
14, rue Séguier, Paris 6e

Titre original :
An Island to Oneself.

Première publication : Arthaud, 1982.

www.editionslatableronde.fr

ISBN 978-2-7103-3132-2.

La belle histoire de l'oncle Tom

J'ai découvert ce livre sur la presqu'île de Crozon, en Finistère, dans notre vieille maison familiale de Penfrat. Il s'agissait d'un exemplaire de l'édition Arthaud de 1982, jauni, gonflé par l'humidité.

Les « mois noirs » avaient frappé, il pleuvait sur la lande. La station balnéaire était fermée. Personne ne se risquait plus sur les sentiers, en bas desquels l'Iroise sifflait de rage. Sans téléphone, sans télévision, sans radio, sans même de chauffage – mais la cheminée tirait bien, et il y avait assez de bouteilles et de bûches pour tenir un siège –, je m'étais senti presque abandonné, comme sur une île déserte…

Chaque soir, emmitouflé dans une couverture écossaise, je lisais le Robinson des mers du Sud *de Tom Neale. Paru sous le titre original de* An Island to Oneself, *chez Collins, en 1966, l'ouvrage débute ainsi : « J'avais cinquante ans quand je partis vivre seul à Souvarof, après trente années de bourlingue à travers le Pacifique… » Et ce gaillard m'avait plu tout de suite, mieux, il m'avait ravi dès les premières lignes ! Aussi familier qu'un oncle des mers du Sud. Retrouvé, cette fois-là, dans la boucaille de la pointe ouest…*

Quelques années plus tard, j'avais eu l'occasion de relire ce livre lors d'un reportage en Polynésie, à Raiatea. Un exemplaire de la réédition de 1999 moisissait dans un rayonnage du salon de l'hôtel où j'avais posé mes palmes et ma valise... Lorsque j'en avais assez de crapahuter dans la montagne à la recherche du tiaré à cinq pétales, le apetahi *(selon la légende, il n'éclôt qu'à l'aube dans un froissement de soie), j'empruntais un kayak pour gagner le* motu *de Oatara, tertre de corail hérissé de cocotiers. D'un côté, il faisait face au large rugissant sur la barre ; de l'autre, l'îlot s'ouvrait sur une vasque amniotique, traversée par l'éclair des « gros bleus », les poissons-perroquets. Le maître des lieux, un requin baptisé* Joséphine, *trois mètres cinquante tout de même, me sembla débonnaire entre les coraux multicolores... Et, reprenant cet ouvrage sous un cocotier du* motu, *luttant contre la douceur harassante du crépuscule, me tenant surtout éloigné de l'hôtel où un club de célibataires anglo-saxons avait établi ses quartiers, j'avais retrouvé ces affinités avec le gars Tom Neale et son équipée sur Souvarof (Suwarrow) dans le groupe nord des îles Cook.*

Venons-en aux faits ! Citoyen néo-zélandais, né en 1903 à Wellington, ancien marin et ex-agent de comptoir, Neale est un Robinson volontaire, c'est-à-dire ni un naufragé ni un banni. Il a fait le choix de vivre là sa vie, en solo sur huit cents mètres de long sur trois cents de large. À deux cents milles nautiques de la première terre habitée.

Son premier séjour court de fin 1952 à la mi-1954, prolongé par un second de mi-1960 à fin 1963 – il aura laissé à Rarotonga, autant dire à la civilisation, une épouse et deux enfants. La première fois, il abandonne Souvarof à cause de la maladie. La seconde, parce qu'il se sent affaibli, perturbé de surcroît par un groupe de pêcheurs de perles qui bivouaque chez lui. Cela ne l'empêchera pas d'y revenir pour un ultime séjour, de 1969 à 1977. Il décédera à Rarotonga cette même année, après avoir passé en tout et pour tout quinze ans sur son île aimée qu'il aura eue pour lui seul...

Je vous laisse découvrir ce livre modeste et surprenant, de même celle qu'il nomme « l'île du désir ». Pas à pas, on y suit Tom dans sa pêche aux langoustes, qui font son ordinaire, sa chasse aux cochons sauvages, l'amélioration de sa cabane et la mise au point de son potager de tomates et d'ignames. On verra que ce gentleman des atolls a des soucis insoupçonnés et des satisfactions furieuses. Comment oublier l'épisode de « One Tree Island », sa villégiature de sable, motu *périphérique qu'il rejoint le week-end à bord du* Canardeau *? Ce serait inutile, je crois, d'en déflorer les plaisirs et les déconvenues, les surprises comme les émotions, et de tenter de circonscrire ce bonheur qui contamine le lecteur – à chacun son île en soi. Ses mots sont pesés, frappés au coin du bon sens, souvent émerveillés. C'est roboratif comme du pain bis, stimulant comme un très pur saké. « À huit heures, nous franchissions la passe dans le récif et* *j'avais Souvarof devant les yeux* [...]. *Il me semblait que l'île n'avait jamais été aussi belle », écrit-il.*

Loin de la littérature New Age ou de tous ces récits de l'extrême qui se ressemblent, voilà le récit d'un homme confiant et entreprenant : l'histoire rectiligne d'un pionnier-paysan, en paréo sur un feston de corail, calme et droit au milieu des cocotiers bruissants et du silence de la mer. L'oncle Tom ne s'y sent jamais seul sous l'ardeur des astres comme sous la rage des cyclones. Personne ne lui manque, et les rares visites des voiliers en escale, au contraire, le dérangeraient presque.

C'est cette sauvagerie orgueilleuse ou plutôt ce désir d'un écart permanent qui reste le plus troublant. Pêcher, nager, canoter, dessoucher et bâtir, boire un thé à l'eau de pluie, bricoler un pont, élever ses chats, planter et récolter deviennent avec lui des joies bibliques, une Odyssée immobile.

Lors d'un ultime reportage aux îles Gambier, à mille six cents kilomètres au sud-est de Tahiti, en 2008, j'avais eu la chance de passer deux jours sur une île presque déserte, Kamaka. Son unique habitant-propriétaire était le fils d'une Tahitienne et d'un Américain, qui travailla sur le tournage du premier Bounty. *Tihoni Reasin voulut bien m'accueillir deux jours et une nuit contre cinquante litres de fuel pour son canot à moteur.*

Depuis trente ans, Reasin vivait sur son rocher d'un demi-kilomètre carré, tout en à-pics et en grottes, après en avoir exterminé les chèvres sauvages qui dévoraient ses arbres fruitiers. Une colonie de frégates, grands oiseaux noir et blanc ressemblant à des cerfs-volants, occupait tous les pitons. Elles le distrayaient soir et matin de leur ballet aérien. Et si, devant un lagon bleu poché puis vert anis, sirotant une tasse de thé puis force bières Hinano, nous avions évoqué la figure tutélaire de Robinson Crusoé, il reconnut que c'était plutôt l'aventure de Tom Neale qui l'avait impressionné... par son réalisme et son optimisme.

Du coup, cette lecture commune, chacun de notre côté du globe, à des milliers de kilomètres de distance, nous avait rapprochés. Et, volontiers, il me fit les honneurs de son royaume pentu et broussailleux : un chemin qui tournicotait, un verger, une réserve d'eau potable, la grotte aux ossements, son observatoire astronomique et, ordonnée par dates de parution, sa collection de National Geographic.

Grâce à ses capteurs solaires lui fournissant de l'électricité, nous pûmes dîner d'un gigot cuit au four, de fruits d'arbres à pain et de pommes-étoiles. Au dessert, Reasin me confia alors que, quelques années auparavant, une fin d'ouragan ayant touché l'archipel, son édition de Neale s'était envolée dans un tourbillon... en même temps que le premier bungalow. Il ne possédait plus ce livre fameux. Je lui promis de lui envoyer un second exemplaire. « Construire, c'est jouer », m'avait déclaré Reasin, en saisissant son balai en fibres avec lequel il nettoyait sa *plage, petite comme un mouchoir de poche.*

À son tour, le navigateur Bernard Moitessier, qui

aborda cinq fois les rives de l'îlot, devait noter en évoquant Neale qu'il voyait resurgir d'entre les broussailles le terrien plus surpris encore que le marin : « Avec ses mains, sa conscience et son courage, avec sa pelle magique et sa machette magique, avec sa sueur et avec son amour, un homme avait participé à la création du monde... »

À chaque page de ce témoignage, il y a, en effet, quelque chose d'un jeu fondamental. Vous en serez vite convaincu.

Jean-Luc Coatalem
Paris, février 2009

Note de l'auteur

Voici le récit des six années que j'ai passées seul, en deux séjours, sur une île de corail inhabitée du Pacifique-Sud. Elle mesure huit cents mètres de long sur trois cents mètres de large et se situe à deux cents milles de l'île habitée la plus proche. La première fois, j'arrivai là-bas le 7 octobre 1952 et j'y restai, seul (n'ayant vu que deux yachts de passage), jusqu'au 24 juin 1954, date à laquelle je fus ramené malade après un sauvetage dramatique.

Je ne pus retourner sur l'atoll avant le 23 avril 1960, et, cette fois, j'y séjournai seul jusqu'au 27 décembre 1963.

Tom Neale.
Tahiti et Rarotonga, 1964-1965.

Première partie

Chapitre 1

Bourlingue au soleil

J'avais cinquante ans quand je partis vivre seul à Souvarof, après trente années de bourlingue à travers le Pacifique. Dans ce récit, je m'efforce de décrire mes sentiments et de mettre par écrit ce qui fut pour moi l'expérience la moins ordinaire et la plus enrichissante de mon existence.

J'ai choisi de vivre dans les îles du Pacifique parce que la vie s'y déroule à la cadence voulue par Dieu quand Celui-ci créa le soleil pour nous tenir chaud et les fruits pour être cueillis ; pourtant, s'il me fut donné de visiter la plupart des îles, je me demande parfois ce que j'avais dans le sang qui m'amena à m'y fixer. À ma connaissance, il n'y avait eu dans ma famille d'autre soif de vagabondages que celle qui avait poussé mon père, natif de Aylesbury, Buckinghamshire, jusqu'en Nouvelle-Zélande, après avoir servi au 17e régiment de lanciers. À l'époque où il rencontra ma mère, issue d'une authentique souche de pionniers, il était devenu secrétaire d'une entreprise. Et ainsi je naquis à Wellington mais, dès ma plus tendre enfance, nous nous transportâmes à Greymouth, dans South Island, l'île sud de la Nouvelle-Zélande, où mon père occupa des fonctions de trésorier aux mines de charbon de l'État. Nous y vécûmes jusqu'à ce que j'eusse atteint l'âge de sept ans, époque à laquelle la famille (j'avais deux frères et trois sœurs) déménagea pour Timaru, sur l'autre côte de South Island.

Ce fut pour notre plus grand bien. Ma grand-mère maternelle possédait un terrain de dix hectares, à sept kilomètres à peine de Timaru. Nous nous y installâmes, mon père se rendant à son nouveau bureau à bicyclette, en cabriolet ou à cheval, tandis que j'allais à l'école locale où, en toute modestie, je fis assez de progrès en lecture, en géographie et en arithmétique pour sauter rapidement une classe.

Dès mon plus jeune âge, il m'avait toujours paru naturel de me retrouver un jour sur la mer, et je n'ai pas le souvenir d'avoir jamais envisagé autre chose. Mes parents ne firent aucune objection quand je leur déclarai mon intention de m'engager dans la marine néo-zélandaise. J'avais la ferme ambition de devenir un bon navigateur, mais quand mon père m'amena à la base navale d'Auckland, pour y signer mon engagement, je fus consterné d'apprendre qu'à dix-huit ans et demi j'étais déjà trop âgé pour devenir mousse.

C'était une amère désillusion, mais j'étais

déterminé à embrasser la carrière de marin, et je choisis ce qui s'en rapprochait le plus. M'engager comme apprenti mécanicien signifiait commencer tout en bas de l'échelle, c'est-à-dire à fond de cale, à la chauffe. Je ne rechignai pas devant ce travail, tout misérable qu'il fût, car il m'offrait une chance de voir quelque chose du Pacifique.

Je passai ainsi quatre années dans la marine néo-zélandaise avant de résilier mon engagement. Décision commandée par mon poignant désir de voir autre chose du monde que les rues étroites et limitées des ports où nous relâchions. Nos escales dépendaient des impératifs de la croisière, simples patrouilles de routine ou pannes de chaudières ; et c'est ainsi que je vis Papeete, mais jamais Tahiti ; Apia, mais jamais les Samoa ; Nukualofa, mais jamais les Tonga. Or, c'était les îles que je voulais découvrir, et non la vue des grues sur les quais ou les bars minables qui se retrouvent aux quatre coins maritimes du monde.

Au cours des années suivantes, je me baladai d'île en île. Parfois, pendant quelques mois, je m'engageais comme chauffeur aux chaudières de l'un de ces vieux et lents cargos qui font le service des îles. Quand j'en avais assez, je me louais pour défricher ou planter des bananiers. Le travail ne manquait jamais et la nourriture non plus. Ce fut à cette époque seulement que je pus découvrir et aimer cet univers d'îles répandues comme des perles à la surface du Pacifique. Manihiki à l'aube, alors que la goélette file sa route dans la passe à travers les récifs ; Papeete au coucher du soleil et sa grand-rue qui vient lécher le Pacifique ; le frémissement de la lumière sur les palmes des cocotiers de Puka Puka ; les nuages au-dessus de Moorea avec sa silhouette déchiquetée par les volcans éteints ; Pago Pago, où Somerset Maugham imagina le personnage de Sadie Thompson et où l'on peut encore voir l'hôtel du Faiseur-de-Pluie ; Apia, où j'appris plus tard que Michener avait trouvé l'inspiration pour son roman, *Bloody Mary* et où l'on vous reçoit à l'hôtel Aggie Grey en vous offrant un whisky-soda bien tassé.

Je les aimais toutes, ces îles, et dix ans s'écoulèrent avant mon retour en Nouvelle-Zélande, en 1931. J'avais alors vingt-huit ans. En arrivant à Timaru, je téléphonai au bureau de mon père.

« Qui est à l'appareil ? demanda-t-il.

– Tom.

– Quel Tom ?

– Le tien ! », répondis-je.

D'abord, il eut de la peine à me croire. Peu après, il arrivait à la gare pour me ramener en voiture. Vieux maintenant, il n'était pourtant guère différent du souvenir que j'en avais gardé. Ma mère non plus d'ailleurs. Par contre, mes frères et sœurs avaient tellement grandi que j'eus du mal à les reconnaître. Dix ans, c'est long !

Rapidement, je repris la routine familiale, comme si je n'avais pas quitté la maison plus d'un mois. Mais, en mon for intérieur, je me sentais devenu étranger. J'avais tant vu et tant fait, j'avais vécu tant de circonstances différentes, que parfois je me prenais à regarder ma mère assise tranquillement dans son fauteuil préféré et je me disais : « Est-il possible que pendant toutes ces années passées à découvrir le monde elle soit restée assise là tous les soirs, apparemment heureuse ? »

Je séjournai quelques mois sur place, vivant de petits travaux, puis je partis à nouveau, sachant cette fois où je m'en allais. Une île me fascinait plus que toute autre : Moorea, cette petite île française au large de Tahiti. C'est là que je finis par m'établir, sur cette terre d'une dramatique beauté, avec ses sommets déchirés qui jaillissent des plages blanches en pinacles impressionnants dans le bleu du ciel. Tout y paraît un peu plus vaste que la vie. C'est une île d'abondance. Je pouvais cheminer le long de la route étroite et sinueuse du bord de mer et cueillir les goyaves, les noix de coco, les papayes, les ananas, sans que personne n'en prenne ombrage. Les Français, qui avaient allié leur délicieux mode de vie à celui de la population, prenaient soin que Moorea ne fût point gâtée.

Un seul bateau par jour assurait la liaison avec Papeete. Après douze milles de traversée, il empruntait l'étroit chenal à travers la barrière de récifs. Et – du moins en était-il ainsi à mon époque – si un homme se comportait avec correction, tout le monde le laissait tranquille. C'est ainsi que j'aimais les choses.

Il me fallait travailler – je ne demandais que cela –, et il y avait toujours du terrain à défricher, du coprah à préparer et du poisson à pêcher. Je ne manquais de rien et je me souviens de m'être fait cette réflexion par une belle soirée, au sortir d'un bain dans le lagon : « Neale (je m'appelle toujours "Neale" quand je me parle à moi-même), c'est ici le lieu le plus proche du paradis. »

La vie était si bon marché ! On abattait un bœuf deux fois par semaine et la viande se vendait quelques francs le kilo. Au bout d'un certain temps, les insulaires m'avaient construit une confortable cabane de deux pièces en échange d'un sac de sucre et d'une caisse de boîtes de corned-beef. La vie était aussi simple que cela. J'avais mon propre jardin, un fourneau à bois, des légumes, des fruits, et du poisson à foison.

Mes dépenses ne dépassaient jamais une livre par semaine, souvent moins, car depuis le jour où j'avais quitté l'armée je m'étais mis dans l'idée de ne dépendre que de moi. Je faisais ma lessive, ma cuisine, mon raccommodage et je ne me rendais jamais quelque part sans être prêt à me débrouiller seul. C'est un principe auquel je me suis tenu toute ma vie. Même aujourd'hui, j'ai toujours avec moi mon matelas, des draps, un oreiller, des couvertures, mon couvert et ma vaisselle, des ustensiles de cuisine et ma vieille théière en argent toute cabossée. À l'heure où j'écris, le paquetage que j'avais reçu de la marine le jour de mon engagement reste à portée de main. C'est là le symbole d'une autonomie de plusieurs années pendant lesquelles j'évitai de dépenser une fortune. Mon existence était faite de simplicité. Pas de chambres meublées à louer, pas de repas à acheter. Mon seul luxe était l'acquisition de livres.

J'étais très heureux à Moorea. J'appris vite le tahitien, je me fis un ou deux amis, je travaillai assez dur, je lus beaucoup. En littérature, mes goûts sont éclectiques et j'aime aussi bien Conrad ou Defoe que les westerns. Un livre intéressant à lire le soir en me mettant au lit fait mon bonheur.

C'est à Moorea que j'ai découvert des œuvres de l'Américain Robert Dean Frisbie, qui devait par la suite avoir une si grande importance dans ma vie. Frisbie s'était établi dans le Pacifique et avait écrit sur les îles plusieurs ouvrages, que j'avais lus et relus, sans toutefois imaginer que nous deviendrions un jour des amis.

J'aurais pu rester à Moorea toute ma vie, mais, aux environs de 1940, époque où je me sentais très heureux, un personnage entra dans mon existence et en changea le cours. L'homme qui allait me conduire à Frisbie se nommait Andy Thomson, capitaine du *Tiare Taporo – Fleur de citronnier* – une goélette locale de cent tonneaux.

Je rencontrai Andy pendant un voyage à Papeete, et j'eus tout de suite de la sympathie pour lui. Il était direct, chaleureux et amical, mais après cette première rencontre nous dûmes parfois patienter des mois avant de nous revoir, car il nous fallait attendre le retour du *Tiare Taporo à* Papeete. Nous ne nous écrivions jamais.

C'est pourquoi, un jour, je fus stupéfait de recevoir une lettre de lui. Ce devait être au début de 1943. Andy avait l'habitude de commander les navires, et il n'était pas du genre à s'exprimer par périphrases. Il m'écrivait ces quelques mots : *« Tenez-vous prêt, j'ai un boulot pour vous aux îles Cook. »*

À cette époque, je n'étais pas spécialement à la recherche d'un travail aux îles Cook, et Andy ne me précisait même pas de quoi il s'agissait. Pourtant, quand le *Tiare Taporo* arriva à Papeete quelques semaines plus tard, je l'attendais. Et c'est en m'embarquant avec Andy que j'en vins à faire la connaissance de Frisbie, lequel, à son tour, fut à l'origine de mon séjour à Souvarof.

Je ne sais pas encore aujourd'hui pourquoi je repartis avec Andy. Le travail en question consistait à gérer un comptoir sur l'une des îles périphériques appartenant à la firme propriétaire de la goélette d'Andy. Le titulaire du poste s'en allait en vacances et j'étais supposé le remplacer. À son retour, il était convenu qu'on m'emploierait en permanence comme une sorte de gérant par intérim dans les autres îles de l'archipel Cook. Je devais inconsciemment avoir besoin de bouger, car, en fait, le projet ne me paraissait pas très exaltant.

J'avais d'abord à me rendre à Rarotonga. C'est là que, deux jours après mon arrivée, je fis la connaissance de Frisbie. Son influence sur mon destin a été telle que je ne peux pas ne pas le décrire.

Frisbie était un homme remarquable. Peu de temps avant notre rencontre, sa très belle femme polynésienne était morte, lui laissant quatre jeunes enfants. Il était amoureux des îles, dont il parlait si bien ; ses livres lui avaient valu de bonnes critiques, mais, comme je l'appris, ne lui rapportaient pas beaucoup d'argent. Il n'en avait cure. Sa vie était vouée à l'écriture, et il possédait cette merveilleuse faculté de vivre au jour le jour sans paraître se soucier de rien. Il était, me dit-il, un vieil ami d'Andy et tout ami d'Andy devenait pour lui un ami. Andy, qui nous avait invités tous les deux pour déjeuner, ce dimanche-là.

Je ne pouvais encore imaginer les suites de cette journée. À table, j'avais devant moi un grand homme mince d'environ quarante-cinq ans, au visage émacié et intelligent, dont personne n'aurait pu dire qu'il n'avait que quelques années à vivre. Il paraissait malade, mais je me souviens de sa foi et de son enthousiasme quand il commença à parler de « nos » îles et quand il me révéla son désir d'en faire la matière de prochains livres. Nous eûmes tout de suite de la sympathie l'un pour l'autre, ce qui me surprit car je ne me lie pas facilement d'amitié. Ce fut après le repas, dans la conversation autour d'une excellente bouteille de rhum d'Andy, que Frisbie mentionna pour la première fois le nom de Souvarof.

Bien sûr, j'avais déjà entendu parler de ce grand lagon entouré d'une barrière de corail de près de cinquante milles de circonférence, mais je n'y étais jamais allé. Il se trouvait à l'écart des routes maritimes et peu de bateaux s'aventuraient par là.

Le récif est submergé à marée haute, et il ne reste qu'une ligne frémissante d'écume blanche pour avertir le navigateur du danger, mais il est cependant bien indiqué sur toutes les cartes.

Souvarof n'est pas le nom d'une seule île mais celui d'un atoll dont chaque petit îlot, à l'intérieur du lagon, possède son nom propre. *Anchorage* est le plus grand (huit cents mètres de long), *One Tree Island*, le plus petit, presque un simple champignon de corail. L'atoll se trouve à peu près au centre du Pacifique, à cinq cent treize milles au nord de Rarotonga et à deux cents milles de Manihiki, l'île habitée la plus proche.

Au cours de ce fameux après-midi, Frisbie m'avait fait tomber en extase. Je le revois sur la terrasse, la bouteille de rhum sur la grande table entre nous, penché en avant avec cette ferveur qui lui était propre, me disant : « Tom Neale, Souvarof est le lieu le plus beau du monde, et personne n'a vraiment vécu s'il n'a vécu là-bas. »

Ce sont là de belles paroles, me dis-je, mais pas si faciles à transformer en réalité.

« Évidemment, poursuivit-il, vous savez que nous sommes en guerre, et pour le moment Souvarof est habité. »

Je le savais, car deux Néo-Zélandais et trois Polynésiens étaient basés sur Anchorage, l'une des îles du lagon. Ces « garde-côtes » avaient l'œil sur tout ce qui, navire ou avion, s'aventurait dans la région, et rendaient compte de leurs mouvements par radio au quartier général.

« Mais ils seraient sans doute enchantés de vous voir, vous – ou peut-être même moi », ajouta Frisbie avec une pointe d'ironie.

Je me levai, car il était temps de m'en aller. Et comme je prenais congé de ce personnage étonnant dont le visage et les yeux brûlaient d'enthousiasme, ces mots me vinrent sur les lèvres comme un soupir du cœur : « C'est là le genre d'endroit qu'il me faut.

– Eh bien, si c'est ce que vous ressentez, pourquoi n'y allez-vous pas ? », conclut-il.

Le métier de boutiquier n'était pas très pénible et je m'installai bientôt dans ma nouvelle vie. Mon premier poste m'amena à Atiu, une petite île aux sommets ronds et aplatis, aux vallées fertiles regorgeant d'oranges, de noix de coco et de papayes ; moins de sept mille arpents, enchanteurs et accueillants. De là, plus tard, je fus transféré à Puka Puka, « la Terre des Petites Collines », où sept cents personnes vivent de la production du coprah.

Ma façon de vivre variait peu, quelle que fût l'île où je me trouvais pour relever l'agent local en poste.

Chaque matin, je préparais mon breakfast, je levais le rideau et j'attendais le premier client dans l'entrepôt carré couvert de tôle ondulée. Sur les murs, des rayonnages chargés de sacs de farine, de thé, de café en grains, de boîtes de conserves, de tissus, d'aiguilles, toutes choses dont le besoin n'était pas pressant sur une île où abondaient les fruits et le poisson.

Plus on m'envoyait d'une île à l'autre, plus je prenais conscience que je n'étais pas fait pour le métier de boutiquier, malgré les réels avantages qu'il comporte.

Pourvu que mes stocks et mes livres fussent en ordre, il me restait pas mal de temps pour les loisirs, que j'occupais à la lecture. Dans quelques comptoirs, nous tenions un fonds de livres de poche. Ainsi, même le butinage livresque ne me coûtait rien, dans la mesure où je ne salissais pas les couvertures. Je vivais frugalement, bien sûr, et chaque magasin avait ses invendus qui me permettaient d'économiser un peu d'argent, surtout sur les petites îles, où les éléments de population blanche se comptaient sur les doigts d'une main.

Dans tous les sens du mot, je tenais une boutique de village, ce qui m'amenait à vendre de la farine, aussi bien qu'à conseiller une mère de famille sur la façon de soigner la toux de son bébé. Je possédais un assortiment de médicaments impressionnant (toujours très demandés) et tout un bric-à-brac dont la composition allait des lunettes en tous genres aux jumelles bon marché, en passant par des malles en fer brillamment peinturlurées et des longueurs de chaîne rouillée. Je vendais des bidons de pétrole pour les lampes fumantes du village, du fil et des hameçons pour les pêcheurs, qui, le plus souvent, essayaient de me les échanger contre leur dernière pêche de poissons-perroquets ou de crustacés.

Je devins une sorte de médecin et de conseiller de village, ce qui n'était pas le moins intéressant de mon travail. Dans les petites îles, j'étais bien souvent le seul à qui l'on pouvait s'adresser en cas de besoin, quel qu'il soit. D'une certaine façon, je faisais aussi office de banquier, puisque j'avais à juger du crédit à accorder à tel ou tel sur le prix de sa prochaine récolte de coprah ; c'est ainsi que je vendis plus d'un coupon de calicot contre des noix de coco encore sur l'arbre.

Une note triste cependant dans ma vie de boutiquier : j'aurais pu y prendre plaisir si les comptoirs s'étaient trouvés à Tahiti ou à Moorea, ou si je n'avais pas rencontré Frisbie pour me planter dans le cœur ce rêve de Souvarof, car au fond je ne demandais pas la lune. Je ne passais pas mon temps à broyer du noir, mais souvent je me surprenais à soupirer : « La vie est si monotone ! Ne serait-il pas merveilleux qu'une fois seulement je puisse faire l'expérience d'une île déserte ! »

En fait, j'avais l'impression d'être perpétuellement dans l'attente de la goélette qui relâchait de temps en temps. Tout comme la population à qui elle apportait l'occasion de sortir pendant quelques heures de sa torpeur, pendant qu'on déchargeait mes marchandises. Parfois, c'était Andy qui arrivait sur le *Tiare Taporo,* et nous passions la soirée sur ma terrasse.

Je menais une existence calme et sans histoires. Mais, alors que j'aurais pu m'en satisfaire, je me mis bientôt à la détester. Pourquoi, dans ces conditions, suis-je resté des années à faire ce travail d'île en île ? En grande partie parce que chaque fois que j'étais muté ailleurs il me fallait repasser par Rarotonga, où je pouvais rencontrer Frisbie.

Alors, jusqu'à une heure avancée de la nuit, nous parlions des îles du Pacifique, de Souvarof en particulier, et parfois, quand la bouteille de rhum tirait à sa fin, je parvenais à persuader Frisbie de me lire ses derniers chapitres. Il avait une voix profonde et convaincante, et parlait avec autant d'enthousiasme qu'il écrivait. Vers la fin de ces soirées (souvent la fin ne venait pas avant le lever du jour sur les toits de tôle rouge de Rarotonga), nous en revenions encore et toujours à Souvarof.

« Croyez-vous que j'y parvienne jamais ? », lui demandai-je une nuit. « Pourquoi pas, me répondit Frisbie, mais il vous faudra sans doute attendre la fin de la guerre. » Assis face à face, nous buvions une dernière bière. « Alors, reprenait Frisbie, rien ne vous empêchera d'y aller, dans la mesure toutefois où vous aurez pris les précautions nécessaires. Sans doute Souvarof est-elle une très belle île mais elle est, il faut bien le dire, diablement précaire, et je vous parle en connaissance de cause. »

Nous étions bien d'accord là-dessus. Je savais déjà qu'au cours du grand ouragan de 1942 seize des vingt-deux îlots du lagon avaient été littéralement submergés en l'espace de quelques heures. Frisbie s'était fait prendre au piège sur Anchorage avec ses quatre enfants et les garde-côtes. Il avait sauvé la vie de ses enfants en les attachant dans la fourche des arbres de « tamanu », dont les branches sont assez flexibles pour ne pas casser, jusqu'à ce que le plus gros de la tempête fût passé.

Je ne revis pas Frisbie pendant quelque temps, mais nous correspondions souvent et, un jour où je me sentais particulièrement déprimé, je pris son livre *L'Île du Désir.* En abordant la seconde partie, je me rendis compte qu'il s'agissait en réalité de Souvarof – comment il avait vécu sur l'île avec ses enfants, comment il s'était fait prendre par le grand ouragan. J'étais fasciné, et ses descriptions étaient si passionnantes qu'à peine eus-je fermé le livre je m'assis pour lui écrire. « *Un de ces jours,* l'assurai-je d'un seul trait de plume, *c'est là que j'irai vivre.* »

Frisbie ne semblait pas plaisanter quand il me répondit : « *Allons-y tous les deux, vous pourrez vivre sur Motu Tuo et je vivrai sur Anchorage. De cette façon, nous pourrons nous rendre visite.* »

Pas idiot, car Frisbie était, comme moi, un homme solitaire. Comme moi, il n'avait jamais eu beaucoup d'argent. Pourtant, nous ne devions hélas jamais partir ensemble. En fait, Frisbie ne devait plus jamais revoir Souvarof avant de mourir, en 1948.

J'avais une bonne raison de rester aux îles Cook. Si jamais je devais aller à Souvarof, si jamais j'avais une chance ou le courage d'y aller seul, il me faudrait appareiller de Rarotonga.

Et c'est bien ce qui se produisit, soudain, en 1945, quand la possibilité d'une visite de deux jours à Souvarof se présenta. C'est Andy qui m'en informa à Rarotonga. Il avait pour mission, m'expliqua-t-il, de conduire le *Tiare Taporo* dans les îles et, à son retour de Manihiki, de faire escale à Souvarof pour y ravitailler les garde-côtes.

« J'ai besoin d'un mécanicien », me dit-il à brûle-pourpoint, comme s'il ne savait pas combien j'étais impatient de voir l'île. « Ça vous intéresse ? »

J'étais à bord avant qu'Andy ait eu le temps de changer d'avis.

Quand nous appareillâmes, quelques jours plus tard, Andy et moi étions les seuls Blancs parmi un équipage de huit insulaires des Cook. On fit route sur les îles du Nord – Puka Puka, Penrhyn, Manihiki –, qui sont toutes des îles coraliennes basses, contrairement aux îles du Sud, connues sous le nom d'« îles Hautes ».

Ce fut un voyage agréable et tranquille, et je ne peux imaginer un point d'observation plus parfait pour découvrir le Pacifique que le pont d'une petite goélette. Je n'avais pas beaucoup de travail car le *Tiare* marchait à la voile, et nous avions rarement besoin du moteur. Il fallait quelques jours pour gagner un nouvel atoll ; arrivés à destination, on mouillait au large, on déchargeait la cargaison, on embarquait le coprah et l'on hissait à nouveau les voiles sur l'azur du Pacifique, au-dessus duquel couraient de blancs nuages floconneux.

La nuit précédant notre arrivée à Souvarof, nous demeurâmes très au large de l'atoll, que l'on n'apercevait même pas. Andy, en bon navigateur, n'avait pas l'intention de risquer son bateau dans l'obscurité. Toute la nuit, nous entendîmes le faible et lointain grondement de la houle sur les récifs de Souvarof. Bien qu'il n'y eût pas de lune, le temps était clair et étoilé et je restai sur le pont pendant un long moment, tendant l'oreille, empli d'une émotion indescriptible, pour enfin m'endormir en rêvant au lendemain.

L'aube se leva sur un temps parfait, et dès les premières lueurs nous commençâmes l'approche de l'atoll. Il s'élevait si peu au-dessus de l'eau qu'il nous fut impossible pendant longtemps de le distinguer. Nous marchions toutes voiles dehors sous un bon vent et le *Tiare* devait courir ses quatre nœuds sans moteur quand, perché sur le toit de la cabine de pilotage, dans le seul bruit de l'eau et des craquements du bois, les yeux écarquillés, j'eus soudain ma première vision de Souvarof : une pulsation d'écume blanche battant le récif devant nous sur des milles et quelques plumets de cocotiers découpés sur le ciel bleu. Des bouquets de palmes, sur les îlots très dispersés, parsemaient l'énorme étendue presque circulaire du récif.

L'air vibrait sous un soleil déjà fort quand Andy dirigea le *Tiare* vers la passe, et l'îlot d'Anchorage nous apparut plus distinct. Maintenant, je pouvais apercevoir la plage blanche, un vieux ponton déglingué – vestige des jours où l'on avait tenté l'exploitation du coprah –, et quelques personnages qui faisaient signe de la plage.

Dans le sud, un grand vol de frégates s'éleva,

noires, bruyantes et tourbillonnantes, impatientes de voler aux sternes le produit de leur pêche.

Comme ces îles paraissaient fragiles sur l'immensité vide et déferlante du Pacifique ! Frisbie les qualifiait de « précaires », mais c'était bien pis. À moi, elles paraissaient dérisoires. Il semblait impensable qu'elles aient pu résister aux gigantesques assauts des forces qui ont fait disparaître tant de grandes îles. Si encore elles avaient été hautes, on aurait pu comprendre leur survivance, mais aucun des îlots du lagon ne s'élevait à plus de quatre ou cinq mètres au-dessus de l'eau, et seules les têtes des cocotiers révélaient leur présence.

Le clapot de la mer cessa. Nous nous trouvions maintenant dans le lagon et l'on eût dit que le *Tiare* flottait sur de vastes morceaux de satin coloré. Nous glissâmes vers Anchorage à petite vitesse, à travers une eau tranquille que notre faible sillage ridait à peine. Comme beaucoup de petites îles du Pacifique, Anchorage, posée au milieu du lagon, est reliée au récif par une chaussée de corail submergée. Et ainsi, mon regard plongeant dans l'eau, je pensais n'avoir encore jamais vu tant de bleus, de verts et même de roses aussi vifs. Aucun peintre n'aurait pu rendre la variété de ces coraux enfouis à différentes profondeurs.

Puis l'ancre fut mouillée. On mit un canot à l'eau et quelques minutes plus tard, dans l'eau tiède et tranquille, je pataugeais vers la plage de sable éblouissant.

Je saluai avec politesse les cinq hommes qui vivaient là (tous mourant d'impatience de s'en retourner chez eux) et, dès que je pus le faire avec tact, je m'esquivai. Pour ce premier jour, je pris un harpon et ma machette française achetée à Tahiti, plus fine et plus pointue que celles des îles Cook, et m'en allai sur le récif harponner les poissons que je trouvais en abondance dans les flaques. Ils étaient si paresseux qu'il eût été difficile de les manquer.

Dans la soirée, je dînai avec les garde-côtes et j'observai leur cabane de l'œil secret et inquisiteur de celui qui se demande s'il en sera un jour l'héritier. Elle semblait idéale. Les réservoirs étaient pleins d'une bonne eau et, en me promenant, je découvris un joli jardin qu'ils avaient fait surgir du néant.

Les garde-côtes n'avaient qu'un seul désir : s'en aller. Comme l'attitude des hommes diffère devant la vie ! Ils étaient sympathiques, joyeux et bruyants – et ravis des provisions que nous leur avions apportées –, mais cette gaieté forcée cachait mal leur dépit devant ce vilain tour que la guerre leur avait joué en les condamnant à moisir sur une île déserte.

Le second jour, je partis avec Andy dans un canot jusqu'à l'îlot de Motu Tuo, à six milles sur le lagon. Les garde-côtes attrapèrent des crabes de cocotiers et du poisson et allumèrent un feu pour cuire notre pique-nique.

À la fin du repas, je me tournai vers Andy et lui dis simplement, mais avec une profonde conviction : « Andy, je sais maintenant que c'est ici le lieu que je cherche depuis toujours. »

Il me fallut encore attendre sept années avant que mon rêve devînt réalité. Sept longues années avant qu'un autre bateau de Rarotonga s'aventurât dans les parages de Souvarof, sept années pendant lesquelles j'atteignis le milieu de la vie. Peut-être est-ce cette conscience du temps qui passait, à laquelle s'ajoutait la monotonie de mon travail, qui me pesait chaque jour davantage. Je ne parvins à m'en défendre qu'en m'accrochant avec obstination à l'espoir qu'un jour je retournerais sur l'île.

Ma chance se présenta en 1952. Dick Brown, un marchand indépendant de Rarotonga, était entré dans le commerce maritime après la guerre, en achetant un long et étroit chasseur de sous-marins de moins de cent tonneaux, qu'il avait converti en caboteur : le *Mahurangi.* Tout à fait par hasard, je me laissai dire que, lors de son prochain voyage vers le nord, le bateau se rendrait à Palmerston puis à Manihiki. Je n'avais pas besoin d'une carte pour savoir que la route passait en plein par Souvarof.

Durant toutes les années passées aux îles Cook, je n'avais jamais entendu dire qu'un bateau eût emprunté cette route directe. C'était une occasion qui pouvait ne jamais se représenter.

Je fis le compte de mes finances. J'avais économisé soixante-dix-neuf livres. J'allai voir Dick et lui demandai quand il appareillait.

« Dans deux semaines, me répondit-il.

– Combien m'en coûterait-il de vous dévier sur Souvarof en allant à Manihiki ? »

Il se gratta la tête et annonça : « Trente livres. »

Cela paraissait cher, d'autant plus que le *Mahurangi* devait passer presque en vue de Souvarof. Il aurait pu m'y débarquer avec un minimum de dérangement. Mais dévier un bateau de sa route coûte toujours cher, et je ne discutai pas.

« D'accord ! » dis-je, et nous conclûmes l'affaire en nous serrant la main.

Je disposais de deux semaines pour réunir tout ce que j'estimais nécessaire à un homme pour survivre sur un atoll de corail inhabité. Deux semaines et quarante-neuf livres.

Chapitre 2

Emplettes pour une île déserte

Trois minutes !... Après tant d'années d'attente. Seulement trois minutes pour arranger ma traversée et conclure l'affaire comme une boutade.

Je retournai lentement vers la chambre nue que j'avais louée pour sept shillings six pence par semaine dans la vallée derrière Rarotonga, souhaitant ne rencontrer personne. Je voulais être seul. Je ne pensais pas – pas encore – à tout ce qu'il me faudrait préparer dans un laps de temps très court. Non, rentrant chez moi, dans la chaude lumière du soleil, je me remémorais ce jour où, sur le *Tiare Taporo,* avec Andy, nous avions glissé sur le lagon, ce jour où j'avais eu ma première vraie vision d'Anchorage. Tout en marchant, j'y retournais en imagination et c'est à peine si je pouvais croire que dans un peu plus de deux semaines je serais de nouveau là-bas. Comme cela aurait enthousiasmé Frisbie ! Mais le pauvre vieux était maintenant mort depuis quatre ans.

Dans ma chambre, je me fis chauffer du thé sur le Primus, mais je fus incapable de manger un morceau. Le moment de premier enthousiasme faisait place à des centaines de réflexions qui s'entrechoquaient. Sans raison, je pensai soudain : « Il ne faudra pas que j'oublie de prendre des hameçons ! » Dans cette confusion, je passai plusieurs minutes à me demander s'il faudrait ou non emporter de la levure. Après le thé, j'allai faire la vaisselle et je me surpris à me dire presque avec humeur : « Neale, tu auras besoin de torchons neufs. »

Il me restait seulement une quinzaine de jours avant le départ et j'avais tant à faire ! Je ne pouvais demander des conseils à mes amis : qu'auraient-ils pu dire de la vie sur une île déserte ? Même Andy était en mer. Maintenant que l'heure avait sonné, il me fallait déjà affronter la solitude.

Et sans doute était-ce mieux ainsi car, une fois calmé, je découvris que je savais exactement ce dont j'aurais besoin. Il n'était que d'arriver à mettre les choses en ordre dans mon esprit pour que des pensées subites du genre : « Il me faut une barre à mine », ou « Comment empêcherais-je le thé de moisir ? » trouvent leur place.

Je m'obligeais à me concentrer sur l'île. Je savais que les garde-côtes étaient partis depuis quelques années, mais je me souvenais qu'ils disposaient d'un bateau à fond plat, et il y avait des chances pour qu'il fût encore là. Mais serait-il en état de tenir la mer ? Je pris note mentalement d'acheter des clous de cuivre.

Je ne sais combien de temps je restai là – probablement quelques heures – à jeter sur un morceau de papier la liste des objets les plus vitaux. Mais assez curieusement, une fois dehors, me retrouvant plus tard dans un environnement qui m'était familier, je n'eus jamais besoin de ce morceau de papier. Une liste mentale paraissait s'être établie d'elle-même au cours des années d'attente.

Je n'avais pas peur, je peux l'affirmer en toute honnêteté. Peut-être étais-je un peu intimidé par le défi que je relevais. J'avais atteint les cinquante ans. Et le rêve que je réalisais avait été pour l'essentiel un rêve de jeunesse. Étais-je trop âgé maintenant ? Je me flattais d'être encore en excellente forme, mais il n'y avait aucun doute que les rigueurs physiques pèseraient beaucoup plus lourd que vingt ans plus tôt. Et puis, il y avait le risque de tomber malade...

Cependant, après avoir recouvré mon calme, je commençai d'établir du mieux que je pus l'inventaire de mes biens. Je le possède encore sur quelques bouts de papier jaunis, datés d'août 1952. Il y a plusieurs listes ; l'une a pour titre : « Objets personnels », une autre « The kai room » (*kai* signifiant « manger » en langage polynésien, je portai sur cette liste tous les articles de cuisine) ; la troisième : « Outils ».

Je me rappelle très bien mon premier achat. Il s'agissait d'un sac de farine australienne fraîchement débarqué. C'était un luxe peu courant à

Rarotonga où, bien entendu, tous les produits d'importation provenaient de Nouvelle-Zélande. Mais il m'était arrivé parfois d'utiliser de la farine australienne, dont je savais d'expérience qu'elle se conservait plus longtemps.

Je savais aussi que, lorsque la nouvelle de l'arrivage se serait répandue, il y aurait affluence. Les magasins des mers du Sud ressemblent davantage à des entrepôts qu'à des boutiques. Quand les marchandises sont débarquées pour s'empiler sur les rayons de ces bâtiments qui ont l'air de granges, tout le monde se rue. Aussi me trouvais-je au « quartier commercial » de Rarotonga dès l'ouverture des magasins et je demandai aussitôt au vendeur de « Chez Donald », que je connaissais depuis des années :

« Est-ce qu'il reste de la farine australienne ?

– Bien sûr, Tom. Combien en veux-tu ? Deux livres ?

– Elle est à combien ?

– Six pence la livre.

– Eh bien... (Je fis semblant d'hésiter, savourant intérieurement la plaisanterie)... autant en prendre un sac de cinquante livres. »

... Sac qu'il faillit laisser tomber ! À cet instant entrèrent la femme et la fille d'un fonctionnaire gouvernemental que la vue de Neale achetant un plein sac de farine rendit muettes. Profitant de l'inspiration du moment, j'ajoutai, avec tout le flegme possible : « Et, pendant que j'y suis, je prendrais bien aussi un sac de sucre de soixante-quinze livres. »

Dès lors, la nouvelle eut vite fait le tour de la ville. Quel secret pouvait-il y avoir sur une île de huit mille habitants, quand je me mettais à acheter les produits à pleins sacs, moi d'habitude si parcimonieux !

La plupart des comptoirs du genre « Chez Donald » ou la « Compagnie de Commerce des Îles Cook » – firmes toutes deux renommées – groupaient leurs bâtiments sur la Grande Avenue, à proximité de l'imposante et blanche *Résidence* et du port d'Avarua.

Maintenant que je commençais à acheter pour de bon, je faisais l'objet de pas mal de plaisanteries. Après tout, mes relations, amicales au demeurant avec la plupart des vendeurs, étaient devenues routinières et le fait de me voir sortir de « Chez Donald » avec assez de café en grains pour tenir un an avait de quoi provoquer la curiosité et l'hilarité.

Je n'eus aucun problème avec mes « effets personnels ». Ils se composaient de deux paires de pantalons, de quelques maillots de corps, de trois ou quatre chemisettes, de deux paires de shorts kaki, de trois paréos, de deux paires de sandales et d'un imperméable. Il va de soi que j'avais aussi mon nécessaire à couture de la Navy, un rasoir, un vieux blaireau, une brosse à dents et un couteau de poche.

Mon matériel de couchage était simple, et il eût été difficile d'y trouver du superflu. Il comprenait mon matelas de kapok, une paire de draps, une couverture de la Navy, une autre couverture plus légère, deux oreillers, deux taies et deux serviettes. Je me proposais de rouler le tout dans le matelas, que je protégerais d'une natte de pandanus au moment du départ.

Je n'avais guère besoin de plus. J'investis dans du fil et des aiguilles pour mon nécessaire à couture. J'achetai vingt-quatre lames de rasoir qui me dureraient des années, car j'avais appris depuis longtemps qu'en l'affûtant contre un verre sous l'eau, je pouvais utiliser la même lame pendant trois mois. Je comptais me raser deux fois par semaine, même s'il me fut plusieurs fois suggéré, en toute amitié, qu'il serait moins cher – et plus dans le style de mon illustre prédécesseur Robinson Crusoé – de me laisser pousser la barbe. Le même vendeur qui m'avait vendu les lames me demanda aussi pourquoi je ne me faisais pas arracher toutes les dents plutôt que de gaspiller de l'argent dans l'achat de quatre tubes de dentifrice.

Cependant, ce que je relevai d'intéressant pendant cette quinzaine, c'est qu'il n'y avait jamais rien de sarcastique ou de désobligeant dans le ton de tout cela. Personne n'essaya de se payer ma tête ; en fait, j'avais le sentiment, à mesure que je devenais une sorte de curiosité locale, que la plupart des gens m'enviaient en secret.

Je me souviens d'être allé « Chez Donald » pour y commander deux paires de chaussures de tennis à semelles de caoutchouc, qui seraient utiles pour me protéger les pieds quand j'irais pêcher sur les récifs. Le vendeur était un vieux copain. Après m'avoir dit en plaisantant : « Tu veux quelqu'un pour porter tes sacs ? », il ajouta très sérieusement : « Deux paires ne suffisent pas, Tom. Tu connais les îles mieux que moi, mais voyons les choses en face : tu as toujours vécu à proximité d'une boutique. Que se passera-t-il quand ces chaussures seront usées ou que tu les auras perdues ? » Il avait raison, et j'en achetai six paires. Il s'avéra que ce fut une très sage décision.

J'avais l'intention d'empaqueter mes vêtements dans une vieille valise et dans un de ces sacs de Gladstone, non moins antiques mais fort pratiques, qui ont en effet une telle aptitude à s'élargir que dans celui-ci, en plus de mes vêtements, je parvins à fourrer tout un matériel d'écriture, deux bouteilles d'encre, une demi-douzaine de plumes, du papier et des enveloppes, deux gros registres pour mon journal – une page par jour – et un calendrier.

À mesure que le moment du départ approchait, je me rendais de plus en plus souvent, presque chaque jour, sur le *Mahurangi*, amarré dans le port d'Avarua. Je connaissais la plupart des membres de l'équipage polynésien pour avoir déjà navigué avec eux sur d'autres bateaux.

Je m'arrêtais pour bavarder, peut-être attiré par un commun amour de la mer, peut-être parce que je savais que c'étaient eux qui me conduiraient à Souvarof, peut-être encore parce que j'avais besoin d'un certain réconfort ; et quand Dick Brown, qui observait mes fréquentes visites avec amusement, me demanda un matin : « Qu'est-ce qui se passe, Tom, vous avez peur qu'on parte sans vous ? », je me sentis soudain dénué d'humour et je lui répondis : « Vous ne pouvez pas, j'ai payé ma traversée ! »

La vérité, c'est qu'en effet j'avais sans doute un peu peur. Je n'ai jamais envisagé d'abandonner mon projet, mais enfin, il y avait de ces moments où je me demandais si je n'étais pas un peu trop vieux, ou si je me rendais bien compte de ce que serait la vie sans un être humain à qui adresser la parole pendant des mois.

Il n'eût sans doute pas été normal de ne pas ressentir ce genre d'inquiétude, mais les instants de découragement étaient de courte durée. Malgré le fait que j'avais beaucoup à faire, je devins très sensible à la façon dont certaines personnes, que je ne comptais pas spécialement pour des amis, m'apportèrent leur soutien. Un jour, alors que je peinais sous le poids de plusieurs paquets, une femme que je connaissais à peine m'offrit une place dans sa voiture, et quand nous arrivâmes à ma piaule, dans la vallée, elle me dit : « Tom, je vous envie. Vous entreprenez ce dont tout le monde rêve. J'ai un très bon baromètre que je n'utilise jamais, j'aimerais vous le prêter. »

C'était tout juste ce que je désirais acquérir, sans en avoir les moyens, et j'acceptai avec gratitude. Quand j'eus du mal à trouver quelques morceaux de fer plat pour façonner une grille à poser sur les pierres du foyer, le Département des travaux publics, pour lequel j'avais travaillé occasionnellement, m'offrit ce qu'il fallait. Même l'Administration !

J'eus aussi plus d'une proposition féminine. Et je dois dire que je fus tenté, car les femmes des îles Cook sont non seulement jolies, mais aussi très adaptables. Elles ont l'habitude de travailler dur et savent faire n'importe quoi de leurs mains. Frisbie avait trouvé un grand bonheur auprès de sa vahiné, et c'est pourquoi, quand une femme d'environ trente ans, la sœur d'un insulaire de mes amis, proposa très sérieusement de m'accompagner (ajoutant avec naïveté : « Vous n'auriez pas à m'épouser »), je considérai la question avec le plus grand sérieux.

Malgré tout, j'y renonçai. Après avoir bourlingué si longtemps tout seul, en toute objectivité je n'avais pas besoin d'une femme. Une femme avec qui, en outre, je finirais peut-être par m'ennuyer, dont je serais prisonnier comme un criminel sur l'île du Diable sans espoir d'en échapper. Cette perspective me donna le frisson.

Mieux valait rester dans mon rôle véritable de quinquagénaire célibataire.

Ceux qui suggéraient que je prenne une femme à Souvarof semblaient surtout craindre que je tombe malade et considéraient une « épouse » comme une nécessité qui aurait un jour à jouer à l'infirmière.

C'est un fait, la question le plus souvent posée par mes amis pendant ces deux fiévreuses semaines était : « Ne crains-tu pas la maladie ? »

En fait, je ne peux pas nier que cette préoccupation ne me traversât l'esprit à l'évocation d'un accident tel que la fracture d'un membre. Mais je ne pouvais pas me permettre d'avoir peur, sinon autant valait retourner à mes magasins. J'avais toujours été en bonne santé, à part quelques rares fièvres. Quant aux accidents, les hommes de mon espèce, qui ont l'habitude de vivre très près de la nature, acquièrent peu à peu une sorte d'instinct de protection quand ils utilisent des haches ou des scies, quand ils chauffent le métal ou montent aux arbres. C'est le novice qui, d'habitude, se coupe ou se brûle. Par réflexe, je faisais bien plus attention que n'importe qui.

Je craignais cependant la possibilité d'une rage de dents qui, elle, échapperait à mon contrôle. J'avais porté une couronne pendant plusieurs années, mais j'allai chez le dentiste et lui dis de me faire sauter autant de dents du fond qu'il voudrait. Il en arracha une, ce qui en dit long sur la vie saine que je menais.

Je devais me munir de quelques médicaments mais je n'avais pas les moyens d'acheter la pharmacie que j'aurais souhaitée. Je dus donc me contenter d'un bon lot de bandages, de sparadrap, de germolène, de pansements, d'un peu de coton, d'une bouteille de vaseline, d'un flacon de Mertholiate, de beaucoup d'antiseptiques et de cachets de Sulphur Thiaxole pour les fièvres. Je ne me munis pas d'aspirine car je n'avais jamais de maux de tête.

Il ne se passait pas un jour sans que j'achète de la nourriture ou que je sélectionne des casseroles ou des poêles. Comme toute ménagère, je devins une figure familière dans les boutiques, promenant ma liste et choisissant sur les rayons et les comptoirs.

Je rentrais, croulant sous le poids de mes acquisitions, je biffais ma liste et j'emballais pêle-mêle en paquets de différentes tailles, répertoriant le contenu de chacun.

Je passai beaucoup de temps sur ma liste de nourriture. Je savais que je ne mourrais jamais de faim à Souvarof, car j'étais assuré d'y trouver des noix de coco, des bananes, des papayes, des fruits d'arbre à pain en plus d'un inépuisable vivier de poissons et de crustacés. Je savais aussi que les garde-côtes avaient élevé des poules, mais je n'étais pas certain qu'il en restât encore.

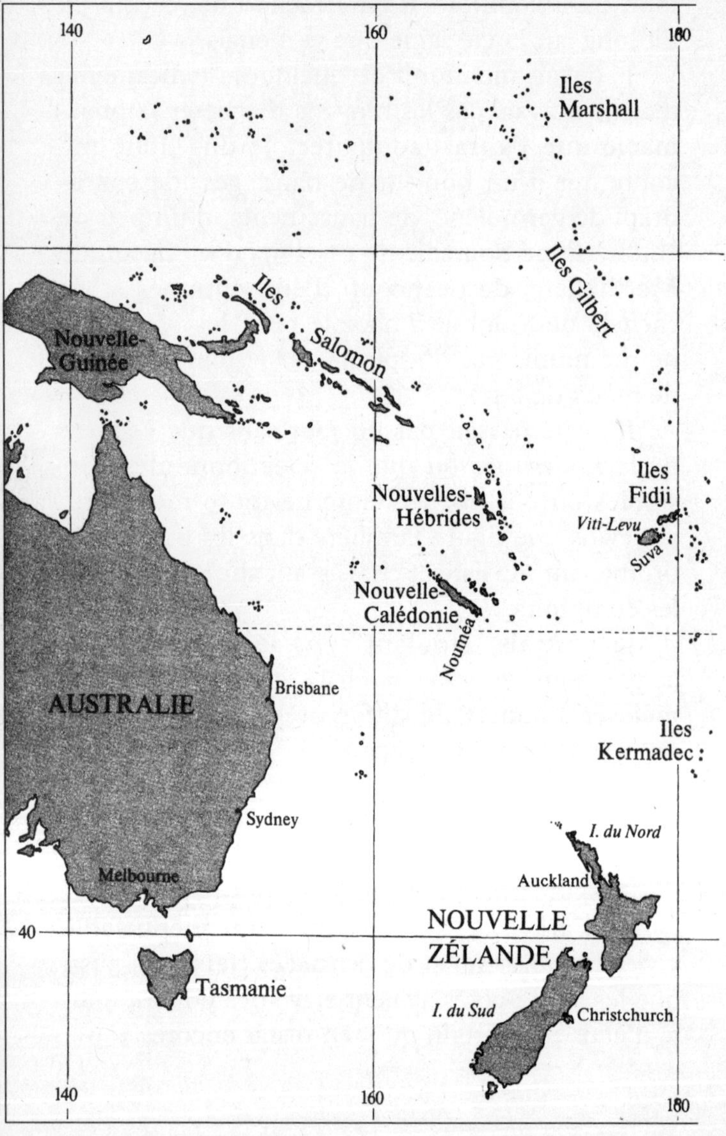

140
160
180
Iles Marshall
Iles Gilbert
Iles Salomon
Nouvelle-Guinée
Nouvelles-Hébrides
Iles Fidji
Viti-Levu
Suva
Nouvelle-Calédonie
Nouméa
AUSTRALIE
Brisbane
Iles Kermadec
Sydney
I. du Nord
Auckland
Melbourne
NOUVELLE ZÉLANDE
40
Tasmanie
I. du Sud
Christchurch
140
160
180

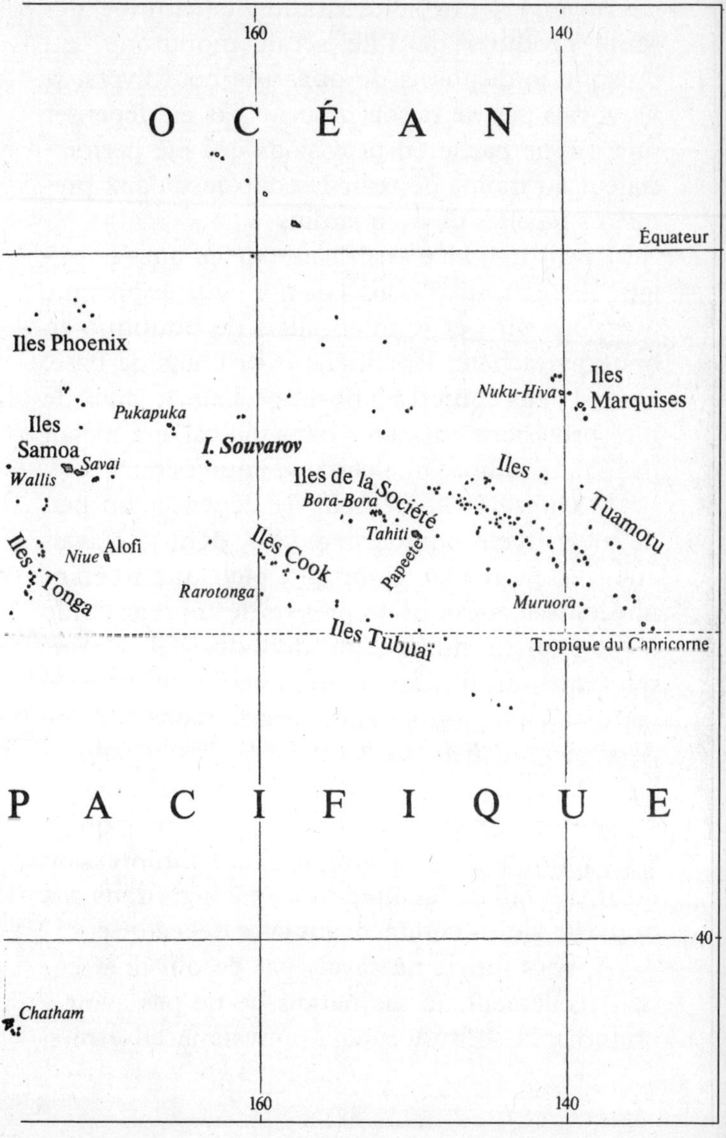
160
140
O C É A N
Équateur
Iles Phoenix
Iles Marquises
Nuku-Hiva
Pukapuka
Iles Samoa
I. Souvarov
Savai
Wallis
Iles de la Société
Iles Tuamotu
Bora-Bora
Tahiti
Papeete
Iles Tonga
Niue
Alofi
Iles Cook
Rarotonga
Muruora
Iles Tubuaï
Tropique du Capricorne
P A C I F I Q U E
40
Chatham
160
140

Bien sûr, une alimentation constituée des seuls produits de l'île serait monotone, et, puisque je disposais de quarante-neuf livres, je ne voyais pas de raison pour ne pas en dépenser une bonne partie en provisions qui me permettraient au moins de tenir le coup jusqu'aux premières récoltes de mon jardin.

J'avais une idée assez claire de ce que je voulais. Après tout, j'avais fait ma cuisine presque toute ma vie ; et je m'en allais de boutique en boutique acheter les différents produits de base. Quand j'eus enfin terminé mes achats, le stock de mes provisions entassées dans ma cabane n'était pas sans produire une certaine impression.

Je choisis délibérément de dépenser un peu de mon argent en gourmandises, dont je n'avais aucun besoin réel. Pourtant, bien que m'étant plusieurs fois donné la preuve de mon aptitude à me nourrir du seul produit des îles, j'avais remarqué, au fil des années, que l'exclusivité de cette alimentation spartiate avait tendance à me déprimer un peu. Le fruit de l'arbre à pain et les noix de coco sonnent très bien dans les récits d'aventures, mais personne ne peut nier qu'ils sont monotones à la longue. J'eus l'impression qu'il me fallait faciliter mon passage dans ma nouvelle vie en commençant avec délicatesse.

Après tout, je ne savais pas ce qui m'attendait réellement. Je me flattais de ne pas avoir à craindre la solitude, mais pouvais-je en être si sûr ? Je me souviens d'un soir où, prenant une bière avec un ami, je riais de son idée que je pourrais fort bien en venir à m'ennuyer de ma propre compagnie. Cet ami remarquait avec sérieux : « Je sais que vous aimez être seul, Tom, mais souvenez-vous que vous avez toujours vécu avec du monde autour de vous – ne serait-ce que pour le déplorer. Qu'arrivera-t-il quand vous vous sentirez seul et que vous n'aurez personne à qui vous en prendre ? »

Il avait raison, bien sûr. Comment pouvais-je savoir ce que je ressentirais dans des circonstances que, jusque-là, je n'avais qu'imaginées ? Eh bien, au moins, je pourrais toujours me rabattre sur quelque gâterie pour me remonter le moral en cas de déprime.

Je me rendis au magasin « Chez Donald » le lendemain matin et j'achetai une douzaine de pots de confiture d'une livre et douze boîtes de lait condensé.

J'avais déjà ma farine et mon sucre, un sac de quarante livres de café en grains et j'achetai maintenant une boîte de quarante livres de biscuits de Suva, connus aussi sous le nom de « pain de mer ». J'avais eu l'occasion d'en mastiquer pendant des années sur les bateaux des îles, où ils étaient servis quand la farine venait à manquer, ce qui arrivait toujours. Je les achetais aussi pour le jour où la farine serait terminée ou devenue inutilisable. Les biscuits étaient des carrés d'une douzaine de centimètres de côté, et on en comptait dix à la livre. Je choisis avec beaucoup d'attention une boîte scellée, vérifiant qu'aucun joint n'était détérioré ou troué, car les boîtes arrivaient souvent de Suva en mauvais état.

Tout en espérant qu'il resterait des poules sur l'île, je préférais emmener un peu de viande avec moi, et je commandai deux douzaines de boîtes de corned-beef pour les grandes occasions, ainsi que cinq kilos de graisse de rôti que je scellai avec du sparadrap dans une boîte à bonbons. Je devins un mendiant de vieilles boîtes à bonbons, bien que parfois on me les fît payer un shilling pièce. Il m'en fallait beaucoup, en plus des deux que j'utilisais pour conserver vingt-cinq livres de riz. Je me procurai aussi quelques bocaux pour y enfermer cinq livres de sel.

J'arrivais à la fin de ma liste d'approvisionnement, et je n'avais pas encore acheté mon thé. Me préparer une tasse de thé, juste avant le coucher du soleil, à la fin d'une journée de travail, était devenu pour moi une sorte de rituel depuis des années. Cependant, je décidai à contrecœur de me limiter à une quantité de deux livres. Il m'était souvent arrivé de conserver du thé si longtemps qu'à la fin il était éventé. C'eût été du gaspillage que d'en prendre une réserve plus importante. Le jour même où je ramenai le sac chez moi, je le répartis dans tous les petits récipients du genre boîte à levure avec bouchon hermétique. Je les remplis jusqu'en haut, de manière qu'il n'y eût pour ainsi dire plus d'air, puis je scellai chaque bouchon d'un ruban de sparadrap.

Pour la même raison, je n'acquis que quatre boîtes de beurre d'une livre. Si bien empaqueté soit-il, le beurre devient toujours rance au bout d'un certain temps.

Le tabac représentait un grand luxe. Je ne suis pas un grand fumeur mais une cigarette m'a toujours paru aller de pair avec cette tasse de thé du soir que j'aime tant. Je fis donc les frais d'une demi-livre de tabac et d'une douzaine de paquets de papier à cigarettes.

Je fus long à décider si j'emporterais un fusil. J'avais entendu dire que les garde-côtes avaient abandonné sur l'île des cochons qui, depuis le temps, seraient redevenus sauvages. En outre, je savais qu'il y avait quantité d'oiseaux à Souvarof. Mais j'avais plusieurs raisons pour ne pas m'armer. Je n'aime pas tuer les animaux et je n'avais pas les moyens d'acheter un fusil. Mais le facteur déterminant fut sans doute que je ne voulais pas devenir dépendant d'une arme qui n'aurait plus eu aucun sens une fois la dernière cartouche tirée. Je relevai le défi de Souvarof avec l'idée que les choses ne devaient pas changer avec le temps. Et c'est pour cette raison aussi que je renonçai à emporter une petite radio à piles. Peut-être ai-je craint, sans me l'avouer, que cette compagnie vînt à faire défaut une fois les piles usées.

Dès lors, il ne me manquait plus grand-chose. J'achetai encore quelques petits articles, une boîte de poivre, quelques flacons de poudre de curry (pour assaisonner, faute d'autre chose), une douzaine de morceaux de savon de blanchisserie et une douzaine de savonnettes.

J'emballai la nourriture dans des caisses ou des cartons que j'avais collectés (je ramasse toujours tout), doublant chaque emballage de journaux et de magazines qui me seraient un jour utiles pour toutes sortes de choses, par exemple pour tapisser des étagères, une fois à Souvarof.

Au cours de la dernière semaine, des cadeaux d'adieu m'arrivèrent de toutes parts. Jamais je n'avais su avoir tant d'amis. L'un d'eux m'offrit une boîte de vingt-cinq livres de farine lactée. Un autre me donna une canne à pêche de huit mètres en bambou – il était rare d'en trouver d'aussi longues à Rarotonga. Elle s'ajouta à mon stock de bambous coupés pour constituer des manches de harpons, au cas où je n'en trouverais pas d'assez droits sur l'île.

De bons amis du Département des travaux publics me prêtèrent une pioche et une bêche ; un commerçant m'offrit une caisse prévue pour contenir deux bidons de vingt litres de pétrole. Les bidons vides se trouvaient avec la caisse. J'en découpai les dessus et les remplis, bourrant les interstices avec une partie de mes plus petits objets. Je savais qu'une fois sur l'île ces bidons me seraient d'une grande utilité pour y bouillir ma lessive.

Je parvins même à troquer une chemise contre une barre à mine, que je considérais comme un outil de la première importance. En fait, il s'agissait de l'arbre de transmission d'une Ford, vieux modèle. Je l'apportai au forgeron pour qu'il en appointe l'un des bouts et donne à l'autre une forme de ciseau.

Mon argent – ne parlons pas du temps – s'écoulait, et cependant j'avais encore un grand besoin d'outils. J'avais pourtant accumulé pendant des années des ciseaux à bois, des scies à métaux et à bois, une hache, un tomahawk, des machettes, un couteau à gaine, ainsi que des pinces, une clé à molette, un marteau, un tournevis et une queue-de-rat.

Malgré cela, j'avais besoin de quelques bons burins car je m'attendais à trouver des fûts de pétrole vides abandonnés par les garde-côtes. J'acquis quelques plaques de tôle pour le cas où mon toit nécessiterait réparation. Et, pendant que j'en étais à la quincaillerie, il me sembla prudent de prendre deux boîtes de peinture pour protéger tout nouveau bâtiment que je serais amené à construire. Il me fallait quelques lames de scie supplémentaires, et, quand j'eus trouvé des tiges de fer rond avec l'idée d'en faire des harpons, je dus encore acheter deux limes. J'avais confectionné assez de harpons dans le passé pour savoir que même les meilleures limes ne durent pas indéfiniment. Je choisis aussi un assortiment de clous, une centaine d'hameçons et un rouleau de fil de pêche. Enfin, je me procurai un petit étau qui me serait nécessaire si j'avais à chauffer du métal et à le façonner.

Tout en accumulant ces affaires, je m'occupai aussi de sélectionner des graines pour le jardin que j'aurais à créer. Je pris des paquets de graines de tomates, de concombres, de melons, de pastèques, de haricots et d'épinards indiens, qui poussent au ras du sol en produisant des feuilles plus denses et plus épaisses que l'épinard ordinaire.

Je fis aussi l'achat de quelques échalotes, de tubercules de pommes de terre douces et d'ignames – connus aux îles Cook sous le nom de *kumera,* du vieux mot maori – dont je savais qu'ils feraient bientôt des pousses à repiquer. Enfin, je mis de côté deux plants de bananiers pour le cas où les bananiers de l'île auraient été dévastés par un cyclone.

Maintenant, mon petit logement était plein jusqu'au plafond de paquets et d'emballages et c'est à peine si je pouvais m'y retourner pour faire une tasse de thé. Et pourtant je n'étais pas tout à fait au bout de mes préoccupations. Deux ou trois petites choses me manquaient encore pour ma cuisine. J'avais presque tout, avec ce que j'avais déjà accumulé petit à petit : des couverts, des verres, des ouvre-boîtes – je ne voyageais jamais sans en emporter deux –, des bols en émail et en zinc, une lampe-tempête et une lampe de table en verre, un moulin à café et une cafetière, des torchons et des serviettes à thé et, par-dessus tout, ma vieille théière en argent que je n'avais cessé d'utiliser depuis mon départ de la Navy.

En plus, je disposais d'une douzaine de bocaux de verres carrés d'une contenance de quatre litres, avec des couvercles à vis, encore dans leur emballage d'origine. Je les avais acquis un an plus tôt, avec Souvarof en arrière-pensée. Ils seraient d'une valeur inappréciable pour y conserver mes aliments achetés en vrac. Pourtant, je n'avais pas l'intention de les remplir avant d'arriver, par crainte de les casser pendant le voyage.

J'achetai donc quelques instruments supplémentaires pour la cuisine. D'abord, je dépensai deux précieuses livres et dix shillings pour une bouilloire de trois litres en acier traité, qui ne se détériorerait pas aussi vite sur un feu en plein air qu'une bouilloire en aluminium.

Je fis aussi l'acquisition d'un grand carré de linoléum de cuisine pour la table. Tout au long de mes années de vagabondage, j'avais toujours voulu, même étant seul, manger sur une nappe, mais sur l'île je pensais qu'un linoléum lavable serait plus pratique.

Autrement, le reste de mes achats pour la cuisine était assez simple : une bonne provision de mèches pour la lanterne et la lampe, douze douzaines de boîtes d'allumettes et quatre bidons de vingt litres de kérosène.

Puis je m'attaquai aux « affaires intérieures ». Je considérais comme impératif d'emmener un chat. Bien que Souvarof soit à peu près exempt d'insectes et de moustiques, il s'y trouve par contre une colonie de petits rats indigènes. Avec tous mes récipients soigneusement scellés, il y avait peu de chance pour qu'ils me fassent de gros dégâts, mais malheureusement je déteste les rats. Comme j'étais propriétaire d'une vieille chatte et de son petit, je décidai de les emmener tous les deux et, pour les faire voyager à l'aise, je construisis une boîte spéciale pour les abriter pendant les six jours de la traversée.

Nous n'étions pas de vieux amis. En fait, je n'avais la mère que depuis peu de temps et elle s'était avérée une voleuse incorrigible. C'est pourquoi je l'avais baptisée « Madame Chaparde ». « Monsieur Tom-Tom » fut le nom de son fils.

Il me manquait encore, pour être tout à fait paré, une douzaine de grosses pierres volcaniques, d'une valeur inestimable, quoique sans prix. Je les déterrai d'un ruisseau voisin du lieu où j'habitais et je les rapportai chez moi une par une sur la selle de ma bicyclette.

Chacune de ces grandes pierres pesait entre quatre et six kilos. Je savais que je ne pourrais en trouver de semblables à Souvarof et j'en avais besoin pour construire mon four polynésien, parce qu'elles résistent à la chaleur. Le corail, lui, n'est d'aucun secours car il se désagrège tout de suite.

Avec le peu d'argent qu'il me restait, je partis en quête de mon plus grand luxe : quelques livres. Deux jours avant la date du départ, je passai une matinée à butiner parmi les livres de poche en vente le long de la Grande Avenue. Je possédais déjà quelques ouvrages de Defoe, Stevenson et autres auteurs parmi mes préférés, *L'Île du Désir* de Frisbie en faisait naturellement partie, mais quand j'en fus à dépenser mes derniers shillings dans de la lecture j'eus à faire mon choix dans les livres qu'il m'était possible de feuilleter. Je savais que les garde-côtes avaient laissé quelques romans sur l'île, mais je n'étais pas sûr qu'ils soient à mon goût. Il me fallait donc en choisir quelques-uns, pas beaucoup, puisque je prends un grand plaisir à relire un livre qui m'a plu. Ainsi, j'emportai trois titres de Somerset Maugham, deux de Dickens (dont *Oliver Twist*), les *Mutinés du « Bounty »* par Nordhoff et Hall (que j'avais eu l'occasion de rencontrer) et plusieurs westerns et thrillers assez minables qui garnissaient le fond des rayons.

L'avant-dernière soirée, alors que je conduisais ma bicyclette chez un ami qui avait promis de me la garder, je m'arrêtai dans une petite boutique et tombai sur un livre qui devait me passionner dans les mois suivants. J'ai bien dû le lire des douzaines de fois. C'était un exemplaire d'occasion et écorné de *Lord Jim*.

Avec ce trésor serré sous mon bras, je roulai jusqu'à la maison où j'allais garer mon vélo. J'étais sur le point de repartir à pied quand, pour quelque raison saugrenue, je détachai la pompe du cadre.

« Mais qu'est-ce que tu vas faire de ça ? » Mon ami dut me croire fou.

Je restai sans réponse. J'avais du mal à me persuader qu'un objet dont je me séparais ne pourrait absolument servir à rien.

Finalement, tout se trouva prêt à temps. Au total, j'étais à la tête de vingt et un paquets, douze pierres, deux chats, ma canne à pêche et mes gaules, sans oublier un lot d'outils à manche long et un balai.

Le *Mahurangi* devait appareiller pour l'île de Palmerston dans la soirée du 29 août. Le matin même, je réunis tout mon équipement et Dick Brown m'envoya son camion pour charger l'équipement et moi-même.

Une fois sur le quai, il nous fallut plusieurs heures pour embarquer mes colis. Je surveillais attentivement les opérations pour que rien ne pût disparaître ou être abîmé. Que l'un de ces paquets disparût, et ma vie à Souvarof eût été transformée.

Le moment était presque venu. J'allais quitter Rarotonga, peut-être pour toujours. Cela me fit une drôle d'impression et je me souviens d'avoir pensé : « Neale, souviens-toi, tu dois rendre une pioche et une bêche au Service des travaux publics. » En ce dernier jour, Rarotonga – que j'avais si peu aimé à cause du travail qui m'y avait enchaîné – me parut soudain plus attirant que jamais auparavant. Ce ruban poussiéreux de la Grande Avenue, qui séparait le lagon des boutiques, paraissait n'être animé que d'amis qui s'arrêtaient pour me serrer la main et me souhaiter bonne chance. Nul doute qu'un rien de nostalgie se cachait derrière mon apparente sérénité.

Tout cela était bien naturel, mais au fond de moi-même j'éprouvais la calme certitude de faire le juste choix. Et plus rassurante encore était ma foi en ma réussite. Je m'étais équipé jusqu'au dernier clou de cuivre, dans les limites de mon budget. Je n'avais rien oublié. Il ne me restait plus qu'à prendre congé de ceux avec qui j'avais passé toutes ces années quelque peu déprimantes à Rarotonga et dans ses environs.

Et alors, moins de quatre heures avant l'heure fixée pour le départ, tout se mit à aller de travers. Subitement, les plans de traversée furent modifiés. Avec horreur j'appris qu'au lieu de faire escale à Palmerston le *Mahurangi* avait reçu l'ordre de se rendre tout droit à Manihiki, par une route qui ne s'approcherait en rien de Souvarof.

Pendant un moment, j'eus du mal à y croire. Je courus presque tout le wharf pour trouver Dick. Tout ce que je possédais au monde, sauf ma bicyclette, était à bord. J'avais donné congé pour ma chambre. Je n'avais nulle part où coucher, rien sur quoi dormir, pas de vêtements à me mettre, rien à manger et pas d'argent pour acheter quoi que ce fût.

« Vous ne pouvez pas faire ça ! » Ma voix dut refléter l'écho de mon désespoir.

« Je suis tout à fait navré, Tom. » Dick paraissait sincère. « Mais le voyage à l'île de Palmerston est suspendu jusqu'à notre retour de Manihiki. »

Il était très gentil, m'assurant que je n'aurais pas à attendre longtemps avant que l'occasion se présente à nouveau. Mais sur le moment j'en aurais pleuré. Et je savais pourtant que ce genre de chose arrivait souvent sur les lignes de commerce inter-îles. La vie dans les mers du Sud n'a pas le même rythme que celle des grands ports et des métropoles ; quelques semaines de retard n'y ont pas une grande importance. Se trouvant dans mon cas, un autochtone trouvait facilement des amis ou de la famille pour le recueillir pendant une semaine ou deux, la vie n'étant pas seulement facile mais aussi bon marché.

Plus d'une fois dans le passé, quand je travaillais sur les goélettes, notre programme de navigation avait été modifié au dernier moment. Mais les circonstances étaient alors différentes !...

Immobile sur le quai, me demandant avec tristesse ce qui allait pouvoir se passer, je réalisais que j'étais pour ainsi dire sans un sou. Qu'allais-je devenir ? Ce fut sans doute par pur désespoir que je plongeai la main dans la poche de mon short kaki, d'où je sortis quelques pièces.

« Regardez – j'ouvris la main devant Dick –, c'est tout l'argent qui me reste. »

Et c'était bien la vérité. Cette menue monnaie atteignait la somme de cinq shillings et huit pence. J'avais délibérément dépensé tout mon argent avant le départ, puisque celui-ci ne devait plus m'être d'aucune utilité à Souvarof. Je fus frappé par l'idée que ce qui venait d'arriver était aussi une des raisons pour lesquelles je voulais partir.

Une fois la première colère passée, j'estimai que je ne pouvais honnêtement pas m'en prendre à Dick. Je n'avais qu'à me ressaisir et faire face à la situation.

Je me tournai à nouveau vers lui.

« C'est tout ce que je possède, lui dis-je. Prêtez-moi dix livres, et je vous les rendrai à mon retour de Souvarof, si j'en reviens. »

Dick était le type d'homme dont les poches ne sont jamais vides. Sans hésiter, il me tendit deux billets de cinq livres.

J'eus le temps de décharger toutes mes affaires avant le départ du *Mahurangi*..., tout sauf les pierres et trois grandes caisses enfouies derrière la cargaison. Heureusement, j'avais conservé une liste de l'ensemble. Le camion de Dick ramena dix-huit paquets à ma case – que je parvins à relouer pour quelques semaines.

Avant le départ du bateau, j'allai voir le capitaine et chaque membre de l'équipage pour les supplier de prendre soin des caisses que je n'avais pu décharger. Et mes pierres ! Ces pierres pour le foyer intéresseraient les gens de Manihiki si jamais on leur donnait la moindre chance de mettre la main dessus.

Mes précieuses pierres et mes caisses me revinrent finalement saines et sauves, mais il fallut attendre encore un mois avant d'appareiller, le 1er octobre. Nous arrivions à Souvarof le 7 octobre 1952.

Deuxième partie

Sur l'île

Octobre 1952 - juin 1954

Chapitre 3

Premier jour

Il était 13 h 30 quand nous nous approchâmes lentement de la passe. J'étais appuyé au bastingage, buvant ma boîte de bière chaude et dévorant du regard cette « Île du Désir » de Frisbie, qui allait maintenant devenir *mon* île.

On se préparait à mouiller l'ancre à une centaine de mètres du rivage. Un moment que je ne voulais partager avec personne.

Le voyage en direction du nord s'était déroulé sans histoires. Je connaissais plusieurs des membres de l'équipage – des garçons joyeux, vivant torse nu, en quête d'aventure –, auxquels s'ajoutaient neuf passagers maoris : cinq femmes et quatre hommes, tous retournant à Manihiki après une visite à leurs parents de Rarotonga.

Ils rayonnaient de cette bonne humeur communicative des gens qui viennent juste de passer de merveilleuses vacances à la « grand-ville ». L'avant-pont était couvert de leurs cadeaux d'adieu, toutes sortes de choses allant des chapeaux de paille fraîchement tressés à des poulets liés en grappes. Comme tous les touristes, ils ramenaient chez eux des tas d'objets qu'ils auraient aussi bien pu se procurer sur leur île, mais qui étaient ici chargés de toute l'importance du souvenir ou du cadeau.

Charmante compagnie dont pourtant quelque chose m'avait fait me tenir à l'écart presque toute la durée du voyage. On pensera que j'aurais dû saisir avec empressement cette dernière occasion de partager la compagnie de mes semblables, mais ce fut l'inverse qui se produisit. Peut-être étais-je trop agité, peut-être avais-je un peu d'appréhension.

Quand le capitaine, les yeux fixés sur les deux rochers qui balisent le chenal, lança ses ordres, je m'abandonnai à l'énorme émotion qui me submergeait. Je n'ai jamais été un homme très démonstratif et je doute que les passagers et l'équipage appuyés au bastingage aient le moins du monde soupçonné que je vivais là un moment trop extraordinaire pour le croire vrai.

Le soleil tapait fort. À peine une vaguelette ridait-elle le lagon alors que nous remontions la passe. La plage blanche que j'avais vue la dernière fois avec Andy du haut de la cabine du *Tiare Taporo* se faisait de plus en plus proche.

Mon débarquement n'eut rien de très spectaculaire. Non loin du vieux ponton en ruine, l'équipage mit à l'eau un canot, chargea mes affaires et me transporta à terre. Comme le patron du *Mahurangi* avait décidé de rester dans le lagon jusqu'au lendemain matin, le canot revint chargé de passagers heureux d'une occasion de se dégourdir les jambes. Aussi arrivai-je à terre en nombreuse compagnie, et, avant même que mes caisses et mes paquets fussent débarqués, la plage était tout animée des femmes occupées à laver le linge et des hommes en route pour la pêche.

Tout à coup, bien qu'encore entouré d'êtres humains, je ressentis un accès fugitif de solitude. Tout le monde paraissait si occupé que personne ne faisait plus attention à moi. L'équipage retournait déjà vers le bateau ; en riant, les femmes à la peau brune étendaient leur lessive et les pêcheurs avaient disparu. Je me trouvais là, un peu abandonné sur cette plage blanche surchauffée, entouré du monceau de mon matériel négligemment débarqué près du ponton. Un « miaou » plaintif me rappela que j'avais un ami. « Madame Chaparde » réclamait sa liberté avec impatience. Laissant mes bagages, la cage aux chats et le Gladstone à la main, je commençai à parcourir presque à contrecœur les cinquante mètres du sentier de corail qui menait à la cabane. J'appréhendais quelque peu de m'y rendre, ne sachant trop ce que j'allais trouver. Serait-elle encore habitable ? Les réservoirs d'eau toujours en bon état ? Resterait-il quelque chose du jardin défriché par les garde-côtes ? Que seraient devenues les poules abandonnées ? Enfin, il y avait la vieille barque, dont je n'avais découvert aucune trace sur la plage.

Je me frayai un passage le long de l'étroit sentier, m'empêtrant dans l'enchevêtrement des broussailles et des plantes rampantes, trébuchant dans le fourré épais des jeunes pousses de cocotiers, parmi les pandanus et les gardénias. Ce foisonnement s'élevait comme un rideau qui m'emmurait et cachait presque le soleil.

Soudain la cabane apparut, et je dois reconnaître que mon cœur chavira. J'avais oublié l'incroyable vitalité des plantes tropicales, et tout ce temps où personne n'avait vécu ici. Mon subconscient avait gardé le souvenir de Souvarof à l'époque où la cabane était habitée. Et maintenant, avec mon sac et la cage à mes pieds, c'est à peine si je pouvais distinguer le toit de tôle galvanisée perdu dans l'épaisseur des plantes grimpantes qui le submergeaient. Les appentis aussi étaient dévorés par la végétation. Je m'avançai avec prudence sous la galerie qui courait le long de la cabane. Le plancher m'en parut solide, mais en observant la toiture je constatai que le tressage en palmes de cocotiers était pourri. Puis, à une extrémité de la galerie, j'aperçus la barque, retournée et fendue de deux fissures d'un pouce de large sur toute sa longueur. Je compris aussitôt qu'elle coulerait comme une pierre une fois dans l'eau. L'idée que je n'avais pas apporté de calfatage ne fut pas pour me rendre cette découverte moins décevante.

Je m'assis sous le chaud soleil et m'épongeai le front. J'ouvris mon fidèle Gladstone, d'où je sortis un tournevis que j'avais posé sur mes vêtements pour dévisser facilement le dessus tressé de la cage et délivrer les chats. L'instant d'après, la mère commençait l'inspection avec son petit. Au contraire de moi, ils ne paraissaient pas le moins du monde découragés et ils se mirent tout de suite à s'installer. En moins de cinq minutes, « Madame Chaparde » avait tué son premier rat des îles.

Je me roulai une cigarette et m'assis sous la galerie pour regarder un instant ce décor dont j'avais gardé un souvenir si clair à la suite de mon unique et courte visite.

L'extrémité de la galerie – qui mesurait à peu près deux mètres de large – avait été murée pour constituer une pièce supplémentaire que les garde-côtes avaient utilisée comme salle à manger. Devant la cabane, le terrain avait été défriché pour former une cour qui se trouvait maintenant dans un état consternant, envahie de plantes rampantes et de lianes, couverte de palmes desséchées, amenées par les vents d'orage.

Au fond de la cour s'élevaient un abri et une douche, également recouverts de plantes grimpantes, tandis que sur ma droite apparaissaient les vestiges du jardin. Après un coup d'œil sur l'enchevêtrement de la palissade démolie, je me détournai. J'aurais assez de temps plus tard pour ces problèmes. D'abord, je devais inspecter la cabane.

Chose curieuse, le geste d'ouvrir la porte d'entrée me procura une drôle de sensation, une sorte d'idée de fantômes, comme si m'aventurer sur le seuil de cette bâtisse à l'abandon comportait des implications indéchiffrables. J'avais l'impression de pénétrer le passé perdu et oublié de quelqu'un, mais encore vivant, car les hommes qui avaient vécu ici avaient dû laisser derrière eux quelque chose d'eux-mêmes.

Puis je pénétrai à l'intérieur. La pièce mesurait environ trois mètres sur trois. Il fallait franchir une haute marche à partir de la galerie, et la première chose que je découvris fut une bonne table solide dressée contre le mur en face de moi. À côté se trouvait une chaise de cuisine de fabrication sommaire.

Sur ma gauche, accrochées au mur, deux étagères soutenaient une cinquantaine de livres de poche. Deux des murs étaient pourvus de persiennes et je les ouvris pour laisser entrer l'air et la lumière. Il s'agissait de ces persiennes typiques des îles qui s'ouvrent de bas en haut et sont tenues ouvertes par un bâton.

C'était autrefois la pièce de la radio. Elle me ferait un excellent bureau ; une sorte de pièce pour écrire où je pourrais tenir mes quelques papiers et rapporter chaque soir les événements du jour dans mon journal. Le baromètre aurait belle allure accroché au mur, au-dessus de la table. En prenant un ou deux livres dont je feuilletai les pages, il ne me fallut pas beaucoup d'imagination pour baptiser cette table grossièrement taillée du noble nom de bureau et me représenter cette petite pièce carrée non pas comme quatre murs nus, mais comme mon studio.

Un bruit de pas à l'extérieur mit fin à mes méditations. En me retournant pour apercevoir l'homme dans l'encadrement de la porte, j'éprouvai un moment d'agacement à l'idée que même ce jour-là je ne pouvais me retrouver seul. Mais j'étais injuste. Il s'agissait de l'un des passagers, un grand gaillard, plongeur de perles de Manihiki, du nom de Tagi, qui se tenait là timidement, sans autre vêtement que son paréo et qui me dit : « Tom, nous avons pensé que vous seriez trop occupé pour vous faire à manger. Quand le poisson sera prêt, venez manger avec nous. »

Tout confus, j'acceptai avec reconnaissance, car s'il était un jour où je n'avais pas le temps de me préoccuper de cuisine, c'était bien celui-là.

« Je vous appellerai quand ce sera prêt ! », ajouta-t-il gaiement, puis il resta là. Il était dévoré de curiosité.

« Entrez voir ! Ce n'est pas si mal, non ? », lui dis-je.

Il jeta un coup d'œil puis il m'accompagna

dans la chambre à coucher, séparée du bureau par une cloison haute d'un mètre cinquante et munie d'une étroite porte à glissière. J'ouvris les volets. Cette pièce était deux fois plus longue que la précédente et, à ma grande surprise, elle contenait un lit. Il ne m'étaient jamais venu à l'idée que je pourrais trouver un lit. Je m'étais figuré, je ne sais pourquoi, que les garde-côtes avaient été équipés de lits de camp, et je m'étais bravement résigné à coucher sur le sol jusqu'au moment où j'aurais eu le temps de me construire un lit. Je m'assis pour l'essayer. C'était un lit de bois, solidement bâti, sans ressorts, comme je me plus à le remarquer, car je déteste un lit qui s'enfonce. Une table de nuit et une petite étagère, sans doute installée pour les affaires de toilette, complétaient l'ameublement.

« Si seulement j'avais une maison comme celle-là ! », soupira Tagi.

Une idée terre à terre me traversa l'esprit. Si les garde-côtes avaient laissé un lit, deux tables, une chaise et des livres, n'auraient-ils pas laissé aussi quelques ustensiles dans la salle à manger ? Je m'empressai d'y aller voir.

Cette pièce avait été gagnée en murant une partie de la galerie et, quand j'ouvris la porte et regardai à l'intérieur, je restai abasourdi. Dans un angle se trouvait un grand garde-manger grillagé, dans un autre la carcasse d'un vieux réfrigérateur à pétrole. Le réservoir en avait été retiré mais cela ferait encore un excellent placard. Les charnières du garde-manger me parurent solides quand j'ouvris la porte, et les trois rayons en bon état. Pour compléter le mobilier, les garde-côtes avaient construit une table rustique. Elle était appuyée contre le mur sous la fenêtre ouvrant sur la cour.

Je me demande si l'on peut imaginer ma satisfaction en découvrant ce trésor inattendu. Je venais à peine de débarquer sur Anchorage et, pourtant, la vue de ces meubles – qui allaient m'économiser un travail infini –, me fit ressentir ce que Robinson Crusoé dut éprouver chaque fois qu'il se rendait à l'épave. J'étais si heureux que j'ouvris à nouveau le garde-manger et le frigo pour le plaisir et je me souviens de m'être épongé le front en disant :

« Oui, Tagi, tu as raison. C'est un endroit privilégié entre tous. »

À l'extrémité de ce local, une porte démantibulée donnait accès à la cuisine, une pièce très convenable, couverte de fûts de fuel aplatis et palissée de nervures de palmes de cocotiers bien assemblées contre les montants. Le tout était bien aéré.

Derrière la cabane, les deux cuves à eau dont j'avais gardé le souvenir. Elles étaient en bon état ; l'une, en tôle ondulée, cylindrique, devait contenir environ mille deux cents litres ; l'autre était un réservoir en acier galvanisé un peu plus important, peut-être mille six cents litres. Dès que j'ouvris les robinets, une eau excellente s'en échappa. Les réservoirs devaient être de bonne fabrication et, du fait qu'ils se trouvaient surélevés sur une plate-forme de bois à une cinquantaine de centimètres du sol, ils paraissaient avoir échappé au processus de détérioration général. Alimentés par une gouttière le long du mur, ils étaient tous les deux pleins.

À quelque distance derrière la maison, je découvris des toilettes, un trou d'une profondeur de trois mètres aux parois constituées de fûts, dont on avait découpé les extrémités. Sous l'inspiration du moment, je baptisai ce lieu « la Maison des Méditations ».

À mesure que je découvrais mon nouveau domaine, ma première réaction de consternation se dissipait pour faire place à la joie de faire des découvertes comme celles du garde-manger ou du lit. Je commençai à me dire que cette forêt de plantes rampantes et de lianes ne serait que l'affaire de quelques jours.

Puis, j'eus une autre surprise agréable – deux, en fait – en traversant la cour pour inspecter le hangar et la douche. Situés au bout de la cour, ils étaient enfouis parmi les hibiscus qui perdent leurs pétales chaque jour, de sorte que je marchais sur un tapis de fleurs pour y arriver.

Je ramassai une poignée de pétales et les laissai s'échapper entre mes doigts en m'imprégnant de l'ambiance. Une trouée entre les arbres, comme une fenêtre, m'ouvrit une échappée sur le lagon, bleu, tranquille et ensoleillé. En tendant l'oreille, je pouvais percevoir le déferlement de la mer sur la barrière de corail se mêler à la faible brise dans les palmes, jusqu'au moment où les clameurs des frégates tournoyant dans le ciel anéantissaient tout autre bruit. L'une d'elles, plus agressive que les autres, parut fondre sur la cabane et, tout en l'observant, je me rendis compte que ce long bâtiment bas, étouffé par la végétation, paraissait solide. Tagi avait raison de m'envier, car, somme toute, je n'avais jamais rien possédé de mieux au cours de ma vie vagabonde. Je me retournai pour le lui dire, mais il avait disparu. J'étais si absorbé que je ne l'avais pas entendu s'éloigner.

En pénétrant sous l'appentis, dont les murs étaient constitués de palmes tressées, fixées à des piquets de pandanus, je découvris un vrai trésor abandonné par les garde-côtes : un rouleau de fil de fer barbelé. Il y en avait au moins cent cinquante mètres en excellent état. Jouxtant l'appentis se trouvait la douche, avec un réservoir sur un support. Ses parois, à hauteur d'homme, étaient composées de tôles de bidons aplaties. Elles disparaissaient entièrement sous la végétation, mais il serait facile de les en débarrasser et j'aurais vite fait d'installer une étagère pour une cuvette et une corde pour mes serviettes.

J'étais sur le point de sortir quand un bruit me

fit sursauter. Une vieille poule caquetant d'effroi jaillit sous mes pieds et s'enfuit dans les fourrés. J'en tirai la conclusion réconfortante que des œufs seraient bientôt à ma disposition.

Puis j'allai examiner le jardin, ou plutôt les vestiges du jardin, envahi par les mauvaises herbes et les broussailles. Il ne subsistait de la clôture que quelques piquets dressés comme des chicots enguirlandés des restes d'un fil de fer jadis bien tendu. D'un coup d'œil, je compris que s'il y avait jamais eu un jour de la terre cultivable, celle-ci avait été depuis longtemps emportée. Il était évident que refaire le jardin constituerait un problème essentiel. Seul un arbre à pain, dans un coin de ce désert sauvage, laissait supposer que le sol était quand même fertile.

Absorbé par l'exploration de mon nouveau chez-moi, je ne m'étais pas rendu compte de la faim qui me tenaillait. L'invitation de Tagi me revint à l'esprit. Et plus tard, comme nous étions assis sur la plage, adossés à ce décor de palmiers, le lagon épanoui devant nous, avec le *Mahurangi* mouillé à une encablure, je ne pus m'empêcher d'observer le visage de mes compagnons en me demandant ce qu'ils feraient le lendemain à la même heure, la semaine suivante, le mois suivant, l'année suivante. Se souviendraient-ils de ce repas et de ce personnage solitaire qui avait choisi la solitude d'une île ? Se souviendraient-ils seulement de moi, une fois repartis sur la goélette ?

C'était un sentiment étrange. Mais, au fond, de peu d'importance. J'étais persuadé maintenant d'avoir largué les amarres, bien qu'il ne fût pas aisé, tout occupé que j'étais à manger le poisson avec mes doigts, de trouver en moi les mots pour exprimer ma certitude.

Et moi, me souviendrais-je d'eux ? Comment, dans les années à venir, reverrais-je ce dernier repas ? J'observais avec attention les cinq femmes – dont la lessive séchait sur la plage, retenue par des morceaux de corail – qui festoyaient, complètement indifférentes au reste du monde. De jolies et robustes femmes souffrant d'une tendance à l'embonpoint due à la consommation de trop de *poi*. Elles s'emparaient de tout ce qui leur tombait sous les doigts – des poissons et des crustacés savoureux aux affreux crabes de cocotiers à la chair trop riche. Nous mangions dans des feuilles de bananier ou d'arbre à pain, cependant qu'une bouilloire ronflait bruyamment sur le petit feu. On riait et on menait grand bruit et, soudain, je me pris à les envier. Les natifs des îles Cook, encore à l'abri du tourisme, forment un peuple tellement insouciant que personne ne peut ne pas les aimer. Ils étaient contents, cela ne faisait aucun doute, et ils ne se posaient aucune question sur les raisons de leur bonheur. Ils étaient plus simples que les Blancs vivant dans les mers du Sud, ils prenaient le plaisir là où ils le trouvaient. J'étais l'oiseau rare à ce déjeuner de poissons.

Après le repas, il restait encore pas mal de temps avant la nuit et Tagi annonça que les hommes transporteraient mes bagages à la cabane.

À peine avaient-ils commencé que les cinq femmes elles aussi se rendirent dans la cour. Maintenant que j'avais partagé leur repas, elles se sentaient en droit de voir où j'allais vivre et de satisfaire une curiosité touchante.

Je ne pouvais leur en tenir grief, car elles n'étaient pas de ces femmes impatientes de scruter les secrets d'un original. Elles m'acceptaient pour ce que j'étais et voulaient seulement se rendre compte si je ne manquerais de rien.

De toute évidence, elles n'en jugèrent pas ainsi. Une fois réunies dans la cour, beaucoup de gesticulations accompagnèrent un torrent de paroles.

Dans un sens, j'étais pressé de me mettre au travail. J'avais à trier toutes mes affaires.

« Qu'est-ce que c'est que tout ce raffut ? demandai-je avec un brin d'irritation.

– Les femmes disent que le toit de votre galerie ne vaut plus rien, répondit Tagi.

– Oui, ça je m'en suis rendu compte moi-même, répliquai-je.

– Elles aimeraient vous en faire un nouveau », ajouta-t-il.

Et elles le firent !

Presque avant que le dernier de mes paquets fût déposé dans la cabane, cinq femmes bruyantes s'accroupirent sous la galerie jonchée de palmes. Elles travaillèrent avec tant de zèle que plus de la moitié d'une toiture neuve fut confectionnée avant le départ du *Mahurangi*, le lendemain matin.

Il ne me resta pas un moment, ce premier soir, pour explorer mon île. Je n'eus que le temps de déballer quelques objets de première nécessité. Comme je l'écrivis sur la première page de mon journal : *« Pas eu la possibilité de jeter un coup d'œil sérieux à la ronde, mais je vois surgir le travail de toutes parts. Je n'aurai guère le loisir de m'asseoir sous un arbre à contempler le lagon, avant longtemps en tout cas. »*

Peu après le coucher du soleil, quand j'eus porté ces lignes sur mon journal, je me roulai une dernière cigarette avant d'aller m'étendre. J'étais trop fatigué, ou trop énervé, pour me faire même une tasse de thé.

J'utilisai un peu de mon précieux savon pour nettoyer la table de la salle à manger. Je disposai deux « noix-de-coco-à-boire » sur l'étagère à côté du lit, déroulai mon matelas de kapok et fis mon lit avec soin.

Je n'avais pas eu le temps d'examiner les livres laissés par les garde-côtes, mais cela n'avait pas beaucoup d'importance puisqu'en cette première nuit un seul livre convenait à la circonstance. Une fois les chats à leur place, j'allumai la lampe à pétrole en verre, et aussitôt je me plongeai dans la lecture de *L'Île du Désir*.

Je ne me réveillai qu'une fois au cours de la nuit, lorsqu'un cri, moitié humain, moitié animal, me fit jaillir du lit, glacé de peur. Il fut suivi d'une série de grognements dont je reconnus vite l'origine, et je me détendis. Il semblait donc que les rumeurs suivant lesquelles il y avait des cochons sur l'île soient fondées.

Le *Mahurangi* appareilla peu après l'aube. Au cours des années, j'avais évoqué ce moment des douzaines de fois, me demandant souvent quelle sorte d'émotion je ressentirais au moment précis où serait tranché mon dernier lien avec le monde extérieur. J'avais imaginé que j'éprouverais du découragement ou encore un accès de solitude angoissant. Mais, maintenant que la goélette était sur le départ, je ne manifestai qu'une certaine impatience à la voir prendre tant de temps pour appareiller.

Je déteste les adieux qui n'en finissent pas et pourtant je n'aurais sans doute pas été normal si je n'avais ressenti un pincement d'émotion. Ce n'était pas du découragement. Ce n'était pas de la peur. Mais quand Tagi, qui fut le dernier à rembarquer dans le canot, me dit : « Bonne chance, Tom ! », j'admets que ma gorge se noua. La rupture du dernier lien et la manière un peu cérémonieuse dont nous nous serrâmes la main pesèrent sur mon cœur un moment.

Enfin, tous les passagers furent embarqués et le vieux *Mahurangi* se mit en route. Je le regardais de la plage s'en aller lentement vers la passe à travers le récif. Quand il fut assez loin, je quittai mon short et je l'agitai en signe d'adieu symbolique.

À dater de cet instant, je ne remis jamais un short. Je le remplaçai par une bande de tissu d'une largeur de quinze centimètres découpée dans un vieux paréo que je portais à la mode indigène, un pan accroché devant à une ceinture et, l'étoffe passant entre les jambes, l'autre pan rabattu par-derrière sous la ceinture. Arrangé comme il faut, un tel cache-sexe reste en place toute la journée, quelle que soit l'activité : travail, nage ou pêche.

Chapitre 4

Enfin seul !

Maintenant que je me retrouvais seul sur mon île, je commençai à dresser l'inventaire. Du fait qu'Anchorage présente à peu près la forme d'une langue et ne mesure que trois cents mètres dans sa plus grande largeur, je pouvais presque l'embrasser d'un seul coup d'œil à partir de la plage d'où je regardais disparaître le *Mahurangi.*

Du ponton démoli où j'avais adressé mes adieux, je voyais, derrière la plage, une profusion de cocotiers, de pandanus, de plantes grimpantes et une masse de *tauhunu,* cet arbrisseau dont les pousses montent à six mètres et davantage, formant une jungle impénétrable. Coiffant le tout, cinq immenses *tamanu* étendaient leur frondaison généreuse à partir de troncs massifs. Ces troncs étaient fourchus et tordus comme les vieux chênes d'Angleterre, et c'est sans doute à l'un de ces arbres que Frisbie avait ligoté ses enfants pendant l'ouragan. Ils paraissaient assurément assez résistants pour affronter n'importe quel cataclysme.

Mû par une impulsion soudaine, je décidai que je devais avant toute chose faire le tour de l'île, tantôt en longeant la plage, tantôt en marchant dans l'eau peu profonde en bordure du récif. Je n'avais pas l'intention de me livrer à une balade d'agrément. Je voulais reconnaître les lieux, trouver où poussaient les meilleurs cocotiers, découvrir où je récolterais le meilleur sol arable pour le jardin, examiner les eaux peu profondes à la recherche des meilleurs coins de pêche.

Il faisait une matinée magnifique et, laissant le ponton derrière moi, je longeai la côte ouest – celle donnant sur le lagon – en direction de la pointe nord de mon nouveau domaine. Je marchai d'abord sur la plage, si blanche et si aveuglante que j'en avais presque mal aux yeux.

Je parvins rapidement à un bouquet de cocotiers qui ombrageait la plage comme un dais ; leurs troncs graciles étaient si penchés par les vents dominants qu'ils formaient un angle à quarante-cinq degrés. Ce n'est pourtant pas leur beauté qui retint mon attention, mais le fait plus prosaïque que leur hauteur ne paraissait pas trop intimidante pour y grimper. J'y voyais une grande quantité de noix, la plupart assez basses pour être décrochées à l'aide d'une perche que, dans mon esprit, j'équipais déjà d'un crochet d'acier.

Par-derrière, le terrain s'élevait jusqu'à cinq mètres de haut, l'altitude la plus élevée de l'île, et, là, les arbres étaient plus grands. De plus, les *tauhunu,* qui prospèrent bien sur le sol sablonneux des atolls (partageant avec le cocotier le pouvoir de résister aux embruns salés), poussaient dans un tel foisonnement que je ne pouvais m'approcher de la plupart des cocotiers. Il y avait aussi beaucoup de pandanus. C'est un arbre à palmes très fines, fort différent du cocotier, que Frisbie décrit comme « l'escogriffe bien membré ».

C'était donc la seule colline de l'île, et elle n'était pas bien haute. En progressant vers la pointe nord, le terrain descendait, jusqu'à ne pas dépasser de plus d'un mètre le niveau de la mer.

Parfois je pouvais longer un bout de plage mais souvent le corail faisait place aux rochers, m'obligeant à patauger sur les hauts-fonds pour contourner un cap miniature. C'était un beau jour clair. Du récif s'étendant au nord d'Anchorage, je pouvais découvrir plusieurs des îlots du lagon : Whale, Brushwood et One Tree Island, avec son unique palmier piqué comme un arbre-jouet dans un morceau de carton posé sur un miroir.

Il ne m'avait fallu que quelques minutes pour marcher du ponton à la moitié de la côte ouest et, de là, au nord de l'île, la distance ne dépassant pas quatre cents mètres. Je fis demi-tour et empruntai la plage de sable blanc de la côte est. Celle-ci s'étend en une suite de douces incurvations sur un demi-mille, jusqu'à la passe donnant accès au lagon. Je ne pus relever la présence d'aucun insecte, abeille ni reptile ; rien de plus dangereux que les crabes de cocotiers, ou un rat par-ci, par-là.

En bordure de l'eau, des *miki-miki* de cinq mètres poussaient sur le roc presque nu, et je les enregistrai dans mon esprit. Leurs branches dures me seraient d'une grande utilité. Ils constituent les meilleurs pieux du monde pour écorcer les noix de coco. Quelques mètres plus loin, j'aperçus de jeunes papayers en retrait dans les terres et je m'approchai pour les observer de plus près. J'allais les atteindre quand un furieux grognement me glaça le sang. Avant même de réaliser ce qui se passait, j'eus la vision d'un cochon sauvage détalant à une vitesse incroyable. Mais ma frayeur passagère céda vite la place à la colère quand je me rendis compte que j'avais dérangé cette brute en train de déraciner les pousses vertes de quelques papayers, ces arbres fruitiers dont j'allais dépendre. Les cochons représentaient donc un réel problème.

Les autres papayers paraissaient en bon état, mais non loin de là quelques bananiers avaient triste mine, et je compris que si je voulais des bananes il vaudrait mieux compter sur les deux plants amenés avec moi et imaginer une sorte de barrière pour les protéger des cochons.

Longeant le taillis, je suivis la courbe de la plage pour arriver au milieu de la côte est. Là, je retrouvai une petite crique portée sur les cartes sous le nom de « Pylades Bay ». Je m'y étais baigné lors de ma première visite. Elle était profonde et l'eau était bleue, claire et attirante. Pylades Bay serait désormais ma piscine. Derrière, le terrain se couvrait d'hibiscus et de *tauhunu* abondamment entremêlés. De la plage, je pouvais distinguer de nombreux cocotiers arrachés, leurs longs troncs droits et gracieux reposant, morts, à l'endroit où ils s'étaient abattus. Je me souvins de Frisbie me disant : « La chose la plus épouvantable dans l'ouragan, c'est de voir, oui, de voir, le vent s'emparer d'un vieux cocotier de trente mètres et l'arracher du sol. »

C'est à ces arbres qu'il devait penser quand il me décrivit l'ouragan de 1942. Je me dirigeai vers eux, contournant les *tauhunu*, impénétrables et progressant par les parties caillouteuses dispersées çà et là, les unes jonchées de pétales d'hibiscus, les autres nues mais couvertes de fientes d'oiseaux, ce dont je fus enchanté, sachant ce que cela signifiait. Ce devait être là un lieu où venaient nidifier les sternes, qui préfèrent déposer leurs œufs à même le caillou en novembre et en décembre. Je pouvais échafauder des projets d'omelette d'œufs de sternes pour le thé quand, trois ou quatre mois plus tard, elles commenceraient à pondre.

Les cocotiers abattus étaient de sacrés morceaux et la façon dont ils se trouvaient entrelacés pêle-mêle me fit penser au contenu d'une boîte d'allumettes renversée. Ils étaient envahis par les lianes et certains d'entre eux n'avaient même plus de racines dans le sol.

Par hasard, mon regard se posa sur un objet vaguement familier enfoui dans une énorme souche chevelue. Avec pas mal de difficultés, j'arrivai à le déloger. C'était une brique apparemment faite en terre réfractaire, en parfait état. Pour autant que je pouvais en juger, elle n'avait jamais servi et elle avait dû se trouver enterrée sous le cocotier pendant cinquante ans ou davantage. Sans aucun doute, elle datait de l'époque où les « Lever Brothers » exploitaient le coprah sur l'île. Je me la mis sous le bras. Tout peut servir, sur une île déserte !

La partie sud de l'île avait visiblement supporté le gros de l'ouragan, et il me suffit de jeter un regard autour de moi pour en comprendre la raison. En effet, si la partie nord avait bénéficié de la protection du récif, les lames gigantesques qui s'étaient engouffrées dans la passe avaient dû frapper la pointe sud de toute leur puissance. Elles y avaient creusé une dépression par laquelle elles avaient balayé toute l'île.

Ce massacre furieux avait eu du bon cependant. Je découvris en effet une grande épaisseur de terre cultivable. J'en ramassai une poignée et je sentis que ce sol sablonneux correspondait exactement à ce qu'il me fallait. Mais, à ce stade, je ne m'arrêtais pas à la question de savoir comment je le transporterais jusqu'au jardin, à quatre cents mètres de là.

Le jour était si limpide qu'en regardant par-dessus le lagon je pouvais apercevoir Motu Tuo, où Andy et moi avions pique-niqué. En ce premier matin chaud, c'est à peine si une brise venait rider le patchwork coloré du lagon. De l'eau jusqu'aux chevilles et contemplant mon horizon de palmiers de Souvarof, je me souviens de m'être dit : « Eh bien, Neale, nous y voici, après tant d'années ! Et tout ceci est à toi ! »

Pendant les jours suivants, je fus si occupé à m'organiser qu'il me sembla que je n'eus jamais le temps de faire la cuisine ni même de penser aux repas. Mais pourquoi m'en serais-je soucié ? Je savais qu'il viendrait un temps où les choses seraient plus calmes, une fois la routine établie. En attendant, je m'enfonçais tout naturellement dans ma nouvelle vie sur l'île. Après tout, je m'y étais préparé pendant plus de la moitié de mon existence. Mes différentes fonctions dans les machines d'une douzaine de bateaux m'avaient appris l'art et la manière de manipuler des outils. J'étais de taille à affronter n'importe quel problème pratique. D'un autre côté, mes occupations à terre – défrichage, plantation de bananiers et même le métier de boutiquier – m'avaient appris sans ménagement à me débrouiller par moi-même. J'étais un prototype de l'homme à tout faire ; je connaissais quatre manières différentes de tresser un toit, je pouvais harponner du poisson, je savais allumer un feu avec une loupe même si je n'eus jamais à utiliser ce truc, je connaissais le type de bois qui se consumait sans s'enflammer et conservait un feu couvant toute la nuit.

Je fus immensément heureux durant ces premiers jours. Avant de commencer à tout déballer, je nettoyai la cabane bien à fond, grattai les planchers et lavai les murs. Ensuite, je passai trois ou quatre jours laborieux à arracher du toit les lianes et les vignes, puis à dégager l'abri à coups de machette. Je terminai de tresser la toiture de la galerie et je consolidai deux persiennes devenues branlantes. Puis j'installai une étagère dans le cabinet de douches et, dans le fond de la cour, entre deux hibiscus, j'étendis une corde à linge à bonne hauteur pour y suspendre ma literie.

Tout cela prit beaucoup de temps car il me fallait, en outre, pêcher pour les chats (et pour moi-même !). Bien que ne faisant que très peu de cuisine au début, j'avais quand même à allumer du feu, c'est-à-dire aller chercher du bois dans toute l'île. Mais j'étais décidé à faire place nette avant toute chose, et c'est seulement quand j'y fus parvenu que j'entrepris le rangement de mes provisions.

L'une des premières tâches consistait à sortir mon sucre du sac où il risquait de s'humidifier et à le verser dans les bocaux hermétiques que j'avais apportés. J'entreposai ces bocaux avec le reste de ma nourriture en vrac dans le vieux frigo, à l'exception de quelques articles dont j'aurais à me servir tous les jours.

Le frigo était un véritable don du ciel car je voulais que ma cuisine fût un endroit à la fois propre et bien rangé. C'est sans doute un héritage de mon temps passé dans la Navy que ce goût de mettre les objets à leur place et de les maintenir en bon état. Une des premières choses que je fis, juste pour me rappeler que la vaisselle sale n'a pas sa place sur une île de rêve, fut d'aller chercher un morceau de fil de fer et deux clous afin de tendre au-dessus du banc une corde pour suspendre mes torchons. Je peux affirmer que, depuis ce moment, je fis toujours la vaisselle à l'eau chaude et que j'eus toujours un torchon propre en réserve. Et, chaque fois que je me mis à table, j'eus toujours devant moi assiette et couverts (ou parfois une grande feuille verte à la place de l'assiette) posés sur le linoléum de table acheté à cet effet.

Du jour où je commençai mon déballage, j'utilisai le rayon supérieur de mon garde-manger pour y déposer les produits d'usage quotidien (un pot de sucre, une boîte de confiture, un peu de thé et de café, etc.) tandis que le rayon du milieu servait aux assiettes et aux couverts. Le rayon du bas était réservé aux petites boîtes d'ingrédients tels que sel ou poudre de curry, et aussi à mon moulin à café.

Je pris un soin tout aussi méticuleux de mes outils, rangeant les plus petits – scies, ciseaux, marteaux, etc. – dans une boîte spéciale que je conservais sous la galerie, juste à portée de main. Quant aux plus importants, je les rangeais sous le hangar de la cour, où il y avait aussi une étagère pour les paquets de clous, les vis et les morceaux de fil de fer.

La cuisine ne posait pas de grands problèmes. Après avoir empilé mes pierres volcaniques dans un coin et n'ayant pas le temps de m'atteler au délicat travail de construire un four indigène, je me contentai tout d'abord de trouver deux pierres de forme adéquate pour y faire reposer les barres d'acier afin de cuisiner simplement, à même le foyer. À proximité, ma boîte de copeaux et de bois d'allumage.

La seule chose qui me manquait, c'était un bon fourneau à bois, comme celui sur lequel je faisais ma cuisine à Moorea. Ce genre d'appareil est simple à utiliser, consomme peu de bois et facilite l'entretien de la cuisine. Je me rendis compte presque dès mon arrivée que c'était là un achat que j'aurais dû faire à Rarotonga, même au sacrifice d'un peu de luxe. S'il y avait eu des pierres volcaniques sur l'île peut-être aurais-je pu construire quelque chose du même genre, mais ce n'était pas le cas.

Une fois mes affaires déballées, le bois pour le feu devint une des priorités. Je voulais que le hangar fût rempli d'une provision pour six mois. Dans quelques semaines, la saison des cyclones commencerait, et cela pouvait signifier une période de grosses pluies. Je n'avais pas l'intention de me laisser surprendre sans bois sec.

Ce fut un travail pénible. Quelques arbres et buissons portaient des branches mortes faciles à trancher de quelques coups de hache. Mais il fallut scier beaucoup, à s'en briser les reins. Jusqu'au moment où j'eus accumulé un tas impressionnant, je laissai de côté toute autre activité. Il me fallut presque deux semaines pour remplir le hangar, mais, plus tard, quand vint la saison des pluies, je n'eus qu'à m'en féliciter.

Je mis à part le petit bois, principalement du *tauhunu* qui, plus ou moins pourri, permettait au feu de couver tranquillement. J'en avais toujours quelques morceaux qui fumaient sur le foyer du coin cuisine et je les trouvais très pratiques. Si je voulais un feu vif, il me suffisait de réunir deux brandons, de mettre quelques copeaux prélevés dans la boîte à portée de main et, en l'espace d'un instant, j'obtenais une splendide flamme. En vérité, ce système fonctionnait si bien que je n'eus presque jamais à utiliser une allumette. Avec le temps, je mis d'ailleurs un point d'honneur à n'avoir pas à m'en servir.

Plus ou moins inconsciemment, je glissais

dans la routine qui allait devenir ma vie. Avec le chant du coq qui me réveillait juste avant l'aube, le petit matin avait une résonance familière. Je restais à paresser un moment, savourant la chance que j'avais d'aborder une journée qui ne m'apporterait que de la joie. Puis, comme le jour pointait, je me levais, je remplissais la bouilloire et je ranimais le feu. En général, les braises étaient encore chaudes.

Puis j'allais me débarbouiller avant le breakfast ; une simple toilette de chat, car je réservais la douche à la fin de la journée, après avoir transpiré sous le soleil.

De retour à la cuisine, je trouvais l'eau bouillante, et les chats dans l'attente du poisson que je leur avais mis de côté la veille. Pendant qu'ils mangeaient, je m'emparais du pot contenant le café moulu à partir de ma provision de grains, et je me préparais quelques tasses pour accompagner un ou deux biscuits de Suva avec du beurre et de la confiture – encore que, plus tard, quand je fus mieux établi, je me confectionnais des galettes et, plus tard encore, il m'arriva souvent d'avoir des œufs pour le petit déjeuner.

Je prenais rarement un repas substantiel à midi. Pendant ces premiers mois, il y avait tant à faire que je ne pouvais supporter de perdre du temps à cuisiner avant le soir. Je pouvais facilement attraper des « noix-de-coco-à-boire » et, s'il m'arrivait d'avoir faim vers midi, je mâchais un peu d'*uto* (c'est-à-dire l'intérieur d'une noix de coco en germe, que l'on consomme cru ou cuit). J'aurai à m'étendre plus tard sur l'*uto*. Mais je dois dire que ma répugnance à m'occuper de cuisine atteignit presque la phobie, au début.

J'avais du mal à trouver le rythme de ma nouvelle vie, à me persuader qu'il n'était pas vraiment nécessaire de tant me hâter. Par habitude, je faisais en sorte que toute tâche fût terminée aussi vite que possible. Parfois, j'étais accablé par l'idée décourageante que je n'arriverais jamais à commencer le jardin, ou à construire un enclos pour les poules.

Après le travail, en début de soirée, j'allais attraper quelques poissons, que je faisais cuire aussitôt puis, s'il faisait beau, je m'apportais un bol de thé sur la plage et je m'asseyais dans un fauteuil en bois, que je m'étais confectionné pour contempler le coucher du soleil – un de mes passe-temps favoris.

Puis je me livrais à une activité totalement différente de celles de la journée en explorant les livres laissés par les garde-côtes. Il y avait là de tout et, si j'ai qualifié d'« éclectiques » mes goûts en littérature, je serais bien en peine d'en faire autant pour les leurs.

Je décidai que la moitié d'entre eux ne méritaient même pas d'être lus (décision sur laquelle il me fallut revenir au bout d'un an, quand je devins trop heureux de lire n'importe quoi).

Mais il se trouvait quelques joyaux dans cette littérature de gare, et en particulier plusieurs livres dont je n'avais jamais entendu parler.

Un soir, je choisis *Le Meilleur des mondes*, d'Aldous Huxley. Je me souviens que j'étais très fatigué cette nuit-là et sans autre intention que de lire quelques pages pour m'endormir. Je restai éveillé la moitié de la nuit, transporté par la description d'un monde si horrifiant que je m'arrêtais de temps en temps pour réfléchir à ce que je venais de lire, et je me disais : « Neale, si c'est là ce que le monde doit devenir, reste où tu es ! » Le chant du coq ne m'a pas réveillé le lendemain matin !...

Pendant les premières semaines, le problème de mon installation m'occupa la plupart du temps, mais je fis quand même un essai pour mettre en train un des projets à plus long terme que j'avais dans l'idée.

Bien que la perspective d'avoir des œufs pour le breakfast parût assez éloignée, j'essayai d'enjôler les poules en disséminant des râpures de noix de coco dans le fond de la cour. J'avais l'intention de les apprivoiser et de les réunir toutes dans un enclos. Au bout de quelques semaines, je constatai qu'elles étaient devenues beaucoup moins réticentes à s'approcher de la cabane.

Par malheur, ma distribution de noix de coco râpées attira aussi les cochons sauvages ; cinq gros cochons dévastateurs dont la passion fiévreuse pour déraciner tout ce qui leur tombait sous le groin m'apporta la certitude que mes projets de jardin avaient peu de chances de se réaliser tant que subsisterait cette menace.

Et pourtant, le jardin était indispensable. Ce qu'il en restait mesurait à peu près douze mètres de long et je savais qu'il faudrait finir par le clôturer. Mais puisque je n'avais pas le temps de m'en occuper, je me contentai de protéger l'arbre à pain situé près de la cuisine. J'y parvins en sciant quatre rondins de même longueur dans des troncs de cocotiers morts et j'en fis une sorte de barricade autour des racines. Chaque jour, ensuite, je déchargeai une mixture de vieilles feuilles, de restes de nourriture, de poissons laissés par les chats, et même d'arêtes, le tout bien mélangé, pour faire de l'engrais qui nourrirait les racines et m'assurerait ainsi une quantité régulière et inestimable de fruits à pain pour la table.

À l'une des extrémités de ce qui subsistait du jardin, je plantai les deux pousses de bananiers que j'avais apportées. En leur donnant les mêmes soins, j'eus pourtant à attendre un an avant de récolter mon premier régime de bananes. Toutefois, dès que les arbres eurent pris racine, ils ne posèrent plus aucun problème.

Je m'arrangeai donc pour intercaler ces tâches dans la routine quotidienne et j'eus la chance que, durant ces premières semaines, le temps restât des plus cléments. Le premier mois s'écoula si vite que je pus à peine croire, quand j'ouvris mon journal à la date du 6 novembre, que c'était le jour de mon anniversaire. J'y relis aujourd'hui ce que j'écrivais ce vendredi-là : *« Belle journée chaude, l'arbre à pain se porte bien. Amené mon thé sur la plage après avoir harponné quelques poissons pour les chats. Les ai fait cuire sur le sable juste avant le crépuscule et regardé la nuit tomber sur le lagon. »* Puis, revenant à une certaine forme de réalisme, j'ajoutais : *« Il y a aujourd'hui cinquante et un ans, ma mère passait un sale quart d'heure. »*

Je n'arrivais pas à réaliser que je venais de vivre un mois complet sur l'île. Chaque journée était si chargée par le simple effort de prendre racine et de m'installer sur l'île que le temps semblait s'évanouir.

Il m'arrivait même, tant j'étais occupé, d'oublier ma résolution de me raser chaque mercredi et chaque dimanche, ou de faire la lessive de mes draps une fois par semaine.

J'étais ainsi arrivé au mois de novembre et à la saison des cyclones. J'avais maintenant à prendre les mesures nécessaires à ma sauvegarde.

Puisque la cabane était mon refuge, ma première préoccupation fut de la protéger. Je savais que je devais mettre en place un système qui lui permettrait de résister à n'importe quelle force de vent. Je décidai donc de l'assujettir au sol à l'aide de haubans constitués par le fil de fer laissé par les garde-côtes.

Je commençai par creuser trois trous devant les deux façades principales de la case, trous prévus pour y ancrer le fil de fer passé directement par-dessus le toit. La phase suivante consistait à installer de bonnes « ancres », bien solides, pour y fixer les haubans, aucune des méthodes habituelles d'amarrage ne pouvant tenir le coup sous des vents violents. Pour chacun des six trous creusés, je ramenai plusieurs blocs de corail d'une cinquantaine de livres et de forme à peu près carrée ; je les déposai au bord des trous et les entortillai de fil de fer en laissant une grande boucle dépasser de chacun.

Puis je descendis les pierres dans les trous, que je remplis de telle manière que seules les boucles puissent dépasser du sol. Ensuite, je coupai trois longueurs de fil de fer et je les projetai par-dessus le toit de la cabane. Je n'avais plus qu'à passer les extrémités de chaque morceau dans les boucles et tendre ces haubans en les torsadant avec mes pinces.

Cette tâche de première importance me prit plusieurs jours, mais, enfin, je me sentis beaucoup plus en sécurité. Je ne me flattais cependant pas que mon travail pût résister à un ouragan de la force de celui de 1942. Mais, pour les tempêtes courantes, j'estimai avoir fait le nécessaire.

J'avais à prendre une dernière précaution : je

creusai sous l'appentis un trou d'environ un mètre cinquante de long sur quatre-vingt-dix centimètres de large pour y enfermer mon équipement de survie. Il comprenait ma boîte à outils, à laquelle j'ajoutai trois boîtes d'allumettes enfermées dans un bocal scellé par du sparadrap et une paire de chaussures en caoutchouc. Dès ce moment je m'entraînai à la manœuvre. Chaque fois que le baromètre indiquait l'approche d'une tempête sérieuse, ma boîte s'en allait tout droit dans ce trou. Sans elle, je savais que j'avais peu de chances de m'en sortir.

Chapitre 5

Pêche, cuisine et improvisation

Par miracle, les tempêtes nous ignorèrent. Il y eut des grains soudains qui souillaient tout dans un rayon de cinq mètres autour de la case, mais ils étaient de courte durée et même bienvenus. Non seulement ils rafraîchissaient l'île mais ils faisaient le plein de mes réservoirs d'eau. Je ne les comptais pas pour du mauvais temps, et durant ce premier automne il n'y eut pas trace des ouragans que j'avais craints.

C'était aussi bien ainsi, car pendant les quelques mois suivants je me mis à travailler plus que je ne l'avais jamais fait dans ma vie. Et pourtant, je n'en souffrais pas. Les difficultés surgissaient comme autant de défis et, chaque fois que je me débrouillais pour leur apporter une solution, je progressais d'un pas et j'en tirais un grand réconfort.

Souvent, après une dure journée, je m'imaginais de retour à Rarotonga, où j'aurais été en train d'attendre avec impatience la paie du vendredi. Mais, ici, ces vanités d'un autre monde n'avaient pas cours. Au lieu de cela, je me relaxais le soir venu et, les jours de beau temps, je me faisais un bol de thé et le transportais sur la plage. Là, je m'asseyais sous le souffle léger des alizés dans les palmiers qui se penchaient sur moi comme un éventail. Parfois, j'allumais un petit feu pour cuire le dîner des chats et, ensuite, « Monsieur Tom-Tom » ou « Madame Chaparde » sautaient sur mes genoux en ronronnant de contentement.

Certains soirs, l'air était si calme que je pouvais entendre ma propre respiration. D'autres fois, mon petit monde se remplissait de cris et de bruits d'oiseaux qui tournoyaient au-dessus de moi, surtout des sternes (que je surveillais patiemment, sachant qu'elles allaient bientôt commencer à pondre) et des frégates qui nichaient par milliers sur les îlots, où elles se savaient tout à fait à l'abri des humains. Je ne cessais d'être fasciné par ces affreuses brutes, d'une envergure de près de trois mètres et pourvues d'une poche écarlate sous leur bec. Fréquemment, quatre ou cinq d'entre elles prenaient en chasse une pauvre petite sterne pour l'obliger à régurgiter le poisson qu'elle venait juste de pêcher, puis, d'un coup d'aile d'une incroyable adresse, elles parvenaient à rattraper le poisson avant qu'il ne retombe à l'eau.

Du moins m'apportaient-elles du spectacle pendant ces moments du crépuscule dont étaient délicieusement absents mouches et moustiques.

La nuit tombait sur nous avec cette vitesse saisissante propre aux tropiques, si bien que, d'un instant à l'autre, de patchwork coloré le lagon se changeait en un dessus-de-lit de satin noir. Oui, c'est cela qu'il évoquait, un immense dessus-de-lit, avec l'écume blanche du récif en guise de haut de drap et d'oreiller.

J'étais pleinement heureux. Rien ne pouvait être plus parfait et, comme les braises de mon feu s'éteignaient, les chats se rapprochaient de moi pour me rappeler que ce jour-là était fini et qu'il était temps d'aller dormir et de reprendre des forces pour le lendemain. À la fin de la journée, deux obligations vitales s'imposaient en priorité sur tout autre projet. Il fallait pêcher et faire la cuisine. Je ne fus pas long à découvrir les endroits où ma nourriture de première nécessité attendait de se faire prendre à l'hameçon ou au harpon. Les trous, dans les eaux peu profondes du récif, grouillaient de poissons. Je n'avais que l'embarras du choix entre les petits labres, les poissons-perroquets, les anguilles, les mérous et les langoustes. De plus, je n'avais pas à craindre les requins, barracudas ou autres dangereux carnassiers (bien qu'en réalité il me soit arrivé d'y rencontrer des requins).

L'un des hôtes les plus simples à pêcher – et des meilleurs – était la langouste, la nuit, sur la barrière de récifs, à marée montante. Je voyais même souvent leurs antennes dépasser d'une crevasse et, comme une langouste est toujours tournée vers la sortie du trou où elle se cache, je pouvais attraper les antennes de ma main droite, passer ma main gauche dans la crevasse, la saisir et commencer à tirer. Une langouste est très difficile à déloger et je devais exercer un effort continu. Mais, une fois fatiguée, elle venait facilement. Sortie du trou, je la tuais en lui dévissant la queue d'un coup sec.

Tout à fait par hasard, je découvris un « vivier » à langoustes. En marchant un matin le long du récif, j'arrivai à un trou de quarante-cinq centimètres de profondeur, tapissé d'un revêtement de corail blanc, bien visible sous l'eau. À cet instant, une langouste se propulsa comme un éclair d'une crevasse à une autre.

Je pensais avoir repéré le trou où elle s'était réfugiée, et j'y farfouillai avec le manche de mon harpon. Pendant quelques instants, il ne se passa rien et je crus m'être trompé de trou, mais juste comme j'allais retirer mon harpon je sentis une curieuse vibration dans ma main.

Cela signifiait qu'une langouste était réfugiée dans le trou, car depuis longtemps, à Moorea, je savais, par les pêcheurs locaux, que, s'il vous arrive de toucher une langouste cachée, une vibration se propage le long du bâton. En fait, l'animal ne bouge pas, du moins c'est ce que je pense ; il doit s'agir, chez les crustacés, d'une sorte de frisson de peur ; quoi qu'il en soit, la vibration est si évidente qu'on peut toujours la sentir au bout du manche du harpon. Après avoir capturé celle-là, j'essayai une autre crevasse et, nul doute, là encore, je perçus une vibration. J'allai ainsi fourrageant de trou en trou et tout le bassin apparut grouillant de langoustes. En fin de compte il s'avéra que j'avais là un garde-manger bien rempli, et j'y revins pendant plusieurs semaines jusqu'à épuisement du stock.

Si les langoustes tremblaient de peur dans leur trou, les poissons-perroquets paniquaient sous mes yeux. D'un bleu vif ou d'un rouge tendre, ils séjournaient dans les petits bassins ou dans les excavations le long du récif. Parfois je marchais à travers une flaque et j'en dérangeais plusieurs – chacun d'une taille de trente à cinquante centimètres – qui se précipitaient frénétiquement dans tous les sens jusqu'au moment où, comme les autruches, ils se jetaient dans quelque trou du corail pour y enfouir leur tête, de sorte qu'il m'était facile de les harponner dans la queue.

Le poisson-perroquet est un animal dodu dans lequel je me taillais en général un bon filet. J'en faisais mon dîner les premiers jours, surtout parce qu'ils sont meilleurs crus et que je n'étais pas prêt à perdre mon temps en cuisine.

Depuis que j'avais vécu à Moorea, je m'étais habitué à manger le poisson à la manière tahitienne, c'est-à-dire cru, mariné dans du jus de citrons verts. Comme il n'y avait pas de citrons à Souvarof, je les plongeais dans du vinaigre avec des oignons, marinade qui pouvait resservir plusieurs fois.

Si j'avais vraiment envie de faire de la cuisine, j'allais alors pêcher des labres de vingt à trente centimètres, dont le goût est délicat et non sans rappeler celui du mulet. Je pouvais facilement en prendre une demi-douzaine en quelques minutes, à l'aide d'un hameçon garni d'une plume.

Je les faisais frire aussitôt avec tête et écailles et, une fois cuits, la peau s'en allait d'elle-même. Comme ils sont pleins d'arêtes, je ne les mangeais pas souvent sur une assiette. J'utilisais plutôt les feuilles épaisses de l'arbre à pain ou du papayer. Elles sont aussi grandes que des assiettes et elles évitent la peine de faire la vaisselle. Il me suffisait en effet de jeter les restes autour des racines des arbres à pain et des bananiers.

Ma provision de friture était très limitée et je ne fus pas long à comprendre qu'il me faudrait cuire le labre à la manière indigène. Ce procédé signifiait que j'aurais à passer beaucoup plus de temps dans la cuisine, puisque chaque repas impliquait de construire le four avec des pierres volcaniques. Il n'y avait aucun moyen d'éviter cette corvée. Le four polynésien n'est pas une installation permanente au sens où nous l'entendons dans notre monde civilisé. Vous cuisez un repas – tout à fait délicieux – et vous voilà obligé de recommencer toute la construction du four. Ce n'est pas une méthode que je recommanderais à la cuisinière désireuse de servir un bon petit plat en l'espace de peu de temps.

Laissez-moi vous expliquer comment je procédais : d'abord, je faisais un trou peu profond dans un coin de la cuisine ; j'avais à portée de main les pierres volcaniques. Dans le trou, en réalité plutôt un petit creux, j'allumais un feu et, une fois celui-ci bien enflammé, je l'entourais des pierres les plus grandes puis, avec précaution, je couvrais le feu en construisant une sorte de pyramide avec les pierres les plus petites, un peu comme on couvre de charbon un foyer allumé avec du petit bois. À mesure que le bois se transformait en braise, les pierres absorbaient la chaleur et, au bout d'une heure environ, les pierres du centre devenaient rouges. Quand enfin le feu était tout consumé, je nivelais les pierres avec la nervure d'une feuille de palmier, et mon four était prêt.

Je savais que les pierres retiendraient la chaleur pendant des heures et j'avais préparé plusieurs douzaines de feuilles vertes prélevées sur l'arbre à pain et assemblées par couches de dix. Cela constituait le couvercle, qui pouvait être réutilisé plusieurs fois.

Pendant que le four chauffait, j'avais préparé les poissons, bien enveloppés dans des feuilles. Je n'avais plus qu'à les disposer sur les pierres et à les recouvrir d'une nouvelle couche de feuilles propres. Par-dessus le tout, je posais le « couvercle », sur lequel je plaçais de vieilles nattes ou des sacs alourdis de pierres sur les bords.

Ça paraît compliqué ? Je peux vous garantir en tout cas que le résultat était délectable et, qui plus est, je pouvais laisser cuire mon repas en toute tranquillité pendant des heures. En effet, j'allais souvent m'occuper d'autre chose pendant ce temps pour ne revenir que bien plus tard avec l'assurance qu'en levant le couvercle mon dîner m'attendrait, cuit à point, quelle que fût l'heure de mon retour.

Mais au long des semaines le temps passé chaque jour à construire le four commença de me peser. Cela peut paraître étrange si l'on se dit que le temps n'a pas d'importance sur une île déserte. Mais, pour moi, chaque moment consacré à la cuisine représentait du temps perdu pour des projets plus vitaux.

Et pourtant, je n'avais pas d'autre moyen de cuisiner sans utiliser ma précieuse friture. Je la gardais secrètement pour frire mes premiers œufs. Les labres étaient trop petits pour être bouillis et leur chair trop délicate et trop pleine d'arêtes pour les cuire en ragoût. Ah ! comme je déplorais l'absence d'un vrai fourneau ! Je me serais donné des coups pour n'en avoir pas apporté un. Chaque semaine me donnait une nouvelle preuve de mon manque de prévoyance à l'époque où je faisais mes achats à Rarotonga. J'avais vraiment cru que ma liste était complète, qu'après toute cette expérience acquise au cours des années passées à bourlinguer rien n'avait été laissé au hasard ; je repensais souvent avec amertume à cette remarque du vendeur, le jour où j'avais acheté mes chaussures de caoutchouc : « Voyons les choses en face, Tom, vous avez toujours eu un magasin à proximité. »

Eh bien, il n'y avait pas de magasin à Souvarof, et ce n'était là qu'un problème parmi d'autres. Par exemple, celui d'utiliser le harpon à plusieurs barbillons, que m'avait donné un ami à Rarotonga. Il déchirait si fort la chair des petits poissons qu'après plusieurs semaines passées à essayer de manger du poisson tout massacré je dus me résigner à confectionner un harpon à une seule pointe dans l'une des tiges de fer que j'avais apportées.

Il me fallait une enclume. Heureusement, j'avais découvert sur la plage un vieux tronçon de rail de chemin de fer qui devait peser dans les vingt-cinq kilos.

Je savais que pour appointer le bout il fallait d'abord rougir la tige au feu, puis la marteler sur l'enclume, mais je réalisai alors que je n'avais jamais pensé à acheter une paire de pinces de forgeron pour saisir la tige brûlante.

Pour y remédier, j'enveloppai l'extrémité à saisir dans plusieurs épaisseurs de cette bourre qui ressemble à des chiffons et qui entoure toujours la base des cocotiers. Elle est de couleur brune, très douce, très souple, et ressemble par l'aspect et le toucher à de la toile de jute, de sorte qu'elle faisait parfaitement l'affaire.

Une fois le feu bien pris, je martelai facilement le fer en pointe. Après l'avoir laissé refroidir, je l'affûtai à la lime jusqu'à ce qu'il devienne très pointu. Puis je le réchauffai à blanc et le trempai plusieurs fois dans l'eau pour le durcir.

Après avoir choisi une branche pour le manche, je fis une fente d'une dizaine de centimètres de profondeur à l'une des extrémités, j'y introduisis le harpon et je surliai le tout avec du fil de fer.

Bien que la pêche, la cuisine et, je l'avoue, l'improvisation aient occupé une bonne partie de mon temps, il fallait faire quelque chose pour les poules et le jardin. Le poulailler que j'avais l'intention de construire pouvait attendre : de plus en plus de sternes tournoyaient au-dessus de ma tête et je savais qu'il n'y en aurait plus pour longtemps avant le début de la ponte.

Par contre, le jardin était une nécessité absolue. Je pouvais commencer à bâtir une clôture mais mon vrai problème était de transporter le sol arable que j'avais découvert dans la cuvette au sud de l'île.

Je m'y rendis plusieurs fois armé d'une pelle et d'un sac à sucre mais j'en avais pour toute la matinée à ramener un plein sac jusqu'au jardin. Je commençai par vider trois sacs dans des boîtes peu profondes, de manière à pouvoir faire au moins germer mes graines, mais quant à savoir si je pourrais un jour les replanter, c'était une autre affaire.

Mes premières tentatives pour tamiser le sol me prirent plusieurs jours, pour la simple raison que j'avais omis d'acheter un tamis à Rarotonga. Je disposais cependant d'une petite passoire à thé et je tamisai assez de terre pour remplir six boîtes à semis avec le seul secours de cet instrument diabolique.

Comme j'aurais eu besoin d'un bateau ! Je contemplais tristement les fentes de la barque retournée sous la galerie qui bâillait vers moi comme pour m'avertir : je coulerais comme une pierre. Pourquoi n'avais-je pas amené un peu d'étoupe de calfat ? J'aurais pu la réparer, je l'aurais halée sur les eaux peu profondes, je l'aurais chargée et ramenée. Mais elle paraissait impossible à réparer, à moins d'inventer encore un truc... Et j'avais tant à faire !

Pendant cette période où je n'avais aucune chance de pouvoir goûter un œuf, je vécus exclusivement de poisson, de fruits de l'arbre à pain, de papayes et d'*uto,* sans conteste le plus nourrissant des aliments propres à Souvarof.

L'*uto* se forme quand une noix de coco est tombée d'un arbre et reste sur le sol jusqu'au moment où elle se met à germer. Alors, la nature commence une métamorphose fascinante. Des palmes en miniature se mettent à jaillir tandis qu'à l'intérieur le lait et la chair se transforment peu à peu en une substance spongieuse. C'est l'*uto*. On peut le manger cuit ou cru, mais l'abus d'*uto* cru est indigeste.

Je découvris qu'il y avait une grande quantité d'*uto* sur l'île, mais là encore je me heurtais à des problèmes de cuisine. En fait, chaque fois que je goûtais un nouveau fruit ou que je pêchais une nouvelle espèce de poisson, j'avais à imaginer un nouveau mode de cuisson.

Je commençai par accommoder l'*uto* dans le four tahitien, mais ce n'était pas satisfaisant, car je ne pouvais pas régler la chaleur. L'*uto* trop cuit devient immangeable. Je perdais tant de temps que je finis par manger l'*uto* cru pour m'économiser le travail de préparer le four. Et pourtant je savais que ce régime devrait à la longue entraîner des ennuis d'estomac. C'est ce qui arriva. J'eus une telle indigestion que je me jurai de ne plus jamais manger d'*uto* cru. Mais je ne voulais pas davantage m'embarrasser de construire le four tahitien. Je cherchai donc le moyen de sortir de ce dilemme et je pris la décision d'essayer de confectionner un cuiseur spécial pour *uto*.

Les garde-côtes avaient laissé de nombreux fûts de deux cents litres sur l'île. J'en roulai un jusqu'à la cabane et, première chose, je le raccourcis d'une quarantaine de centimètres pour lui donner l'aspect d'une boîte à biscuits géante. Il s'avéra d'ailleurs trop dur pour mes cisailles et je passai deux jours pénibles à le découper au burin. Dans un coin de la cuisine, je creusai un trou assez profond pour y enfouir le fût de sorte qu'il ne dépassât pas de plus d'une quinzaine de centimètres du sol. Ensuite, j'utilisai l'autre partie du fût en manière de couvercle. Mais là surgit une nouvelle difficulté. Étant évidemment du même diamètre que la « boîte à biscuits », ce « couvercle » ne pouvait pas s'emboîter dessus. Alors, je pratiquai des fentes tous les vingt centimètres tout autour pour qu'il s'adapte sur l'autre section. J'y perçai deux trous et fis une poignée à l'aide d'un morceau de fil de fer.

J'allumai un feu à l'intérieur de la boîte à biscuits et, lorsqu'il eut bien pris, j'y jetai quelques pierres volcaniques. Dès que celles-ci devinrent chaudes, je déposai dessus quelques douzaines de noix écorcées, l'œil soigneusement tourné vers le fond (parce qu'il y a peu de chair près de l'œil et qu'ainsi l'*uto* cuit plus vite). Je mis le couvercle, couvris le cuiseur avec de vieux sacs et laissai l'*uto* cuire entre deux et trois heures. Je dois dire, en passant, que ce fut le seul cas où j'utilisai le réveil à Souvarof.

Mon cuiseur fonctionna à merveille. Une fois l'*uto* cuit, je l'enfermai dans une boîte spéciale. J'en mangeai souvent froid accompagné de crème de noix de coco pour le breakfast. Le goût rappelle étonnamment celui d'une galette à la noix de coco, avec la consistance d'un yorkshire pudding. C'est très nourrissant. Et, si soudain j'avais faim, j'allais à ma réserve, j'ouvrais une noix de coco cuite et mangeais l'*uto* comme d'autres mangent une pomme ou un morceau de cake entre les repas. Mon régime de base restait cependant constitué de poisson, d'autant plus que j'économisais mes provisions comme un avare. Sans m'en rendre compte je devais sans doute me méfier d'un jour de pluie, d'un jour de vraie pluie, qui me confinerait dans ma baraque et me rendrait la pêche impossible.

Parfois il m'arrivait de manger un de ces crabes de cocotiers. Ils n'étaient pas en grand nombre à Souvarof. Mais je n'y tenais pas beaucoup. Ce sont d'affreuses et puissantes créatures d'au moins trente centimètres de long, pourvues d'une paire de pinces capables de vous sectionner un doigt. Je connais des insulaires qui considèrent leur queue comme un mets de choix, mais personnellement je les trouve trop riches. De plus, les crabes de cocotiers sont des nécrophages qui mangent n'importe quoi. Si j'étais mort sur l'île, ils auraient dévoré mon cadavre. Il m'arrivait pourtant d'en faire rôtir un si j'éprouvais le besoin de varier mon régime. Leurs pinces sont bonnes, mais mon dégoût pour ces animaux répugnants avait tendance à me couper l'appétit. Aussi, lorsque les chats et moi étions vraiment fatigués des labres et des poissons-perroquets et qu'il nous fallait à tout prix un changement dans le goût des aliments, je préférai m'en prendre à des poissons plus gros.

Le tazar, un poisson prédateur de six livres et davantage, se pêche au vif, mais comme je n'en avais pas je confectionnai un leurre fait de plumes blanches prolongées par un ruban rouge prélevé sur un vieux paréo. Souvent il m'arrivait de prendre un tazar au premier lancer de ma grande canne. Dans ce cas, j'utilisais un peu de ma friture et festoyais en m'offrant quelques filets cuits à point pour le dîner. Cependant, il m'arrivait plus fréquemment, surtout si j'en avais pris un gros à la chair plus coriace, de faire bouillir la tête en ajoutant un peu de crème de noix de coco dans l'eau. Cuit de cette façon, cela donnait une très bonne soupe.

Tous les poissons du lagon paraissaient faire la queue pour participer à ma table – sauf, c'est curieux, les tortues, qui étaient rares. Les plus faciles à attraper étaient sans doute les mérous, qui restaient immobiles dans les bassins naturels quand je m'en approchais. Ils ne bronchaient pas avant que mon harpon ne fût plus qu'à quelques centimètres d'eux. Aussitôt pris, je les ramenais à la case, où je les faisais bouillir avec de l'eau salée dans ma casserole d'aluminium posée sur une plaque de tôle aplatie.

Les mérous comme les tazars devaient être cuits sur un feu ouvert que je conservais sous mes barres de fer posées sur deux blocs de corail. Mais de plus en plus je me demandais comment je pourrais construire un foyer convenable en remplacement du fourneau qui me manquait si cruellement. Les garde-côtes avaient laissé tant de ferraille derrière eux – tels les fûts qui m'avaient été si utiles pour la réalisation de mon « *uto*-cuiseur » – que je me mis à chercher fiévreusement quelque chose qui pourrait m'être utile. Dans l'île et le long de la plage. Une épave, peut-être...

Je ramassais tout. Une fois, je trouvai un ballon d'enfant. Les bouteilles vides arrivaient en grande quantité, et un jour je découvris plusieurs blocs plats et jaunâtres d'environ trente centimètres au carré et d'une épaisseur de dix centimètres. Je ramassai le morceau le plus proche et remarquai que des petites pierres étaient en partie incrustées sur la face inférieure. Ces pierres me laissèrent perplexe jusqu'au moment où je compris que cette substance avait dû se ramollir à la chaleur du soleil, puis durcir de nouveau. Alors, je pensai à la paraffine, toujours utilisée par ma mère pour sceller le dessus de ses bocaux de confiture. C'était une trouvaille étrange, et je dénombrai une demi-douzaine de ces plaques de paraffine pesant à peu près une dizaine de kilos.

J'y attachai peu de valeur mais, malgré tout, je les transportai jusque sous le hangar, puis je n'y pensai plus, mon esprit restant attaché à l'idée de construire un foyer ou un fourneau.

Puisque la plage ne recélait rien, je me tournai vers les fûts laissés par les garde-côtes. J'essayai d'en aplatir un, avec l'idée que je pourrais peut-être construire un fourneau à partir de la tôle, mais je ne disposais pas des outils nécessaires. J'imaginai même de déterrer une large dalle de ciment enfouie dans le sol près de la baraque. Les garde-côtes l'avaient utilisée comme support pour un générateur. Mais ce fut impossible et je la laissai à sa place. Ah ! comme il est rageant de penser que la solution à la construction de mon foyer se trouvait là, juste sous mon nez, depuis des semaines ! Je ne m'en étais même pas rendu compte, jusqu'à ce matin où je me rendis à l'abri à bois pour y prendre mon balai de palmes de cocotiers !

Je ne pensais à rien en entrant sous l'abri, et soudain un cri de douleur m'échappa quand je butai sur une grosse pierre. Je me baissai avec fureur pour la ramasser et la jeter dehors, lorsque ma main saisit non pas une pierre mais cette brique que j'avais extraite de la racine d'un cocotier lors de ma première journée sur l'île.

Une brique ! Si seulement je disposais de plusieurs briques je pourrais construire le meilleur foyer du monde. Je ne m'attardais pas une minute de plus à l'idée de balayer ma chambre à coucher. Cette brique avait été abandonnée par les Lever Brothers cinquante ans plus tôt. Pourquoi n'auraient-ils laissé qu'une seule brique intacte ? Pourquoi n'en resterait-il pas d'autres dans les parages ?

Au lieu du balai, je m'emparai de la pioche et de la pelle, j'emportai un *uto* cuit, qui, avec l'eau d'une noix de coco, constituerait mon repas, et je partis pour une journée de fouilles. J'en passai en fait cinq (pendant lesquelles je délaissai toute autre activité, sauf la pêche) à ce travail éreintant ; mais j'avais vu juste et je fus en fin de compte récompensé par l'extraction de vingt et une briques.

Je savais très exactement ce que j'allais en faire, et je les ramenai à la cuisine, où mes barres d'acier reposaient encore sur deux grosses pierres. C'était là mon coin à tambouille habituel quand je ne me sentais pas l'envie de préparer le four tahitien. Deux vulgaires pierres qui me parurent si démodées auprès de ces briques, que je m'en débarrassai sans remords. Aussitôt, je me mis à construire un foyer convenable avec un support en briques et deux montants latéraux pour y poser mes barres en travers. C'était plus élégant, plus pratique et plus économique que tout ce que j'avais utilisé jusque-là, et je finis par considérer avec mépris mes vieilles amies, les pierres volcaniques empilées dans un coin.

En décembre, alors que j'attendais encore les pluies inexplicablement en retard cette année, j'eus ma première omelette depuis mon arrivée à Souvarof. L'époque était arrivée où des milliers de sternes tournoyaient sur l'île dans un vacarme terrifiant. À ce spectacle, je compris qu'elles étaient sur le point de pondre et je savais que leurs œufs se trouveraient aux endroits où ne pousse pas de végétation, voire même sur des rochers nus.

La sterne est grosse comme un pigeon, bien que son corps blanc et noir soit d'une constitution plus délicate et qu'elle tire sa subsistance exclusivement de la mer. Malgré cela, comme je le savais d'expérience, ses œufs n'ont jamais le goût de poisson, au contraire de ceux des poules, auxquels cet aliment donne un goût très prononcé.

Bientôt, elles se mirent à pondre par milliers, et, apparemment, les sternes, comme les poules, pondent tous les jours. Connaissant leurs habitudes et désireux de m'assurer des œufs frais, je construisis une sorte de piège à œufs en débroussaillant un emplacement. Le stratagème réussit, et chaque jour j'allais collecter mon butin. Pour plus de sûreté, je les plongeai dans l'eau un à un, sachant que si un œuf est frais il reposera sur le côté au fond du récipient. C'est un vieux truc. Dès que le processus de germination est entamé, l'œuf bascule sur une extrémité, tandis que, s'il est vieux, on le repère aussitôt parce qu'il flotte tout simplement en surface.

Pendant un mois j'eus des œufs tous les jours. Je nourrissais les chats de l'excédent de ma récolte quotidienne ou bien je l'utilisais comme appât dans mes tentatives de plus en plus pressantes pour apprivoiser les poules. En fait, les poules en raffolaient, surtout quand je les avais cuits durs et écrasés avec leurs coquilles. Il est curieux de constater comme les animaux aussi aiment à varier leur alimentation.

Il m'arrivait d'en manger dix au même repas, parfois durs, parfois en omelettes aux couleurs très gaies, car le jaune des œufs de sternes est souvent un peu rose.

Ce furent les meilleures omelettes de ma vie.

Chapitre 6

Le massacre des cochons sauvages

Au début de janvier, les premières grosses pluies détrempèrent l'île. J'avais trois mois de travail harassant derrière moi et je pouvais déjà constater quelques résultats. Je m'étais installé dans une vie heureuse, facile, isolée mais jamais solitaire. Je tenais ma case dans un état de propreté irréprochable ; j'avais construit un petit appentis sur la plage et je l'avais couvert de pandanus tressés, dont la longévité est bien supérieure à celle des palmes de cocotiers. C'est là que j'allais boire ma tasse de thé du soir à la fin de chaque journée de labeur. Si je ne pouvais encore inscrire mes efforts pour apprivoiser les poules dans la colonne des succès, je les sentais cependant plus amicales, et toutes charmées quand je me mis à leur offrir des œufs de sternes. J'avais aussi commencé la construction d'une clôture pour le jardin et j'avais semé mes graines dans des boîtes peu profondes. Les arbres à pain étaient florissants, de même que les bananiers protégés par les troncs de cocotiers. Même les chats paraissaient contents. Quand le baromètre commença à baisser, m'avertissant de l'approche du mauvais temps, et que je dus enterrer mon coffre à outils, je constatai, presque avec détachement, que j'avais assez de bois sec pour tenir mon feu allumé pendant six mois.

Je m'étais préparé avec soin. J'avais emmagasiné une réserve d'*uto* cuit pour deux semaines. Il me restait une bonne quantité de bœuf en boîte, du thé, du café, du sucre et encore pas mal de farine, bien qu'elle commençât à se charançonner et qu'il me fallût la tamiser à travers mon inappréciable passoire à thé. En vérité, j'attendais la pluie presque avec impatience, non pas tellement par nécessité (car Souvarof est régulièrement gratifiée de courts et violents grains tropicaux) mais pour une raison tout à fait différente et presque comique. Le mauvais temps m'apporterait mon premier congé !

Paraîtra-t-il ridicule d'attendre des vacances sur une île déserte ? Croyez-moi, je m'étais tellement consacré à ma tâche que j'avais même pris du retard dans mon programme de lecture. Je n'avais pas eu le temps non plus d'arranger ceci ou cela autour de la maison, de réparer non pas mes vêtements, mais un trou dans un drap ou dans l'une de mes chaussures de toile et une porte de placard démantibulée. J'aurais en outre dû descendre les livres de leur étagère pour les débarrasser bien à fond de leur moisissure. Oui, c'était ainsi, je manquais de temps. Cependant, avec les pluies, mes activités à l'extérieur seraient complètement interrompues – car lorsqu'il pleut dans le Pacifique, c'est vraiment quelque chose – et je dois dire que j'attendais cette pause avec l'impatience d'un écolier à l'approche de la fin d'un trimestre.

Pendant deux semaines, de grosses pluies fouettèrent l'île, un vent violent s'engouffra entre les arbres, et les noix de coco s'abattirent sur le toit en tôle ondulée de ma case. Il n'y eut pas de risque sérieux d'ouragan cet hiver-là, mais, bien que confortablement protégé, rien, pas même l'écran des broussailles, ne me mettait à l'abri de ce que Frisbie décrivait comme le « mugissement impie » du vent, ni de la vibration des haubans chaque fois que la case tremblait.

Le vent était parfois si violent que lorsque je m'aventurais à l'extérieur je recevais la pluie violemment chassée à l'horizontale.

La cabane n'avait pas de fuite mais tout était humide. Les vêtements, les draps, les couvertures même donnaient cette sensation inconfortable. Les murs dégoulinaient à l'intérieur comme à l'extérieur et jour après jour j'avais à les essuyer.

Dehors, des mares inondaient la cour. Les hibiscus, près du hangar, avaient été dépouillés de leurs fleurs, qui gisaient au pied des troncs, comme les restes détrempés et bariolés d'une pièce de soie. Les nuages bas cinglaient à travers le sommet des palmiers dont les longues feuilles étirées par le vent donnaient l'impression de vivre et de vouloir s'échapper. Même les feuilles épaisses, juteuses, et scintillantes de pluie des papayers – mes assiettes ! – étaient dispersées à travers la cour comme de la vaisselle cassée. De temps en temps, les nuages s'ouvraient pendant une heure et un misérable mais persistant soleil transformait la cour en sauna. Puis le rideau de pluie tombait à nouveau.

Je ne sortais pas beaucoup, sauf pour traverser la cour, en quête de bois sec, ou pour ramasser une papaye ou le fruit d'un arbre à pain. Je ne suis pas de ceux qui s'exposent sans obligation à l'inconfort. S'il me fallait sortir, je n'en faisais pas une affaire et j'exécutais ce qui était nécessaire, même si je devais en revenir trempé. Mais je n'avais aucune raison d'aller me balader quand j'avais une cabane confortable, une couverture supplémentaire pour les jours plus froids, une cuisine abritée, de la nourriture en quantité et un bon choix de livres. J'étais bien plus favorisé que le citadin qui doit marcher sous la pluie et rester assis toute la journée à son bureau dans ses pantalons mouillés.

La plupart du temps, il n'était pas question de pêcher, et je m'en sentais presque soulagé. C'est à peine si je me rendais à la plage, d'une part parce que je n'avais rien à y faire, d'autre part parce que la mer constituait un réel danger. Le vent soulevait les vagues en rouleaux gigantesques et l'eau s'engouffrait alors à travers la passe et par-dessus le récif à la vitesse d'un torrent.

Et comme il n'était pas en mon pouvoir d'influencer l'humeur de la nature, je restais à l'intérieur. Je lus beaucoup durant ces journées et ces nuits. Le *Lord Jim* de Conrad me tint tout d'abord occupé, en particulier quand le hurlement du vent m'empêchait de dormir. Puis, parmi les livres de poche, je découvris un vieil exemplaire du *De Profundis* d'Oscar Wilde, qui m'absorba chaque soir jusqu'à ce qu'un accident mît fin à ma lecture au lit.

Cet événement survint quand un coup violent ébranla la cabane vers 3 heures du matin. Pensant que tout allait me tomber dessus, je sautai du lit et cherchai une allumette pour allumer la lampe. Dans ma hâte, je renversai un bidon de pétrole. Cela n'aurait pas dû avoir d'importance – le bidon étant évidemment incassable – mais pour je ne sais quelle raison, sans doute par négligence, je n'avais pas revissé le bouchon comme il faut. Avant d'avoir pu gratter une allumette pour constater ce que j'avais fait, mon précieux pétrole s'était répandu sur le plancher. C'était un désastre car j'en étais déjà à mon second bidon sur les quatre que je possédais. De ce jour – et jusqu'au moment où j'eus trouvé un autre moyen d'éclairer la cabane –, je cessai de lire au lit.

En revanche, les intempéries eurent aussi du bon. Pendant la deuxième semaine, le mauvais temps s'interrompit juste l'espace d'une soirée et j'en profitai pour aller à la pêche. Je devais rester très près de la plage, côté lagon, car de grosses vagues s'engouffraient encore dans la passe. Mais en moins d'une heure j'eus la chance de prendre deux douzaines de labres.

J'en fis frire quelques-uns pour le dîner, mais il en resta bien plus que nécessaire pour les chats et moi-même. Je savais qu'ils ne se conserveraient pas jusqu'au matin si je ne les faisais pas cuire. Et pourtant je ne pouvais me résoudre à prendre la peine de construire un four polynésien. J'avais froid et j'étais mouillé, et tout était moite au toucher.

D'un autre côté, il semblait dommage de jeter une si bonne nourriture. Aussi, après avoir servi aux chats une bonne portion, j'enveloppai le reste dans des feuilles et disposai le tout sur mon nouveau foyer de briques. Je ne sais ce qui m'incita à faire cela si ce n'est que, pour une fois, j'avais plus de poissons que de besoin et ainsi, au lieu de les jeter, pourquoi ne pas essayer ? Le feu s'était éteint pendant que je pêchais mais les briques étaient restées chaudes, encore que je pouvais les toucher sans me brûler. Il y avait peu de chance pour que leur chaleur soit suffisante, mais l'essai méritait d'être fait. Il était à peu près 7 heures du soir. J'enveloppai donc les poissons dans des feuilles, je les couvris avec le couvercle de feuilles d'arbre à pain, j'ajoutai les deux sacs par-dessus, je mis des pierres sur le tout, et les laissai là. Le lendemain matin, je retirai les feuilles. J'eus la surprise de trouver les poissons parfaitement cuits et d'un goût bien supérieur à tout ce que j'avais fait cuire au four polynésien. C'est la chaleur continue et basse qui avait dû les conserver juteux et moelleux. Ils étaient si appétissants que j'en fis mon breakfast de bon cœur, sous l'œil indigné des deux chats.

À la suite de ce repas mémorable, j'ai toujours utilisé mon foyer de briques pour cuire le poisson à la manière polynésienne et jamais je n'ai laissé le feu s'éteindre complètement.

Je me servais souvent du feu pour allumer une cigarette et, le soir, je l'avivais pour mon repas, puis je le disposais de manière que les briques restent chaudes pendant que j'allais à la pêche. À mon retour, je n'avais qu'à réunir les cendres et les braises, placer les poissons enveloppés de feuilles sur les briques, couvrir le tout et le laisser là pour la nuit. Le lendemain, mon petit déjeuner était cuit.

Le seizième jour, le soleil brillait à mon réveil. Toute l'île fumait en séchant et, quand je me rendis à la plage, les rouleaux commençaient déjà à s'aplatir. Les vacances étaient terminées et il fallait se remettre au travail.

Pendant les jours de pluie, j'avais eu tout mon temps pour penser aux problèmes qui m'attendaient et je m'étais assigné de m'occuper d'abord de la question des cochons sauvages, d'autant plus que pendant tous ces mois j'avais toujours eu le jardin à l'esprit. Pour commencer, je fis un enclos à l'aide de forts rondins de bois pour entourer l'espace destiné à recevoir la terre arable. Mais avant d'aller plus loin, avant même de transplanter une seule pousse, je devais régler le sort des cochons.

J'en avais compté cinq, cinq monstres acharnés à la destruction systématique de toute tentative de ma part de créer un jardin. La moindre plante verte que je plantais était condamnée à se faire dévorer et, puisque le jardin était une nécessité, nous en étions arrivés à un stade où c'était moi ou les cochons.

Je les avais aperçus assez souvent mais, sans fusil, je ne pouvais pas faire grand-chose. Chaque fois que j'avais essayé d'en attraper un, la brute avait fait preuve d'une telle rapidité, en dépit de ses proportions impressionnantes, que j'en étais resté sidéré. Pendant un temps, je caressai l'idée de construire une sorte de piège avec une corde et un nœud coulant de manière à les capturer au collet ; je passai des heures à imaginer une fosse profonde recouverte de palmes et de feuilles. Mais je fus toujours obligé d'admettre que même si je parvenais à en piéger un il casserait n'importe laquelle de mes cordes d'un coup d'épaule.

C'en était devenu un problème de survie. Après mûre réflexion, je conclus qu'il n'y avait pas d'autre moyen que de les exterminer un à un.

Ma décision prise, je ne savais pas trop quelle serait la meilleure manière de m'y prendre. Je me dis que le mieux serait de les harponner, mais plus j'y pensais, moins l'idée de ce travail sanglant me souriait. Je n'ai jamais eu de préjugés à propos de la viande lorsqu'elle est là pour me nourrir. De plus, il s'agissait de quelque chose de bien plus sérieux puisqu'il y allait de ma survie. Cependant, malgré mes bonnes raisons, la perspective d'éliminer ces cochons me remplissait de sombres pressentiments et me paraissait présenter tous les éléments d'un travail parfaitement ignoble.

De toute façon, je n'avais pas le choix. Je commençai mes préparatifs et, profitant des pluies, j'aiguisai la lame cassée d'une machette jusqu'à la rendre tranchante comme un rasoir. Il ne s'agit pas là d'une image, j'aurais pu me raser avec, et aucun chasseur de scalps n'a jamais possédé un fer de lance plus mortel. Après l'avoir examinée avec soin, je la fixai sur un manche robuste.

Je me retrouvais donc équipé d'une lance parée de quelque trente centimètres de fer nu. J'avais l'arme, j'avais certainement la détermination nécessaire, mais, maintenant que le beau temps était revenu, la difficulté résidait dans la manière d'amener les cochons à leur perte à tour de rôle. Je savais d'expérience qu'un porc regarde rarement vers le haut. Aussi, fort de cette connaissance, je passai trois jours à aménager une plate-forme à quatre mètres de hauteur dans un palmier. Les jours suivants, je m'occupai à dégager une clairière au pied de l'arbre.

C'était très simple. Je n'avais plus qu'à attendre les cochons. Étant donné la passion de mes proies pour la nourriture, j'attendis une belle nuit de pleine lune et j'ouvris une douzaine de noix de coco dont j'éparpillai les morceaux à la base de l'arbre. Puis je grimpai dans le cocotier et m'installai sur la plate-forme, où je me mis à attendre, patient mais quelque peu angoissé. J'avais une machette à côté de moi et je tenais la lance d'une main moite.

Mais rien ne se produisit. Pas un grognement ne troua le silence. Nuit après nuit, je fus condamné à monter la garde dans l'obscur enchevêtrement des palmes sur fond de clair de lune. C'était assez romantique en dépit de mes sinistres desseins. Quatre nuits durant, comme aucun cochon ne se présentait, je passai mon temps à contempler le lagon, les rouleaux sur le récif, l'océan à l'infini et la lune qui dansait sur l'eau en agitant des millions d'aiguilles à sa surface. Il faisait bon et chaud dans mon arbre avec l'alizé de sud-est qui m'aérait doucement et, pour seuls bruits, le saut d'un mulet ou le clapot d'un tazar à la poursuite d'un petit poisson dans le lagon.

Au-dessous de moi, la lune gravait de mystérieux motifs sur le sol où les crabes de cocotier, dont certains atteignaient huit livres, exécutaient une danse grotesque, leurs énormes pinces s'agitant et broyant férocement la chair blanche des noix de coco ouvertes. Un petit rat des îles, l'un des rares épargnés jusque-là par « Madame Chaparde », arriva tout folâtre d'entre les arbres. Il renifla avec méfiance et se mit à grignoter une noix de ses deux longues incisives.

La cinquième nuit, une silhouette sombre apparut en silence dans l'enchevêtrement des lianes et des lierres en bordure de la clairière et le petit rat déguerpit dans les ténèbres.

Tout à coup, la lune brilla sur les défenses de l'animal, accentuant le noir massif de son encolure. C'est à peine si je pouvais respirer. Je me sentis tout froid mais plein de haine, et je serrai plus fort le manche de ma lance.

En s'approchant de la première noix, le cochon renifla longuement, soupçonneux et sur ses gardes, très informé de la présence d'un ennemi sur l'île. Il fit un bruit de mastication, poussa un autre grognement et passa à la noix suivante en s'approchant de plus en plus du pied de l'arbre.

D'ordinaire, je suis d'une nature pacifique, mais j'éprouvai alors une ardeur sauvage et, à mesure qu'il s'approchait du pied de mon arbre, je me mis à trembler. Mes mains devinrent douloureuses à force de serrer le manche de la lance et les muscles de mes bras étaient si tendus qu'ils paraissaient ne faire qu'un avec lui.

Parvenu sous le palmier, le cochon s'arrêta et renifla, sur ses gardes. Je sus d'instinct qu'il m'avait éventé. Visant juste à l'arrière du cou, je plongeai la lance de toutes mes forces. La lame tranchante s'enfonça jusqu'au manche, et le cochon poussa un cri horrible.

Puis il y eut un autre cri presque humain et la lance me fut arrachée des mains. Répandant son sang sous la lune, le cochon se mit à tourner avec le manche ressortant de son dos. Comme il titubait lourdement en direction des taillis, je descendis de la plate-forme et le poursuivis la machette à la main.

Je le rejoignis avant qu'il ait pu atteindre le couvert des buissons et je lui assenai un coup de machette en travers de l'épine dorsale. Il y eut à nouveau un hurlement épouvantable, et il s'écroula sur le flanc. Je lui tranchai la gorge d'un seul coup et le sang se répandit sur le corail.

Je me reculai tout éclaboussé de sang, et pendant un moment je crus que j'allais me trouver mal. Mais quand les gargouillements et battements eurent cessé, quand le corps épais ne fut plus qu'une sombre masse immobile étendue sous mes yeux, je fus soudain envahi par un sentiment de mélancolie. J'étais en proie à une réaction. Je ne me sentais plus un chasseur mais seulement un vieil homme de cinquante et un ans seul sur un atoll. Je rentrai lentement à la maison, remettant au lendemain d'enterrer l'animal. Rien au monde n'aurait pu me décider à manger de cette viande.

À mesure que les mois s'additionnaient dans l'année 1953, mon jardin n'en était encore qu'à ses débuts et je restais hanté par la crainte de me laisser aller avec trop de complaisance sur les maigres réserves que j'avais apportées. J'étais terriblement soucieux de les faire durer, et ce n'est qu'en de rares occasions que je m'accordais une boîte de bœuf en gelée. Entre ces extras, je vivais des simples produits de l'île, à l'exception, bien sûr, de mes tasses de thé et de café et d'une occasionnelle pincée de curry ou d'une trempette dans la graisse de bœuf.

Et pourtant, Souvarof pouvait toujours me réserver une surprise. Un jour, je tombai sur un carré de marantes sauvages. Ailleurs, cette plante tropicale est cultivée pour ses rhizomes, dont on tire l'arrow-root. Les miennes étaient d'une espèce estimée par les habitants des îles parce qu'elle donne une fécule meilleure que celle du commerce. En les déterrant, je leur découvris une racine bulbeuse enfoncée de plus de vingt centimètres dans le sable. De cette racine surgissaient des tiges creuses vert pâle portant des feuilles un peu semblables à celles des papayers. La feuille se fane quand la plante est mûre, et c'est alors le moment d'arracher le bulbe. Celles que je trouvai à Souvarof étaient de tailles très variables. Les unes avaient la grosseur d'une petite pomme, alors que d'autres pesaient plus de trois livres. J'utilisais ces marantes pour faire du *poi*, une sorte de bouillie très appréciée dans les mers du Sud. Au début, je mélangeais le *poi* avec des papayes mais plus tard, quand le jardin se mit à produire, je variai avec des bananes ou des citrouilles.

C'était tout un travail de préparer ce plat. Après avoir nettoyé les bulbes, je les râpais – et alors commençait la grande opération. Tout d'abord, je fichais en terre quatre pieux d'environ soixante centimètres, pas trop éloignés les uns des autres, et j'étendais par-dessus un morceau de toile sous lequel je plaçais ma bassine à vaisselle. Sur cette toile, je déposais les marantes râpées et je versais dessus de l'eau froide en remuant de ma main pour faire passer l'eau au travers de la toile. Au début, le liquide qui s'écoulait dans la bassine était laiteux mais à chaque apport d'eau il s'éclaircissait de plus en plus, si bien que je pouvais juger du moment où toute la fécule était filtrée quand il ne restait plus dans la toile que des fibres à jeter. La fécule s'étant déposée dans le fond du récipient, j'évacuais l'eau puis je mettais cette poudre très fine et très blanche à sécher au soleil.

Une fois sèche, il était facile d'écraser les grumeaux. Ensuite, je cueillais quelques papayes presque mûres, je les coupais en morceaux et je les faisais bouillir avant de les mélanger à la fécule. J'enveloppais la friandise qui en résultait dans des feuilles de bananiers en m'assurant que celles-ci ne craqueraient pas quand je les mettrais sur le feu pour les durcir, puis mon four faisait le reste. Il en ressortait un exquis pudding que je mangeais avec de la crème de coco.

Je dépendais beaucoup des papayes avant que les légumes de mon jardin deviennent disponibles. Souvent, quand je me sentais le ventre creux, j'en coupais une ou deux, j'enlevais les pépins en laissant la peau et je les plaçais sur mon foyer. Une fois cuites, je les dégustais à la cuillère avec de la crème de coco. Je me souviens d'avoir mentionné dans mon journal que le goût rappelait celui des pêches cuites. La crème de coco dont j'accompagnais la plupart des plats était facile à obtenir. Il me suffisait de fendre une noix mûre, d'en râper la chair aussi fin que possible, de la mettre dans un torchon dont je tordais les extrémités pour en faire couler la crème.

Bientôt mon coin cuisine commença à prendre l'aspect d'une vraie cuisine. Dans un angle, on voyait mon four polynésien (dont je me servais peu), dans un autre j'avais mon « *uto*-cuiseur » et enfin le foyer en briques avec ses barres de fer. Mais chacun avait son usage particulier du fait que la nourriture que je consommais à Souvarof devait être cuite de manières différentes. Le fruit à pain, par exemple, était toujours cuit sur un feu à l'air libre. Le fruit à pain que je récoltais à Souvarof atteignait à peu près la taille d'un ballon d'enfant, et, quand j'en cueillais un sur l'arbre, il me suffisait de le placer sur le feu, entouré d'un cercle de pierres pour retenir le bois. Au bout d'une demi-heure je le retournais pour faire cuire l'autre face. Il est plutôt difficile d'en décrire le goût mais j'en suis très friand. J'en avais consommé de manière régulière lorsque j'habitais à Tahiti et à Moorea, où il constitue la denrée de base pour les Polynésiens. Je le préférais chaud, accompagné de ma propre spécialité, la crème de coco cuite.

C'était là une variante de ma crème de coco ordinaire. Il me suffisait de remplir une demi-noix de coco de crème et de la poser sur les pierres volcaniques chauffées au rouge. Une nervure de palme pliée en deux constituait une paire de pinces très pratiques. Les pierres chaudes faisaient chuinter et bouillonner la crème tout en l'épaississant et en lui apportant une saveur piquante particulière qui convenait tout à fait bien au fruit à pain.

Bien que pêchant tous les jours, je ne rencontrai des requins qu'en deux occasions. La première fois, ce fut au nord de l'île, où j'avais remarqué un grand bassin alimenté en permanence en eau de mer par une brèche dans le récif. Le coin me paraissait bon pour pêcher et j'avançais de quelques pas dans le bassin, la canne à pêche à la main.

Sans le moindre avertissement, trois requins se précipitèrent vers moi. Chacun mesurait un mètre environ et semblait appartenir à cette espèce qui prospère dans les eaux peu profondes. Un instant j'en demeurai presque paralysé, puis je me précipitai hors du bassin en battant l'eau de ma canne. Ce n'était l'affaire que de deux ou trois enjambées, mais ces secondes me parurent éternelles. Par bonheur, les battements frénétiques de ma canne à pêche effrayèrent les sales bêtes, qui firent demi-tour. Par la suite, je pris soin de traverser le bassin là où l'eau ne me montait pas plus haut que la cheville.

La deuxième fois fut beaucoup plus dangereuse. Par une nuit de pleine lune, je me tenais dans l'eau jusqu'aux genoux à pêcher des labres avec ma canne de bambou, quand un gros poisson s'empara du leurre dans une gerbe d'écume.

Je n'avais aucune idée de ce que j'avais attrapé et je ramenai ma prise avec soin jusqu'au bord du récif, où, voyant qu'elle était bien enferrée à l'hameçon, je me penchai pour la saisir par les ouïes.

J'avais la main à quelques centimètres de sa tête lorsqu'un doute me fit hésiter. Aujourd'hui encore j'ignore ce qui me mit en garde, si ce n'est quelque mécanisme inconscient qui m'informa du danger imminent. Cette seconde me sauva la vie. Alors que le poisson se trouvait encore au bout de ma ligne, une grosse masse grise fonça sur moi comme une torpille. Je n'eus ni le temps de bouger ni même de m'effrayer. Avant de pouvoir retirer ma main, un coup furieux me frappa en travers des jambes et me renversa. Je me relevai suffocant et crachant de l'eau salée. Le requin avait disparu. Mon poisson aussi. Je pouvais voir ma canne de bambou flotter à la dérive. Le requin avait sans doute manqué ma main de quelques centimètres en s'emparant du poisson et, au passage, m'avait renversé d'un coup de queue.

Je rentrai lentement à la cabane, la peau de ma jambe gauche aussi douloureuse que si je l'avais passée au papier de verre.

À la fin du printemps de 1953, j'étais venu à bout du dernier des cochons. Il m'avait fallu tout ce temps parce que je devais attendre les nuits de pleine lune. Quatre fois je dus me livrer à cet abominable travail, perché dans mon arbre, la lune éclairant le lagon, ma lance en main. Chaque fois la même scène macabre se reproduisait, tantôt vite, tantôt après une attente infinie.

Je haïssais tant ces nuits sanglantes que je devais me forcer à grimper dans l'arbre et que je poussais un soupir de soulagement quand de noirs nuages obscurcissaient la lune et rendaient ma veille impossible.

Mais quand tout fut fini, dans les semaines qui suivirent cet épouvantable carnage, le changement devint étonnant. Des pousses de papayers jaillirent partout, germant du pied des arbres que les cochons n'avaient pu détruire. Les bananiers sauvages commencèrent à fleurir. Et c'est alors, assuré que le jardin serait désormais à l'abri, que je me décidai à tenter la réparation de cette espèce de vieux baquet troué, qui avait servi de bateau aux garde-côtes et qui gisait encore sous la galerie. J'aurais fort bien pu le laisser là pendant des années si je n'avais eu un besoin urgent de terre fertile pour le jardin. Puisqu'il y en avait à volonté à l'extrémité sud de l'île, je n'avais pas le choix, ne pouvant imaginer de charrier sac après sac sur plus de trois cents mètres pour les ramener au jardin.

« Neale, me dis-je un jour avec détermination, ce qu'il te faut maintenant, c'est un bateau. »

Le vieux baquet tiendrait-il le coup pour une telle tâche ? J'étais prêt à prendre le risque. Si je parvenais à le faire flotter pour transporter le sol du jardin, je pourrais de surcroît l'utiliser pour me rendre à Motu Tuo, distant de six milles à travers le lagon, ou à tout autre îlot abrité par le récif.

J'examinai la barque avec attention. Évidemment, elle faisait piètre impression. Trois mètres de long sur un mètre de large, c'était une baille à fond plat tout à fait affreuse. Son bordage semblait en assez bon état, mais sa quille, constituée de planches de sept centimètres d'épaisseur sur trente centimètres de long, présentait de larges fentes entre elles.

Allais-je la recalfater ? Comme j'avais été stupide de ne pas apporter d'étoupe ! Et, soudain, je me souvins d'un morceau de corde de gros diamètre, trouvé après le départ du *Mahurangi*, et que j'avais mis de côté sous l'abri. J'allai le chercher et le découpai en sections d'un mètre dont je défis les torons et les brins jusqu'à me retrouver devant un amas qui ressemblait à de l'étoupe. Je fabriquai un pinceau avec un autre tronçon de cordage et j'attaquai le travail sur l'épave. Opérant sous la galerie, je garnis les fentes d'une généreuse couche de peinture verte puis je les bourrai de l'étoupe maison, en prenant soin de ne pas l'enfoncer trop loin, ce qui eût été fatal à ce stade.

Je laissai sécher puis je retournai la barque et garnis les fentes extérieures de plusieurs couches épaisses de peinture. Je clouai dessus deux pièces de bois de trois mètres, enduites de peinture, de manière à recouvrir complètement les fentes.

L'opération suivante consistait à remettre la barque à l'endroit puis à me servir d'un morceau de fer plat en guise de ciseau de calfat pour enfoncer l'étoupe aussi tassée que possible, en faisant alterner les couches de peinture et les couches d'étoupe jusqu'à refus. Enfin, je passai sur les fentes une dernière couche de peinture mêlée d'enduit.

J'avais effectué un travail très sérieux, car, une fois à flot, la barque ne fit jamais d'eau. Je la baptisai à la peinture rouge du nom de *« Canardeau »*, en souvenir d'un vieil ami de Tahiti dont le canoé avait porté le même nom.

Le *Canardeau,* si laid et ingrat qu'il fût, s'avéra un trésor inestimable. Bientôt je me retrouvai attelé à le haler à travers les eaux peu profondes, vers le sud de l'île, où je passais toute la journée à récolter de la terre. En une heure ou deux, j'étais à même de ramener une pleine charge qui eût demandé plusieurs jours si j'avais dû la transporter sur mon dos.

Le *Canardeau* me donna aussi accès à un monde nouveau. Maintenant, si je me sentais une envie de changement, je pouvais ramer jusqu'à l'un des îlots, pour me livrer à ma distraction favorite : la recherche des épaves. Je découvrais toutes sortes de choses, des savates japonaises dépareillées (du type comportant une languette de caoutchouc à passer entre les orteils), des bouteilles, des boîtes et mille et une choses diverses.

Un jour, je découvris qu'un navire avait dû récemment passer tout près de l'île. La vue d'une noix de coco verte gisant parmi les pierres de Brushwood Islet était suffisamment éloquente. En la ramassant, je remarquai qu'une extrémité avait été tranchée – la mauvaise extrémité, celle où se trouvent les yeux.

« C'est sans doute là le travail de quelque *popaa* », me dis-je, utilisant le mot polynésien pour désigner un Européen. Aucun autochtone n'ouvrait une noix de coco du côté des yeux, où l'écorce est la plus épaisse. J'observai aussi que le travail avait été fait à l'aide d'un couteau émoussé.

Ouvrant la noix, je constatai qu'il y restait encore de la chair blanche et propre. Elle n'avait pu séjourner dans l'eau plus de quelques jours et sans doute l'avait-on jetée d'un bateau passant tout près.

« Pourquoi n'ont-ils pas relâché ici ? », me demandai-je. J'aurais eu plaisir à rencontrer un visage amical et peut-être aurais-je pu échanger quelques produits de l'île contre un bidon de pétrole, ce qui m'eût à nouveau permis de lire au lit. C'était là un plaisir qui me manquait beaucoup.

Je ne me rappelle pas comment mes idées restèrent fixées sur la lecture au lit à la vue de cette noix de coco, de même que je ne puis dire pourquoi, quelques semaines plus tard, je fus frappé par l'idée qu'il ne serait peut-être pas impossible de faire des bougies à partir des morceaux de paraffine trouvés sur la plage. Cela, après tout, n'avait sans doute aucun rapport avec la noix de coco mais quand, un jour, ayant brisé quelques morceaux de paraffine, je découvris qu'ils fondaient sous une faible chaleur, il m'apparut tout à fait simple d'en faire des bougies.

La confection des bougies ne s'avérait pas trop difficile, mais il me fallait des bambous, qui ne poussaient pas sur l'île. Cependant, de temps en temps, je trouvais sur la plage des morceaux échoués, provenant sans doute de bateaux de pêche japonais. J'en choisis un et le coupai en tronçons dans lesquels je pouvais aisément verser la paraffine fondue. Ce qui m'ennuyait, c'était de ne pas savoir qu'utiliser comme mèche. Je résolus le problème en perçant des petits trous à dix centimètres les uns des autres dans une planche. J'enfilai ensuite dans chaque trou un morceau de ficelle que je nouais à une extrémité de manière qu'il ne passe pas à travers le trou. Puis je posais une section de bambou sur chaque trou et je faisais passer la ficelle à l'intérieur du bambou pour constituer la mèche. La difficulté tenait au fait que la ficelle devait rester tendue, pendant que j'avais les deux mains occupées à tenir le bambou et à verser la paraffine fondue. Après plusieurs essais infructueux pour conserver la mèche au centre du bambou, j'attachai l'extrémité de la ficelle à un clou posé en travers du bambou, alors la mèche se trouvait centrée et, en tournant le clou, je pouvais raidir la ficelle tout en versant la paraffine (pas tout à fait jusqu'en haut, pour qu'un morceau de mèche dépassât encore).

Il fallait à peu près une demi-heure pour que la paraffine refroidisse. Quand j'étais sûr qu'elle était assez dure, je coupais les nœuds sous la planche, je fendais le bambou avec soin, et mes chandelles étaient prêtes.

Après cela, je n'eus plus jamais l'occasion d'utiliser la lampe de table. Je pouvais conserver mon pétrole pour la lampe-tempête, qui me serait utile tôt ou tard quand j'aurais à sortir par mauvais temps.

Ces bougies durèrent des années. Et, le soir même, je me remis à lire au lit.

Chapitre 7

Jardinage et basse-cour

Une fois débarrassé des cochons, j'étais en mesure de m'atteler au jardin pour de bon. Je voulais qu'il fût prêt et ensemencé avant même de penser à construire un enclos pour les poules. La clôture était terminée et j'avais commencé d'apporter un peu de terre fertile du bout de l'île. Je savais exactement où prendre la terre la plus riche. Tous les matins, je ramais jusqu'au sud de l'île, je tirais le bateau sur la plage et je m'enfonçais vers l'intérieur avec une pelle et quelques sacs à sucre.

Récolter la terre pour le jardin fut l'une des tâches les plus pénibles que j'eus à accomplir. Mis à part le fait que je me brisais les reins à creuser, à ensacher et à ramener cette terre, soit en ramant, soit en remorquant le bateau, je me rendis compte en outre qu'elle contenait tant de morceaux de corail qu'il fallait encore la tamiser.

Naturellement, cette opération devait se faire à l'endroit même où je me fournissais, si bien que je construisis un tamis en fixant une double épaisseur de grillage sur un cadre rectangulaire de soixante centimètres de long sur quarante de large. Cet appareil semblait assez résistant, mais le poids des pierres menaça vite de crever le fond et je dus entrecroiser deux morceaux de fil de fer tendus en diagonale à partir des quatre coins. Dès lors, je n'eus plus d'ennuis.

Je raclais la terre plutôt que je ne la creusais et je la ramassais en petits tas que je tamisais par pelletées avant de la mettre en sac. J'estimais avoir accompli une bonne journée quand j'avais réussi à remplir quatre ou cinq sacs que je transportais ensuite au bateau. En quelques semaines, je récoltais plus d'une centaine de sacs sur cette partie de l'île. Il me fallait ensuite tirer le bateau ou ramer en bordure du rivage, puis décharger les sacs et les transporter un à un au jardin.

C'est au cours d'une de ces expéditions que je remarquai un canard sauvage perché sur un champignon de corail. Il paraissait tout dépenaillé, comme c'était parfaitement son droit après un voyage d'au moins deux cents milles.

J'étais médusé, car en dehors des frégates et des sternes aucun oiseau n'avait atterri à Souvarof pendant mon séjour. Je me souviens de mon agitation quand je posai ma pelle et mes sacs pour m'approcher du canard. Dans un sens, j'étais surpris (me connaissant alors suffisamment bien) de n'être pas mû par l'instinct du chasseur. Il ne me vint jamais à l'esprit de supputer quelle saveur il pourrait avoir (même avec un léger goût de poisson) après quelques heures dans la marmite. En repensant à cet instant, d'où naquit une longue et curieuse amitié, compliquée par un mélange étrange de confiance et de tentation, je ne peux m'expliquer pourquoi je ressentis un si tendre intérêt pour ce volatile. J'aime les animaux et les oiseaux, et je hais la cruauté gratuite que l'on voit si souvent dans les îles. Il n'en reste pas moins que je ne suis pas de ces gens qui affublent les animaux de sentiments humains comme c'est aujourd'hui tellement à la mode depuis que Walt Disney leur a donné la parole.

Pour ma part, je pensais, du moins jusque-là, que les animaux devaient être maintenus à leur place. Autrement dit, si j'avais faim, les infortunées créatures destinées à ma poêle devaient être exécutées aussi simplement que le fait avec une génisse un fabricant de conserves de Chicago, sans cesser d'être pour autant un bon fidèle de la messe du dimanche.

Mais il allait en être autrement avec le canard. Comme je l'approchais à une distance d'environ quinze pas, il prit peur et s'envola à une vingtaine de mètres, puis il se posa, triste et abattu, et m'observa avec méfiance. Quand je m'approchai de nouveau, il attendit que je sois à la même distance et s'envola encore d'une vingtaine de mètres.

Je retournai à ma pelle et à mes sacs et continuai d'amasser de la terre en petits tas.

Puis j'oubliai momentanément le canard et retournai au jardin, juste derrière la maison.

Les garde-côtes avaient dû choisir cet endroit pour deux raisons. D'abord, il était protégé de tous les vents. Ensuite, les papayers s'y trouvaient depuis longtemps. C'était un lieu agréable que ce carré de terre maintenant clôturé et ombragé par quelques grands cocotiers et les feuilles pointues des pandanus. Une fois les choses bien en train, je tenais à avoir les fruits et les légumes dans un même périmètre.

Les graines semées dans des caisses poussaient maintenant si vite qu'elles étaient presque prêtes pour le repiquage. Je fus obligé de me hâter pour charrier la dernière terre fertile. Depuis la disparition des cochons, la végétation se déchaînait. Déjà, avant d'avoir terminé la clôture, j'avais planté des pousses de papayers à un mètre d'intervalle, et celles-ci grandissaient à une telle vitesse que j'en vins à me demander si le jardinier parviendrait à maîtriser ses plantations.

Mon journal de l'époque est rempli de passages qui, aujourd'hui encore, donnent à peine une idée du travail énorme que j'accomplissais. J'avais tant à faire ici ou là que je ne trouvais jamais un moment pour me reposer. Et, dans les mois qui suivirent, le temps parut s'envoler ; ma vie au jour le jour s'écoulait depuis longtemps suivant un rythme bien établi : je commençais tôt le matin avec le petit déjeuner et je finissais le soir avec une tasse de thé sur la plage pour ensuite aller me coucher avec un bon livre.

Vous souvenez-vous de l'étonnement de mon ami à Rarotonga lorsque j'insistais pour emmener une pompe à bicyclette à Souvarof? Eh bien, voici ce que je retrouve dans mon journal à son propos : « *Personne ne penserait avoir l'usage d'une pompe sur l'île, mais j'en ai utilisé une aujourd'hui avec, je l'espère, toutes raisons de m'en féliciter. Un jeune arbre à pain situé près du jardin est salement infesté d'insectes. Je l'ai pulvérisé ce matin de dix litres d'eau savonneuse provenant de la lessive de mes draps. La pompe à bicyclette a constitué un excellent pulvérisateur.* »

Parmi les anecdotes désagréables je notai l'épisode des chats : « *J'ai constaté aujourd'hui un cas d'inceste ; en effet, Madame Chaparde et Monsieur Tom-Tom sont mère et fils. Je dois me préparer à perpétrer quelques noyades, mes deux chats suffisant amplement à me débarrasser de nos quelques rats.* »

Et puis celui de ce petit accès de fièvre : « *La nuit dernière, en rentrant, je me suis senti fiévreux et j'ai ressenti une douleur dans l'aine droite, aussi me suis-je administré une dose de Thiazole. Suis resté au lit toute la journée. Je suis sûr que cette fièvre a été provoquée par une arête de poisson sur laquelle j'ai posé le pied l'autre jour. Je me sens encore tout secoué et n'ai rien mangé aujourd'hui.* »

J'eus par la suite de nouveaux accès de fièvre,

mais celui-ci passa vite et, quarante-huit heures plus tard, j'étais de nouveau au travail. Le matin même du jour où je quittai mon lit, je fis ma plus belle pêche sur le récif : quatre langoustes et un poisson. Deux des langoustes étaient de belle taille et l'une d'elles avait des pattes si énormes que j'eus du mal à l'extraire de son trou. Je notais : *« Une vague brisa sur moi, et si je n'avais été amarré des deux mains à la langouste, j'aurais été balayé. »* En fait, j'en perdis presque mon harpon, et, si l'animal ne s'était trouvé dans une cavité ronde et sans aspérité, jamais je n'aurais pu le déloger.

Je n'avais pas revu le canard sauvage depuis plusieurs jours, bien que l'endroit où nous nous étions rencontrés fût celui où j'allais extraire la meilleure terre et que j'y sois retourné souvent. Un jour, sans savoir pourquoi, après avoir nourri les poules, je mis quelques restes d'*uto* dans une vieille boîte à cigarettes et voilà qu'en tirant le *Canardeau* sur la plage, cette boîte se retrouva au fond du bateau. Sans me l'avouer, je l'avais sans doute placée à l'intention du canard sauvage.

Et maintenant, celui-ci se trouvait là, comme s'il m'avait attendu. Du moins, j'aimais à le penser.

Alors je compris combien j'avais été soucieux de savoir s'il était encore sur l'île. Sur le moment, je ne réalisai pas ce que ma conduite avait d'anormal. Avec le recul, je crois qu'elle reflétait une crise de solitude dont je ne m'étais pas rendu compte jusque-là.

Il était sans espoir de chercher à approcher le canard. Je répandis l'*uto* et me rendis au terrain, où je me mis à tamiser la terre et à la mettre en sac. Mais, du coin de l'œil, je surveillai chacun de ses mouvements.

J'eus à attendre une demi-heure. Tout ce temps, il demeura immobile. Puis il s'approcha lentement de l'*uto* et se mit à l'avaler. C'est sans doute à cet instant que je décidai, dans la mesure où il ne repartirait pas, que je n'aurais de cesse de l'avoir apprivoisé.

J'avais à m'occuper d'autres tâches urgentes, et pendant quelques jours je ne retournai pas au sud de l'île. En fait, j'avais tant de choses à l'esprit que j'en oubliai momentanément le canard. Je fus donc tout étonné de le voir apparaître au fond de la cour. Il était là, dans un coin où poussaient des herbes montées en graines et il pinçait les tiges de son bec pour en avaler les graines. Je restai un moment à l'observer avant de me diriger vers lui. Il me laissa approcher jusqu'à vingt pas puis il se détourna et s'éloigna de travers sans me quitter de l'œil.

Depuis quelque temps j'écrasais tous les soirs une demi-douzaine de noix de coco pour inviter les poules à se sentir chez elles près de la cabane. Je n'avais pas encore construit leur enclos, de sorte qu'elles allaient et venaient à leur guise. Elles étaient assez nombreuses et, le jour suivant, le canard se joignit à elles. Il refusa encore de me laisser approcher. Aussi n'insistai-je pas. La même scène se reproduisit tous les soirs. Il arrivait dans la cour en m'observant avec méfiance. Au bout d'une semaine, il commença à becqueter les débris d'*uto*.

Il paraissait un peu agacé par les poules qui jacassaient entre elles comme d'habitude. Je dispersai davantage les morceaux de noix de coco et me tins à distance pour observer.

Et les choses continuèrent ainsi. Je fus incapable de faire la moindre approche pour l'apprivoiser, malgré le fait qu'il paraissait maintenant parfaitement chez lui. Un soir, j'entrepris de râper de la noix de coco dans un récipient et je mis une boîte d'eau à proximité. J'avais remarqué que, s'il aimait bien l'*uto*, il lui était difficile de l'extraire de la noix, puisqu'il ne pouvait pas le picorer comme les poules.

Il alla droit aux boîtes, comme s'il n'avait attendu que cela et, avec une application presque comique, il but une gorgée d'eau après chaque bouchée de noix de coco. Alors, soir après soir, je m'approchai un peu plus des boîtes. Si mes progrès pour apprivoiser le canard étaient lents quoique certains, tout le reste avançait à grands pas et, à la fin du printemps, le jardin se trouvait enfin prêt. J'avais mis des mois à ramener de la terre, mais maintenant les dernières pelletées étaient étendues et j'y avais ajouté de l'humus que j'avais enfoui à l'aide d'un râteau fait de nervures de palmes (je devrais dire une série de râteaux, car ils ne duraient pas bien longtemps).

Sur cette couche de sol neuf, je plantai soixante pieds de tomates, trois rangées d'échalotes, quelques melons, des pastèques, des citrouilles, des concombres, et trois rangées d'ignames. Il ne me restait plus qu'à attendre ma première récolte. C'est du moins ce que je pensais.

Pendant des semaines, la stupidité des poules m'avait de plus en plus excédé, et, le jardin étant à présent ensemencé, il me restait à les apprivoiser pour m'assurer une production d'œufs régulière et quelques poulets pour la potée dominicale.

Rechercher les œufs, apprivoiser les poules et construire un poulailler représentaient trois activités vitales et accaparantes. J'y parvins avec un tel succès qu'à mon départ de Souvarof la basse-cour comptait une quarantaine de têtes, nonobstant mes incursions pour le garde-manger.

Mon élevage fut d'une importance capitale quand, plus tard, l'*uto* et les papayes se firent rares, et qu'en raison du mauvais temps je dus renoncer à la pêche. Je n'eus alors, en dehors des noix de coco, que les poulets et les œufs pour me tenir en vie.

Mais cela vint plus tard. Pour l'heure, j'en étais encore à me casser la tête pour dénicher les œufs. Pendant des années les poules avaient vécu à l'état sauvage et rien ne semblait leur plaire davantage que de se mettre à caqueter de toutes leurs forces, après s'être éloignées le plus possible de l'endroit où elles avaient pondu. Comme un écolier à la recherche des nids d'oiseaux, je passai des heures au cours des premiers mois à pister mes poules pour découvrir leurs nids.

À vivre sur une île aussi petite qu'Anchorage, on aurait pu penser qu'un nid ne pouvait rester bien longtemps à l'abri des recherches ; on aurait pu se dire aussi qu'un volatile de la taille d'une poule trouverait quelques difficultés à se rendre invisible. Mais il n'en était rien et j'aurais juré que mes poules considéraient le fait de pondre un œuf comme quelque chose de si intime qu'il fallait partir à des distances extraordinaires pour garder leur affaire secrète. Et les coqs, sur lesquels j'avais quelques desseins pour ma casserole, devinrent aussi remarquablement fuyants. Trois passages de mon journal de 1953 attestent que je succombai à une maladie évidemment endémique à Souvarof. Je l'appelai « le complexe de l'œuf ».

« [...] *Perdu mon temps à suivre la poule qui pond à l'écart. Elle a fait un large demi-cercle et finalement a disparu. J'ai attendu pendant une demi-heure pour voir si elle reviendrait. Pas le moindre signe ni le moindre caquètement. Elle était dans la cour quand je suis rentré. Suis bien décidé à trouver son nid et à lui faire payer le temps perdu* [...]. »

« [...] *essayé de suivre encore la même poule mais un jeune coq l'a effarouchée. En le chassant, je n'ai réussi qu'à effrayer la poule. Elle ne va pas droit à son nid mais reste à traînailler dans les fourrés. Ne pouvant pas perdre davantage de temps, je me suis juré de passer ce coq à la casserole. De toute façon, je n'aime pas sa manière de chanter. Je l'ai attrapé quand il me tournait le dos. Il était trop occupé pour prendre garde à moi* [...]. »

« [...] *enfin découvert son nid, avec dix œufs ! Ce matin, comme elle commençait à faire du bruit, je l'ai suivie, et soudain elle a disparu. J'ai attendu un peu, puis je me suis mis à inspecter un tronc de cocotier. Et que vois-je sortir d'un trou à un mètre du sol ? Sa tête ! Parlant des cochons qui ne pensent pas à regarder vers le haut, je ne vaux guère mieux ! Beaucoup d'écriture pour pas grand-chose mais je considère avoir remporté une victoire majeure.* »

Évidemment, ce n'était pas du tout une « victoire majeure », et cette incessante perte de temps me persuada que le seul moyen de triompher de ces poules fantômes était de construire un bon poulailler et de les y enfermer. En fait, je l'avais déjà commencé en même temps que je préparais le jardin.

Il était prématuré de terminer le poulailler

avant d'avoir attiré les poules à l'endroit choisi pour qu'elles se sentent chez elles. Sinon, même avec un poulailler tout neuf, mon plan aurait échoué puisque je n'aurais jamais réussi à les encercler et à les boucler à l'intérieur. Semaine après semaine, je m'attachai à ce travail de patience. Je disposai une bonne quantité d'*uto* sur le terrain prévu et elles étaient quand même assez futées pour se jeter sur ces jeunes noix de coco en pousses. Mais, au début, ces créatures ineptes ne semblaient pas comprendre que leurs repas étaient servis à heures fixes. Une ou deux d'entre elles se précipitaient en courant et en battant des ailes dès que j'avais le dos tourné, mais les autres restaient à picorer dans le sous-bois, oubliant complètement qu'un festin leur était servi, presque à portée de bec. Je tentais de les rameuter en produisant toutes sortes de bruits de ferme, mais ces volailles imbéciles ne semblaient pas comprendre l'anglais. J'essayais de passer derrière elles pour les pousser vers la nourriture, mais elles s'enfuyaient aussitôt en direction opposée, dans un concert de protestations. Il n'existe rien de plus exaspérant qu'une vieille poule.

En fin de compte, j'adoptai une solution si simple – et tellement plus adaptée aux humains qu'aux poules – que j'en ris encore quand j'y pense. Je battis le gong aux heures du breakfast et du thé !...

À partir de ce moment, matin et soir, je jetais des morceaux d'*uto* sur le terrain choisi pour la construction du poulailler, puis je cognais avec vigueur contre le vieil arbre de transmission qui me servait de barre à mine. Le résultat fut tout à fait extraordinaire. Jusque-là, j'avais passé des semaines à essayer en vain d'attirer les poules à des heures régulières. Maintenant, en moins d'une semaine, elles reconnaissaient le tintement familier et elles arrivaient à tire-d'aile, bien décidées à ne pas manquer cette excellente nourriture. Elles m'apportèrent aussi une surprise sous la forme de deux couvées de poussins dont j'ignorais tout à fait l'existence. Ce succès ne résolut pas mes problèmes de collecte d'œufs dans l'immédiat, mais au moins je pus tenir un compte de la population avicole de l'île et je me mis aussitôt à la construction du poulailler.

D'abord, je fabriquai un abri rudimentaire que je couvris de palmes de cocotiers. J'y installai ensuite des perchoirs et utilisai un morceau de tôle de zinc en guise de plateau pour recueillir les fientes, qui constitueraient un excellent engrais pour le jardin.

Ensuite, je construisis une clôture. Ce n'était pas un mince travail. Il me fallut récolter des centaines de palmes mortes dont je coupai les feuilles avec ma machette avant de fendre les nervures dans leur longueur. Les nervures étant plus évasées à la base qu'à la pointe, je les liai avec du fil de fer en les disposant tête-bêche, de manière à les assembler plus étroitement. Je fis ensuite une porte à l'aide de morceaux de grillage fixés sur un cadre de bois articulé sur un solide poteau.

La réalisation de cet enclos pour les poules me prit plusieurs semaines, et pendant ce temps je m'occupais aussi à d'autres tâches de première importance. Parfois, le mauvais temps me paralysait pendant des jours mais, quelles que soient les difficultés, je ne perdis jamais mon but de vue.

J'avais encore une autre préoccupation. Les poules s'étaient mises à haïr le canard. J'avais remarqué à plusieurs occasions qu'elles attendaient son arrivée dans la cour, puis, comme dans une embuscade, se ruaient sur lui.

Je n'ai jamais vraiment compris la raison de cette jalousie, mais peut-être lui en voulaient-elles d'être toujours libre de s'envoler. Si les poules sont capables de réflexion, ce dont je doute, il est possible que la vraie raison résidait dans cette intrusion d'un étranger dans une cour qu'elles considéraient maintenant comme leur domaine propre.

Au cours des semaines précédentes, j'avais bien progressé dans mes tentatives pour apprivoiser le canard. Il me laissait maintenant approcher jusqu'à cinq pas, tant son repas du soir lui était devenu indispensable. *« Le canard sauvage se sent à présent bien chez lui,* écrivais-je. *Je lui dis-*

pose toujours une boîte de noix de coco et une boîte d'eau. Il prend une becquée de noix et boit de l'eau après chaque déglutition. Les plumes de ses ailes paraissent un peu usées et il ne doit donc pas être très jeune. Il passe la plupart du temps à l'ombre, perché sur une patte, sa tête rejetée en arrière, ne dormant que d'un œil; puis il disparaît au coucher du soleil. Monsieur Tom-Tom l'a traqué deux ou trois fois et j'ai dû lui faire de sérieuses remontrances à ce sujet. »

Je me suis souvent demandé où il passait la nuit. Jusqu'alors, je ne l'avais jamais vu s'en aller, mais un soir, après ma douche, je le vis clopiner vers le lagon. J'eus l'impression qu'il avait une intention bien précise, et je me mis à l'observer. Dès qu'il eut atteint la lisière des fourrés, à l'endroit où le sol descend vers le lagon, il prit son vol vers la plage, faisant du rase-mottes entre les cocotiers. Puis il changea de cap au-dessus du lagon et se dirigea vers Whale Islet, un îlot assez proche.

Quelques soirs plus tard, je le vis recommencer la même opération. Il ne modifia jamais ses habitudes, suivant toujours le même cap entre les arbres, puis au-dessus de l'eau.

Je ne voudrais pas donner l'impression que je passais mon temps à penser au canard, mais je me demandais souvent comment je pourrais l'apprivoiser. Il est même difficile d'expliquer pourquoi je lui portais tant d'intérêt, car on imagine mal un animal plus obtus qu'un canard. D'ailleurs, j'avais déjà mes chats. Il s'agissait sans doute pour moi de relever un autre défi, et rien de plus. Je commençais à récolter quelques œufs, le jardin poussait bien et sans doute avais-je un peu moins de travail, même si je ne m'en rendis pas compte sur le moment. Quoi qu'il en soit, c'est un fait que je m'amusais de temps en temps à l'idée de faire un essai plus poussé pour domestiquer ce canard.

Et, finalement, la chose se réalisa tout à fait par hasard, sans aucun plan établi. Un beau jour, il me mangea dans la main. À l'heure actuelle, je ne sais pas encore pourquoi ni comment cela s'est produit. Je puis seulement supposer qu'il fallait un certain temps pour qu'il acquière confiance en moi.

Presque sans y penser, un soir, je tendis ma main avec un peu de noix de coco dedans. Il arriva sans la moindre hésitation et se mit aussitôt à manger. À mon grand étonnement, il paraissait maintenant absolument sans crainte. À la suite de cela, je le nourris chaque jour, et il s'habitua à cette routine au point que si j'étais en retard de quelques minutes je le retrouvais furieux.

« *Le canard m'a bien fait rire aujourd'hui,* écrivais-je. *J'étais un peu en retard pour me rendre au hangar où je prépare sa nourriture lorsque le canard s'est approché de moi et m'a lancé un seul "couac" de reproche.* »

Par la suite, j'eus toujours droit à un « couac » de reproche quand je le faisais attendre. Jamais deux, juste un seul « couac » !

Bientôt, il se mit à me suivre jusqu'à la galerie, presque comme un chien. C'était une créature aux habitudes strictes, et il n'apparaissait jamais dans la cour avant l'heure des repas. Il n'eut jamais une note de réprobation tant que j'étais à l'heure. Souvent, je le voyais sur la plage et parfois, quand l'eau était calme, je l'apercevais, dormant sur le lagon, la tête sous l'aile.

Mon travail sur le poulailler fut soudain interrompu par un nouvel accès de fièvre qui me terrassa en l'espace de quelques heures, après que je me fus écorché un pied sur le corail. Rien ne pouvait être plus enrageant. Depuis que je vivais sur l'île, je n'avais même pas attrapé de grippe ou de rhume. Pourtant, j'avais souvent été trempé jusqu'aux os, et frigorifié certaines nuits quand le temps changeait sans prévenir. J'étais certain que mon immunité provenait de l'absence de microbes sur l'île. Maintenant que j'y pense, j'ai lu quelque part que les Américains qui stationnent au pôle Sud ne s'enrhument jamais, sauf quand le colis d'un ami est parachuté sur le camp, accompagné de germes indésirables.

La fièvre était une tout autre question. J'avais déjà eu des accès de fièvre sur les îles et, quand la crise arrivait, je n'en faisais pas une affaire et me contentais de me réfugier au lit.

Au bout d'un jour ou deux, le mal passait sans problème, me laissant un peu affaibli mais sans séquelles sérieuses.

Il n'en reste pas moins que ces accès n'avaient rien d'agréable. Étendu sur ma couche, je repensais à cette pointe de corail déchiquetée. Elle avait traversé le talon de ma chaussure, sans rien occasionner de plus grave qu'une écorchure qui ne nécessitait même pas de pansement. Et voilà qu'en moins de vingt-quatre heures je me trouvais anéanti par une fièvre violente. C'est à peine si j'avais pu ramper jusqu'à mon lit pour m'y tenir prostré. Je devais prendre les choses au sérieux sous peine de me trouver réellement en fâcheuse posture.

Quand la fièvre eut disparu, j'allai en titubant jusqu'à Pylades Bay, où je me baignai, comme pour me purifier dans cette eau tiède et claire. Sur le chemin du retour, je fis une pose pour contempler le jardin. Pendant les semaines passées à la construction du poulailler je n'avais pas moins pris soin des cultures, posant des tuteurs aux tomates et aux autres plantes à mesure qu'elles fleurissaient. Malgré la perte de deux ou trois plants par la faute de crabes qui réussirent à se frayer un passage à travers la clôture, le reste avait poussé à une vitesse vertigineuse. Les feuilles étaient si denses et vigoureuses que je dus couper toutes celles du bas. Je retournai satisfait à la cabane : bientôt, je pourrais cueillir mes premiers fruits et légumes, puisque tout poussait à merveille.

Et tout à coup je fus menacé du pire désastre. Les fruits refusèrent de se former. Des plants que je m'attendais à voir chargés de fruits ne produisirent rien de plus que quelques tomates rabougries.

J'inscrivis tristement dans mon journal : *« Les melons et les ignames poussent avec beaucoup de vigueur et sont pleins de fleurs, mais le fruit ne s'établit pas ; il se forme puis il devient jaune et se détache. Il en est de même des pastèques. Peut-être cela vient-il de l'absence d'abeilles. C'est à peine si quelques pieds de tomates ont des fruits. Si toutes les fleurs s'étaient développées, j'aurais eu des tomates à profusion. Aujourd'hui, j'en ai cueilli deux qui avaient commencé à mûrir. Je vais bientôt repiquer les ignames. Jusqu'à présent, c'est un échec. »*

La seule chose qui poussait bien, c'était les échalotes. Mais, même avec elles, il semblait que la malchance s'acharnât contre moi. Il me fallut pas mal de temps avant de pouvoir en récolter une seule. Elles semblaient tout simplement s'évanouir. Au début, je n'y comprenais rien. Il suffisait qu'une pousse sorte du sol le soir pour que, le lendemain, elle eût mystérieusement disparu. Nuit après nuit je montai la garde, soupçonnant que les poules y étaient pour quelque chose. Pourtant, cela ne semblait pas dans leur caractère, bien trop peureuses qu'elles étaient, et aussi bien trop stupides pour se frayer un passage dans l'enclos. Je me demandais s'il s'agissait des crabes de cocotier, mais il en restait très peu sur l'île à cette époque et ils étaient de toute façon trop gros pour traverser la clôture.

Un soir, peu après l'heure du thé, je marchais le long du jardin quand je fus alerté par une forte odeur d'oignon. Pas une odeur de bébé échalote mais une odeur vraiment forte d'oignon. J'allai examiner la question et trouvai la réponse. Des rangées entières de mes précieuses plantes gisaient déracinées sur une parcelle de sol nu à proximité de mon carré d'oignons. Autour des plantes, des dizaines de bernard-l'ermite, certains pas plus gros que l'ongle du pouce, étaient attablés au festin de leur vie.

J'avais donc percé le secret de mes oignons fantômes ! Les bernard-l'ermite étaient si petits qu'ils pouvaient passer à travers la clôture ; quant aux plus gros, attirés par l'odeur irrésistible des oignons déjà déterrés, ils parvenaient à se hisser péniblement par-dessus la barrière.

Je n'avais qu'une seule chose à faire. Par chance, les bernard-l'ermite ont tendance à rester en un seul endroit et ils ne se déplacent pas vite. Le soir suivant, je disposai près du carré d'oignons un appât constitué de noix de coco, puis je pris mon poste armé d'une vieille boîte. Je fondis sur plus d'une centaine de ces bestioles et je les mis dans la boîte. Au matin, je les transportai jusqu'au sud de l'île et les jetai dans un buisson. Il n'eût servi à rien de les tuer puisqu'ils étaient trop éloignés pour revenir. Chaque nuit, pendant une semaine, je recommençai l'opération jusqu'à ce qu'il n'en restât plus un seul.

J'eus enfin quelques échalotes, mais le reste du jardin représentait un tel échec que j'aurais pu en pleurer de désespoir. Je m'étais donné tant de mal pour rien ! Toute cette terre transportée au prix de tant de peine de l'extrémité de l'île n'avait produit rien d'autre que quelques fleurs qui avaient jauni puis péri sans me fournir aucun des légumes et des fruits dont j'avais tant besoin.

Le curieux de l'affaire, c'est que, me croyant un homme de toutes les circonstances, il me fallut pas mal de temps pour réaliser qu'au lieu de rester là à me désespérer je pourrais très bien pratiquer moi-même la pollinisation des fleurs. Pourquoi pas ! Je n'avais jamais eu à faire de jardinage, pour la simple raison que tout pousse à foison à l'état sauvage dans les mers du Sud. Pourtant, l'un des rares livres fascinants laissés par les garde-côtes était une édition abrégée de *L'Origine des espèces*, de Darwin. Je l'avais lu avec grand intérêt et je me souvenais maintenant des passages dans lesquels est décrite la manière dont les insectes et les abeilles réalisent la pollinisation des fleurs. Il me restait donc une chose à faire : puisqu'il n'y avait pas d'abeilles, je fertiliserais les fleurs à la main. Le lendemain même, je me mis à l'ouvrage.

Ce n'était pas aussi difficile qu'on pouvait l'imaginer, les fleurs mâles se trouvant en plus grand nombre que les femelles. Je pouvais facilement les reconnaître en ce que les étamines porteuses de pollen sur les fleurs mâles étaient en général plus longues. Dans la plupart des cas, il me suffisait de cueillir une fleur mâle et de frotter le pollen sur la fleur femelle.

Les plus faciles à traiter étaient les citrouilles, dont les fleurs mâles portent des étamines très longues et les fleurs femelles un orifice bien visible dans lequel je faisais pénétrer le pollen en frictionnant de haut en bas pour assurer la fertilisation.

Les tomates se montrèrent plus récalcitrantes. Je pris une allumette sur laquelle je liai une fine plume d'oiseau garnie d'un morceau de coton pour en faire une sorte de pinceau miniature. Comme je ne pouvais pratiquement pas distinguer les fleurs mâles des femelles parmi ces fleurs qui pendaient en grappes, le plus simple consista à passer mon pinceau d'une fleur à l'autre sans en couper aucune. Je traitai deux ou trois fois tout le carré de tomates, d'abord dans un sens, puis dans l'autre – et l'opération réussit.

Une fois les fleurs fertilisées, je fis d'excellentes récoltes. Au bout de trois mois, je cueillis des tomates et plus tard des citrouilles et de magnifiques melons, aussi bien cantaloups que melons d'eau.

Dès lors, tout prospéra comme je l'avais espéré. Bientôt le poulailler fut largement peuplé et, quand le jardin se trouva en plein rendement et que les poules se mirent à pondre, je fus presque en état de me suffire à moi-même. À partir de ce moment, j'avais plus de poisson que nécessaire, des quantités de fruits et de légumes et régulièrement un poulet pour la casserole.

Malgré tout, je ne réussis jamais à faire entrer toutes les poules dans le poulailler. Il est vrai que je n'y mis jamais trop d'acharnement. Les poules sont obstinées, et les plus mauvaises têtes d'entre elles auraient pu souffrir de leur nouvel environnement et, du coup, se mettre en grève. Quant aux autres, elles ne se trouvaient pas mal à l'intérieur, si j'en juge par la vitesse à laquelle prospéraient les couvées de poussins.

Chaque après-midi, j'ouvrais la porte à mes volailles pour leur permettre d'aller fouiller la terre. En un rien de temps elles découvraient des vers et des insectes et pourchassaient des petits lézards de l'île, que souvent elles attrapaient. Les poules ont besoin de verdure pour rester en bonne santé et le jaune de mes œufs était toujours d'une belle couleur, très différente des jaunes anémiques des œufs industriels qui nous étaient expédiés de Nouvelle-Zélande à Rarotonga.

Si les œufs étaient bons, je dois reconnaître

que je n'étais pas très friand des poulets. Je me devais d'en manger pour équilibrer mon régime mais aujourd'hui, pour rien au monde, on ne me ferait avaler à nouveau du poulet. Combien d'heures ai-je passées à les préparer pour la marmite ? Combien de fois ai-je mangé de ces volailles insipides pour la seule raison que j'étais encore plus saturé du poisson !

Au début, ce n'était pas trop mauvais. J'avais encore de la farine et de la graisse, et je pouvais me cuisiner un poulet frit des îles, si j'en avais envie. Mais quand ces ingrédients furent épuisés, il ne resta plus qu'une seule manière d'accommoder mes bêtes. Après avoir découpé la malheureuse victime en morceaux, je la jetais dans une casserole, accompagnée de deux ou trois échalotes du jardin. Bien que le goût s'en trouve quelque peu relevé, ce n'est pas une recctte pour la femme qui veut conquérir l'homme de son cœur par l'estomac.

En revanche, Monsieur Tom-Tom et Madame Chaparde raffolaient de leur poulet dominical. Comme leur régime se composait exclusivement de poisson, ils apprirent vite à reconnaître l'odcur émanant de la casserole. Pour eux, les dimanches se distinguaient des autres jours par la seule manière qui importe à un chat. Ils faisaient preuve d'un sens inquiétant de la distribution des jours, parfaitement avertis, le samedi, qu'un poulet allait y passer. Dès lors, ils se tenaient en permanence aux alentours de la cuisine et ils s'asseyaient même sans sourciller sur la caisse où je gardais le poulet, dans l'assurance que tôt ou tard sonnerait l'heure du déjeuner dominical.

Chapitre 8

Premiers visiteurs

Le 4 août 1953, dix mois après mon débarquement sur l'île, j'accueillis mes premiers visiteurs. C'était inattendu. Il y avait belle lurette que je ne me demandais plus si je me réveillerais un jour pour découvrir un yacht ou une goélette sur le lagon. J'étais si accaparé par ma vie à Souvarof qu'il m'arrivait rarement d'accorder une pensée au monde extérieur.

Je coulais des jours très heureux. Je ne me sentais jamais seul, même si de temps en temps il m'arrivait de marcher le long du récif en souhaitant l'arrivée de quelqu'un – non par besoin de compagnie mais simplement parce que toute cette beauté semblait trop parfaite pour la garder pour moi seul.

Il faisait particulièrement beau ce jour-là. Une légère brise soufflait de l'est. Aux alentours de 2 heures de l'après-midi, je pris mon harpon et allai flâner le long du récif, moins pour me procurer du poisson que pour faire une promenade. Au bout de quelques pas, la journée m'apparut si belle et tranquille que je m'arrêtai pour mieux contempler le littoral. Alors, dans le lointain miroitant, j'aperçus une voile. J'eus d'abord du mal à y croire mais, en toute certitude, j'avais sous les yeux l'un des plus beaux spectacles que puisse offrir le Pacifique : un voilier forçant de voiles sur les eaux bleues. Selon toutes les apparences, il se dirigeait vers l'entrée du lagon. Je n'avais pas vu de voilier depuis si longtemps qu'il me fallut un long moment pour admettre la réalité : dans une heure ou deux, je serais en train de parler avec des humains, des hommes, peut-être des femmes. Leur parler au lieu de me parler à moi-même !

Une fois revenu de ma surprise et mon agitation un peu calmée, il me vint à l'esprit une pensée pratique et tout à fait prosaïque. Ce n'était pas : « Je me demande qui ils sont » ou bien « Ont-ils l'intention de rester longtemps ? ». Au contraire, tout en marchant vers la cabane, le lien ténu qui me rattachait encore à la civilisation s'était soudain renforcé, au point que je me demandais s'ils venaient de Rarotonga et s'ils m'apportaient du courrier. J'avais à peine atteint ma case que déjà le voilier amenait ses voiles et franchissait la passe au moteur. Je me hâtai d'enfiler un short à la place de mon morceau de paréo, des dames pouvant se trouver à bord.

Quand je ressortis, le voilier avait mouillé par

trente pieds de fond, à une centaine de mètres de l'ancienne jetée. C'est à ce moment que je réalisai combien ce ponton détruit par l'ouragan de 1942 faisait mauvais effet et comme il était temps que je m'y attaque.

Je pouvais maintenant constater qu'il s'agissait d'un cotre d'une douzaine de mètres, et je résistai à la tentation de gesticuler, d'appeler, ou de me précipiter sur la plage à la rencontre de mes visiteurs. Je préférai leur accorder un peu de temps pour souffler avant d'aller les accueillir avec le *Canardeau*.

En poussant le *Canardeau* à l'eau, je pus distinguer quatre personnes appuyées aux filières du bateau. Elles me firent signe mais, bien entendu, dès que je me mis à ramer sur le lagon, leur tournant le dos, je ne pus réellement les voir avant d'accoster à leur bord. Deux hommes m'aidèrent à amarrer mon dinghy, tandis que deux femmes regardaient.

Puis je me retrouvai à bord. Quelques minutes plus tard, pour la première fois depuis dix mois, j'avais devant moi du thé fait par quelqu'un d'autre que moi. Avec du lait dedans !

Le plus âgé des deux hommes me tendit la main : « Je m'appelle Tom Worth. » Il approchait la cinquantaine, paraissait en bonne forme, sans un gramme de poids en trop. « Et je suis madame Worth », dit une femme svelte, d'allure très agréable.

« Je suis Tom Neale », répondis-je en me demandant si le docteur Livingstone s'était senti aussi ému quand Stanley se présenta. J'avais souvent évoqué ce moment précis – celui où je rencontrerais des étrangers –, et ce n'est pas sans une certaine appréhension que je l'avais envisagé. Après tout, que dit-on à des étrangers ? Surtout quand ceux-ci ont toutes les chances de vous considérer avec la réserve qui convient devant un cas mental.

Il y eut un moment de silence embarrassé puis Tom Worth dit quelque chose qui me confondit et brisa la glace.

« Oh oui ! lança-t-il gaiement, nous savons tout sur vous, Tom ! » Il se tourna vers les deux jeunes passagers et les présenta comme M. et Mme Taylor.

Pendant que Mme Worth versait le thé, je demandai comment ils avaient su que je me trouvais ici. « C'est le consul anglais à Tahiti qui m'en a informé », expliqua Tom Worth. « Je crois que c'est un de vos vieux amis. Vous savez ce qu'il m'a dit ? "Arrêtez-vous à Souvarof et voyez donc si Tom Neale, avec ses grandes bottes, n'a pas balancé à la mer ce qui reste de l'île." »

Ces bottes ! Je me souviens du jour où le consul anglais à Papeete m'avait demandé pourquoi je portais de si grandes bottes sous un climat si chaud. C'était pour me maintenir une cheville un peu affaiblie à la suite d'un accident, mais ces bottes étaient alors devenues entre nous une source inépuisable de plaisanteries.

« Voulez-vous un peu de thé, monsieur Neale ? » La question de Mme Worth me ramena de mes souvenirs tahitiens à la réalité du jour, si tant est qu'il s'agît là de la réalité.

Comme la scène me semblait incongrue ! J'observais discrètement cette jeune femme élancée et jolie qui versait le thé, pendant que la souriante Mme Taylor proposait du lait dans un pot ! Et du sucre. Nous aurions aussi bien pu nous trouver à mille milles de Souvarof.

Je me pris tout de suite de sympathie pour Worth et sa femme. Il était un de ces hommes au naturel facile, et nous ne fûmes pas longs à nous appeler par nos prénoms. Les jeunes Taylor étaient également très agréables. Je compris qu'ils faisaient le voyage entre amis. Taylor me demanda bientôt : « Est-ce que la pêche est bonne ici ? Irons-nous y faire un tour ensemble ? » Je lui promis que nous irions dès le lendemain, avec des harpons.

Après une troisième tasse, Mme Worth demanda, avec un tact que j'appréciai beaucoup : « Nous ne voulons pas vous déranger, mais nous aimerions bien voir votre île avant qu'il ne fasse nuit. »

C'est la façon dont elle accentua légèrement le « votre » qui me fit me confondre en excuses pour mon manque d'hospitalité. Peu après, nous débarquions tous sur la plage.

Ils semblaient fascinés. Tandis que je leur faisais visiter la cabane et la cour, j'étais très flatté de constater qu'ils prenaient autant plaisir à ma compagnie que moi à la leur. Mme Worth, en particulier, était intriguée. Elle examina la cuisine avec ses différents dispositifs de foyers, et, quand je me mis à envelopper des labres dans des feuilles de bananier, puis à les mettre au four pour le breakfast du lendemain, elle appela son mari.

« Pourquoi, toi, ne peux-tu en faire autant à la maison ? », plaisanta-t-elle.

Les dames insistèrent pour visiter chaque coin de mon chez-moi. Mme Taylor devait être une grande lectrice, car bientôt elle se mit à feuilleter mes bouquins.

« Est-ce vous qui avez fait le choix de ces livres ? » Elle désignait du doigt les livres de poche sur l'étagère de mon bureau et, sur ma réponse négative, elle ajouta : « Je m'en doutais. Ils ne vous ressemblent pas – pas tous, en tout cas. »

J'eus alors à expliquer comment les garde-côtes les avaient laissés là. Pendant que les hommes allaient se baigner, elles examinèrent ma salle à manger, ouvrirent le réfrigérateur et le garde-manger. À la vue des serviettes à thé et des torchons pendus sur un fil (et peut-être de mes verres, que je nettoyais avec soin), Mme Worth s'écria spontanément : « Monsieur Neale, je suis stupéfaite de voir qu'un homme peut tenir sa maison aussi bien que vous le faites ! »

Quand Worth et Taylor revinrent de la plage, je leur demandai combien de temps ils avaient mis pour venir de Papeete à la voile.

« Nous ne sommes pas venus directement de Papeete, répondit Tom, mais de Maupiti. » C'est une petite île à cent cinquante milles à l'ouest de Papeete. « Nous avons mis sept jours. »

« Peut-être aimeriez-vous tous prendre une douche ?, proposai-je.

– Une douche ! s'exclama Tom Worth. Je rêve d'une douche depuis une semaine ! »

Depuis longtemps j'avais suspendu une réserve d'eau dans le coin à douche afin de pouvoir m'inonder de la tête aux pieds après le travail. Les dames prirent leur douche en premier quand je les eus pourvues de serviettes sèches et propres.

« Vous pensez vraiment à tout, n'est-ce pas ? », dit Mme Worth.

« Vous êtes un sacré type ! ajouta Tom alors que nous étions assis sous la galerie à fumer ses cigarettes.

» Le consul de Papeete m'avait bien averti que vous étiez un drôle de personnage mais je n'aurais jamais pensé que vous le soyez à ce point et de cette façon. Je ne sais pas... Je m'attendais plutôt...

– À un ermite avec une longue barbe, dis-je en riant.

– Dans un sens, oui. » Il parlait sérieusement.

Taylor intervint : « Moi, ce qui me frappe, c'est la manière dont vous avez arrangé tout cela. Tout paraît si simple. »

Je consignai dans mon journal chaque détail dont je pus me souvenir. Ce soir-là, j'allai dîner à bord du *Beyond,* quoique le lagon fût assez agité, et qu'il eût quelques difficultés pour aborder avec le *Canardeau.* Mais une fois à bord, et Mme Worth se tenant à la cuisine pour préparer le dîner, Tom sortit une bouteille d'un excellent rhum : « Que diriez-vous d'un verre ? »

Je n'avais pas bu d'alcool depuis dix mois. Pas une seule fois, durant toute cette période, la pensée ne m'en était venue. L'alcool ne me manque jamais, ce qui ne veut pas dire que je n'apprécie pas un verre ou deux, de rhum en particulier. Je regardais la bouteille dans la main de Tom, redoutant presque l'effet que cet alcool pourrait avoir sur moi. Sans doute remarqua-t-il mon hésitation, car il s'abstint de me verser un verre tant que je ne lui eus pas dit : « Merci, avec plaisir ! »

Il versa une ration plus que généreuse, me tendit le verre et demanda : « Avec de l'eau ? »

De l'eau ! Pas de danger ! Ce rhum était bien trop bon pour le diluer !

Le premier verre fut suivi d'un second. Des cigarettes circulèrent. Ah ! quel merveilleux sentiment que celui de se trouver assis dans ce cockpit à bavarder, pendant que quelqu'un d'autre vous prépare le repas. Tom et son compagnon s'empressaient de me raconter les dernières nouvelles du monde. Ce fut, je crois, après le deuxième rhum, que je me demandai : « Neale, es-tu sûr que ce soit bien toi, assis là sur ce coussin ? » La situation me semblait tellement irréelle, tellement invraisemblable. Quelques heures plus tôt, j'étais seul et bien tranquille sur l'île, et voilà que je me retrouvais le convive d'une yachting-party ! C'était trop pour cette première nuit et, par moments, je pouvais à peine admettre que je sois vraiment là. J'avais l'impression d'assister à la projection d'un film. Le choc de converser avec quatre étrangers, après dix mois pendant lesquels je ne m'étais adressé à âme qui vive, la tension nécessaire pour parler et écouter, avaient un effet bien plus puissant que le rhum.

Soudain, j'eus un frisson. Je n'avais pas chaud, car j'étais venu en short et en maillot de corps. Était-ce l'énervement ou la brise était-elle plus fraîche sur le lagon ? Toujours est-il que Tom alla chercher un cardigan pour me réchauffer et me permettre d'apprécier le dîner.

De ma vie je n'oublierai ce dîner. Ceux qui ont vécu dans les mêmes conditions que moi en sont arrivés à la même conclusion : on accepte cette alimentation monotone comme faisant partie de votre vie et l'on n'y pense plus. J'avais assez à manger, et c'était l'essentiel.

Mais, maintenant, Mme Worth appelait gaiement son mari à table : « Tom, le dîner est prêt ! »

Nous commençâmes avec une soupe de légumes, une bonne soupe épaisse, puis, en attendant le second plat, Tom me versa un verre de bière fraîche. Sa femme me servit ensuite une splendide assiette d'une viande succulente provenant du réfrigérateur du *Beyond*. Il y avait aussi, je m'en souviens, quelque chose que je n'avais pas mangé depuis une éternité : de vraies pommes de terre dans du jus de rôti et du pain tartiné d'une épaisse couche de beurre en boîte.

Ce n'est pas seulement le changement de régime qui me parut miraculeux, mais surtout cette attitude détachée de mes hôtes quant à la quantité.

« Voulez-vous *encore* des pommes de terre ? Vous ne voulez pas un peu *plus* de sauce ? » Et voilà que, par-dessus tout, je mangeais du pain beurré avec la viande ! Un moment, j'eus peur qu'ils ne se démunissent de leurs vivres. C'était oublier que dans moins d'une semaine le *Beyond* serait à quai et que Tom Worth n'aurait qu'à se rendre à terre pour reconstituer ses stocks en moins d'une demi-heure. Cela me paraissait inconcevable et je me sentis quelque peu coupable quand la viande fut suivie par une abondance de fruits en boîte surmontés de crème fraîche – et non pas, pour une fois, de crème de coco.

En rentrant chez moi ce soir-là, je me retrouvais assez euphorique, c'est le moins qu'on puisse dire !

Le lendemain matin, je me sentis obligé de rendre l'invitation et de convier mes hôtes à déjeuner. Si j'étais pour ma part plus que saturé des produits de l'île, je pouvais me rendre compte qu'après sept jours de mer mes invités prendraient autant de plaisir au poisson frais et aux œufs que j'en avais pris à leur soupe en boîte.

Du bon poisson frais, voilà ce qu'il fallait, d'autant plus que les Taylor m'avaient demandé s'ils pourraient m'accompagner à la pêche. Aussi nous rendîmes-nous ensemble sur le récif pour nous procurer un repas pour cinq. Je leur prêtai des harpons, mais ils furent incapables de transpercer un seul poisson. C'était presque pathétique d'observer leurs efforts. On oublie combien la pêche vous devient une chose facile quand on en vit. Je crois qu'ils furent vraiment sidérés de me voir harponner six mérous et trois langoustes en si peu de temps.

Pendant que nous pêchions, l'air palpitait d'oiseaux venus des autres îlots, sans doute effarouchés par l'arrivée du *Beyond.* Par centaines, les sternes tournoyaient doucement dans le ciel, toujours effrayées par les frégates, ces tyrans de la nature, sous l'emprise desquelles elles sont condamnées à vivre de la naissance à la mort.

Comme nous marchions lentement vers le

nord de l'île à la recherche des poissons, nous sommes tombés sur de longues files de frégates qui nous dévisagèrent sans broncher.

« Les horribles et révoltantes créatures ! s'exclama Mme Taylor, puis elle me demanda : Vous avez dû lire *L'Île du Désir* de Frisbie ? Vous souvenez-vous de sa description des frégates ? »

Certes, elle connaissait sa littérature, car personne n'a jamais mieux décrit les frégates que Frisbie ; comment elles se tenaient par rangs entiers à regarder Frisbie « avec une froideur inquiétante, pleines de dédain ». Ah ! les sales bêtes noires, avec leurs grandes poches rouges !

« Elles me donnent des frissons, ajouta Mme Taylor.

– Oui, je me souviens de la description de Frisbie », répondis-je. Puis je la surpris en citant de mémoire : « Avec des yeux rouges et profondément cruels, oiseaux aussi symboliques de l'enfer que le corbeau. »

De retour à la case, je fis cuire les langoustes mais, malgré mes bonnes intentions, Tom Worth insista pour que nous déjeunions à bord du *Beyond*. Sans doute Mme Worth estima-t-elle que j'avais droit à une pleine journée sans travail de ménagère. Par chance, mes oignons de printemps étaient en plein rendement à cette époque. J'en récoltai une grande botte que je leur offris avec quelques œufs. Mon cadeau fut très apprécié et, après le déjeuner à bord, je passai le reste de l'après-midi à bavarder, savourant sans vergogne cette occasion d'écouter des voix humaines.

Ils devaient quitter l'île de bonne heure le lendemain en direction de Samoa et des Fidji. Je ne peux me souvenir d'aucun sentiment de regret à l'idée de leur départ imminent. Plusieurs fois, je m'étais demandé si je n'éprouverais pas une certaine nostalgie de la civilisation, une fois mes visiteurs repartis. J'avais craint une envie soudaine, née de ce contact humain inattendu, et j'étais même allé jusqu'à imaginer de leur mendier une place jusqu'à la prochaine île habitée.

Mais il n'en fut rien. Dès le moment de leur arrivée il avait semblé tout à fait naturel qu'ils mouillent leur ancre dans le lagon. Non moins naturel aussi que nous nous abordions d'une façon presque détachée, même si j'étais surexcité à l'idée de ce qu'ils auraient à me raconter. Mais, dans la mesure où je considérais leur arrivée comme une chose naturelle, en toute logique il me fallait aussi accepter comme allant de soi le fait que tôt ou tard ils repartiraient. Aussi, le second soir, j'écrivis une douzaine de lettres, que fort gentiment ils promirent de mettre à la poste et, en retournant vers ma cabane, je ne me souviens pas d'avoir éprouvé de réelle tristesse à l'idée de leur départ. Le matin suivant, ils vinrent tous à terre pour une dernière douche et, comme je le notais dans mon journal : « *Je leur donnai encore quelques oignons, des œufs, des melons, du poisson, qu'ils appréciaient beaucoup. Ils me laissèrent du thé, du sucre, un pot de confiture de cassis et un peu de farine.* »

Et, juste avant de mettre le *Beyond* à la voile, sous un bon vent de sud-est très favorable, Tom Worth revint à la cabane avec une bouteille de rhum comme cadeau d'adieu.

J'en fus très touché et, en regardant le *Beyond* se diriger vers la passe, j'éprouvai, il faut le dire, une étrange sensation d'abandon. Mais, aussi, je pensais combien leur existence serait éloignée de la mienne une fois leur croisière terminée. Même quand ils auraient atteint Apia, aux îles Samoa, ce serait les lumières, les voitures, les rues encombrées, les cinémas et les hôtels ; ce prétendu luxe qui, tout attrayant qu'il soit, se fait aussi payer en tension, problèmes et promiscuité.

C'est une redevance à laquelle, depuis longtemps, j'avais renoncé à souscrire. Et j'étais là, tranquille, au bord du vieux ponton, regardant disparaître leur voile derrière le bout de l'île, le *Beyond* faisant route vers la passe et la haute mer.

Bientôt, ce serait le crépuscule, la fin d'un autre jour mais, cette fois, d'un jour inhabituel sur l'île. Si inhabituel que je regardai longtemps le bateau s'en aller. J'avais vécu un moment heureux. Mais quand le voilier fut dans la passe, prenant le large, je tournai le dos au lagon et remontai le chemin de corail vers la case.

Mon premier soin fut d'abandonner mon short, au profit de mon morceau de paréo.

Chapitre 9

La fièvre

Après le départ de mes visiteurs, ma vie reprit sa routine habituelle et je m'attaquai à une nouvelle tâche qui devait avoir par la suite de séricuses répercussions sur ma santé. Bien sûr, je ne pouvais pas m'en douter sur le moment. J'avais à cœur de remédier à la seule offense à la vue sur l'île : je veux parler des restes de l'ancienne jetée construite avec des blocs de corail aux bons vieux jours du coprah. En 1942, l'ouragan dont Frisbie avait été victime avait aussi dévasté la jetée. On ne s'était pas donné la peine de la reconstruire, le coprah ayant perdu sa valeur et n'étant plus exploité. Les ruines restaient donc éparpillées depuis dix ou onze ans. De gros rocs gisaient sur la plage, à l'endroit même où l'ouragan les avait projetés pendant cette nuit dramatique.

J'avais eu une telle honte de ce fatras à l'arrivée des Worth, que je ne me donnai pas le choix de reconstruire ou pas cette jetée et de l'utiliser pour la pêche. Si j'avais pu imaginer la somme de travail que représentait cette tâche et le temps à y passer, jamais je n'aurais commencé. Mais au début, quand j'entrepris gaiement de pousser les blocs en place, le travail parut fort simple et tout au plus l'affaire de quelques semaines.

À l'origine, la jetée mesurait environ soixante-dix mètres de long et arrivait jusqu'au bord du récif. Les fondations se trouvaient encore en place sur la chaussée de corail à fleur d'eau, mais c'était tout. La reconstruction consistait à extraire les blocs de corail réguliers de la plage où la tempête les avait entassés et à les pousser, à les rouler jusque dans l'eau et sur les fondations. Parfois, il fallait utiliser la barre à mine et la pioche pour déterrer les gros blocs enfouis sous le sable et les graviers.

À la fin du mois d'août, j'avais travaillé trois heures par jour pendant près d'un mois, et mes progrès paraissaient nuls. Cela n'avait rien de surprenant puisque je ne disposais ni de cordes ni d'appareils de levage, et il me fallait quelquefois toute une matinée pour amener un bloc de corail en bordure de plage. Pour certains, j'attendais la marée haute afin qu'ils soient moins lourds à charrier sous l'eau. Je devais de temps en temps interrompre le travail pendant plusieurs jours, tant j'avais les doigts déchirés par les arêtes vives du corail, aussi difficile à manipuler qu'une armée de hérissons. Et, comme l'expérience me l'avait appris, dès qu'une égratignure s'infectait, la fièvre pouvait survenir dans les heures suivantes.

C'était un long et dur labeur. Quand j'avais amené une demi-douzaine de ces «hérissons» à leur place, je devais ensuite les édifier. Je me souvenais d'avoir lu autrefois un article sur la façon dont les hommes du Derbyshire, en Angleterre, construisaient leurs murs de pierres sèches. Ma technique devait être la même. Les blocs en eux-mêmes paraissaient assez résistants mais je savais que c'étaient les petites pierres, patiemment récoltées sur la plage et enfoncées avec soin dans chaque interstice, comme une sorte de ciment sec, qui assureraient à la jetée sa véritable résistance.

C'était un bel été chaud et sec et les journées paraissaient s'envoler. J'avais tant à faire. Je devais m'occuper du canard sauvage, et nourrir les poules, ce qui signifiait aller à la recherche de l'*uto.* Le jardin demandait des soins, et il fallait le fournir en nouvelle terre arable chaque fois qu'un orage en emportait une partie. Je devais alors m'armer d'une pelle, amener le canot jusqu'à l'extrémité de l'île, faire le chargement de terre, ramer à nouveau ou parfois remorquer le *Canardeau* en bordure de la plage puis transporter les sacs jusqu'au jardin, étendre la terre et ceci... jusqu'à l'orage suivant.

Les soirées n'apportaient guère de repos car, n'y eût-il même que cela, j'avais toujours à pêcher pour les chats. Cette corvée devait me paraître de plus en plus fastidieuse à cette époque où je relève souvent dans mon journal : *« Attrapé du poisson pour ces foutus chats. »* Mais pour rien au monde je n'aurais voulu me passer d'eux.

J'étais très heureux et comblé cet été-là. Le jardin produisait maintenant assez de légumes et, bien que les provisions apportées de Rarotonga aient été en rapide diminution et que j'aie à utiliser le même thé cinq ou six fois, je disposais de fruits et de légumes, de poisson et d'œufs en quantité illimitée. Je n'avais aucune raison de n'être pas heureux. Il est vrai que j'avais beaucoup de travail. De nouveaux problèmes surgissaient toujours. Un morceau de toiture demandait réparation ; les planchers de la salle à manger étaient à remplacer ; les murs de la cuisine avaient besoin de renforts ; il fallait tailler la végétation qui menaçait toujours de recouvrir le sentier conduisant à la case.

Toutes ces corvées prenaient un temps considérable, mais je me réservais toujours une heure ou deux pour travailler chaque jour à la jetée. Pendant ces mois d'été et d'automne, les progrès étaient si lents que parfois je désespérais. Pourtant, si j'eus envie d'abandonner le projet, j'éprouvais un étrange sentiment. Souvarof m'avait apporté tant de bonheur que je devais quelque chose à cette île. Reconstruire la jetée devint pour moi synonyme de paiement d'une dette. Peut-être cet état d'esprit semble-t-il aujourd'hui un peu fou, mais à l'époque – seul, heureux et seul maître de moi-même – ce sentiment m'habitait très sincèrement.

Il existait, il est vrai, une autre raison. Jusqu'à présent, j'avais mené à bien chaque tâche entreprise. J'avais reconstruit la cuisine et même fabriqué mon fourneau, réparé la cabane et le chemin qui y conduisait, construit un poulailler où je récoltais autant d'œufs que je voulais, j'avais fait naître un jardin de la jungle et les légumes que j'y récoltais complétaient mon alimentation ; j'avais même domestiqué le canard sauvage. Je ne pouvais abandonner la jetée. J'avais le cœur à réussir partout.

Jusque-là, je n'avais accordé aucune attention à un problème sérieux : mon régime alimentaire. Les œufs, le poisson, les légumes, semblaient suffisants pour me permettre d'assurer mes tâches habituelles. Mais un supplément de trois ou quatre heures par jour d'un travail de force sur la jetée commença à me fatiguer bien plus que ne l'aurait fait un travail similaire à Rarotonga ou à Moorea. Et pourtant je ne travaillais pas plus qu'il n'est d'usage – mais l'usage sous-entend que l'on se remplit l'estomac d'un bon repas de viande au moins une fois par jour.

C'était là ce qui me faisait défaut. Et, bien qu'il me fallût quelque temps pour en prendre conscience, cette carence devint bientôt l'évidence même. Ma forme physique demeurait excellente, mais je manquais toujours d'énergie. C'est aussi à peu près à cette époque que les poules cessèrent de pondre et que j'eus à subir une pénurie d'œufs. Les tomates aussi manquaient, car, si les plantes étaient aussi grandes que moi, les fleurs ne donnaient pas toujours de fruits.

Je fus bientôt obligé de faire de longues siestes au milieu de la journée, chose qui ne m'était jamais arrivée auparavant. Puis, j'éprouvai un irrésistible besoin de viande qui m'attirait vers la seule boîte de bœuf qui me restait mais que je m'étais juré de garder pour Noël. Si ridicule que cette obsession paraisse, jour après jour, je devais me battre pour résister. J'allais dans la salle à manger, je la regardais follement, je la manipulais avec amour en me disant : « Neale, espèce de vieux fou, mange-la ! Après tout, un yacht peut très bien arriver demain et te dépanner. »

Une fois, j'allais même jusqu'à prendre un ouvre-boîtes, et j'étais sur le point de l'ouvrir, lorsque je réalisai que j'avais pour devoir de garder cette boîte pour Noël. J'en fis un point d'honneur ; mieux même : un test d'autodiscipline. Je jetai la boîte sur la table de la cuisine et, comme un homme qui vient d'avoir une scène avec sa femme, je sortis de la cabane et allai d'un pas furieux arpenter la plage jusqu'au soir.

Cette nuit-là, après un nouveau repas de poisson, je portai dans mon journal : *« Me suis conduit comme un idiot aujourd'hui. Cette boîte de bœuf restera là où elle est jusqu'à Noël. Je me contenterai demain d'un poulet mais la volaille ne me satisfait pas et je déteste la préparer. »* Je dus lire un livre de Frisbie dans la soirée, car je retrouve, dans mon journal : *« Je comprends combien Frisbie a dû souffrir de la faim quand il écrit : "Je vendrais mon âme pour une boîte de bœuf, un oignon, une tasse de thé avec du pain, du beurre et de la confiture." »*

Pour corser les choses, j'eus un accès de fièvre, le plus sévère de ceux que j'avais endurés jusque-là. Il se déclara au moment où ma résistance était au plus bas. Je m'étais déjà senti déprimé, mais j'avais maintenant atteint le point où la goutte d'eau fait déborder le vase. Je ne pouvais me tromper sur les symptômes – claquements de dents, bouffées de chaleur (sans même savoir si j'avais chaud ou froid) et l'impression que mes jambes allaient se dérober sous moi.

Je m'arrangeai pour amasser autour de mon lit quelques « noix-de-coco-à-boire » et je m'étendis pour transpirer pendant trente-six heures. Sans doute valut-il mieux ne pas savoir que cet accès allait durer quatre jours.

Je préfère ne pas imaginer à quel degré vertigineux ma température dut monter. Pourtant, chose curieuse, je peux me rappeler chaque détail de ces quatre jours et quatre nuits sans fin.

La fièvre me soulevait par vagues et je l'associais au battement de la mer sur le récif et sur la jetée. C'était probablement le seul bruit que je pouvais percevoir, alors que j'errais à l'abandon entre les moments de lucidité et ce monde de rêves à demi délirants qui m'emportaient loin de moi.

Dès que je me sentais glisser dans cet abîme, je luttais pour m'accrocher au monde réel et, pendant cette lutte, les coups dans ma tête (ou sur le récif) s'accroissaient, et j'avais l'impression de me noyer.

Je me souviens aujourd'hui de ces accès de fièvre avec une précision parfaite. Au sommet d'une de ces vagues, je craignis soudain d'avoir oublié d'enterrer ma boîte à outils. Je me souviens de m'être alors extirpé du lit et d'avoir titubé vers la porte. Mais je ne saurais dire si je le fis vraiment ou s'il s'agit d'un rêve très convaincant. Le pire était la transpiration. Je m'endormais pour me réveiller un peu plus tard dans un lit inondé, trop heureux encore d'avoir pu dormir profondément. Je me sentais si bien et si frais, quand je me réveillais ainsi, que je croyais avoir dormi très longtemps. Je regardais l'heure et m'apercevais que je ne m'étais pas assoupi plus de cinq ou dix minutes.

Ce sentiment de fraîcheur disparaissait et, bientôt, ahuri, trempé, grelottant dans mon lit, l'abominable vague de fièvre me soulevait. Tous les os de ma maigre carcasse semblaient s'entre-choquer, et j'avais beau doubler les couvertures et m'en recouvrir, il n'en résultait aucune amélioration. Je tremblais pendant des heures, puis cet état disparaissait pour faire place à une fièvre sèche et lancinante. Ma tête brûlait et semblait enfler dans de telles proportions que je croyais vivre quelque part à l'intérieur, dans un monde imaginaire, sans pouvoir réaliser que cet immense espace plein d'échos et de palpitations fût à moi.

Je ne saurais me rappeler quels moments de cette fièvre furent les plus intolérables. Chaque stade paraissait le pire. Quand je transpirais, je souhaitais les tremblements. Quand je tremblais, j'attendais presque avec impatience le mal de tête qui devait suivre ; quand j'en étais là et que ma tête allait exploser, je ne demandais qu'une chose : en revenir à la transpiration.

Une période d'extrême lucidité suivait chaque accès. Pendant un moment, j'étais tout à coup de retour dans mon petit monde et très conscient de ce qu'il fallait faire pour le préserver. J'avais à nourrir les chats, à ramasser de l'*uto* pour les poules. Toutes ces tâches indispensables m'assaillaient, mais je n'y pouvais rien tant que la fièvre ne me lâchait pas.

Quand, au bout de quatre jours et quatre nuits, la fièvre se dissipa enfin, je m'arrangeai pour me lever et me rendre en chancelant jusqu'à la plage, où je m'étendis dans l'eau tiède. J'écrivis dans mon journal : *« Me suis senti très faible, mais j'ai réussi à récolter quelques œufs et j'en ai mangé dix à l'heure du thé. »*

Je dus attendre une semaine avant de retrouver la force de travailler à la jetée.

Chapitre 10

La grande tempête et la jetée

Malgré l'interruption causée par la fièvre et le manque de viande, lentement, très lentement, la jetée commençait à prendre forme. À mesure qu'approchait la fin de l'année, l'achèvement des travaux devenait pour moi une obsession. D'une façon ou d'une autre, je me débrouillais pour m'y consacrer une heure ou deux tous les jours, en dépit de mes siestes prolongées, qui devenaient plus fréquentes que jamais. Je devais maintenant aller de plus en plus loin à la recherche de petites pierres pour garnir les interstices.

Aux environs de novembre, je tombai en panne de tabac. Je ne suis pas un gros fumeur. Je m'étais contenté chaque soir d'une seule cigarette roulée à la main, et je gardais les mégots pour les réutiliser. Pourtant, je fus tout étonné de mon désarroi quand je m'aperçus qu'il restait dans la boîte tout juste de quoi me rouler une dernière cigarette.

Je la fumai lentement, savourant chaque bouffée, et, quand je ne pus tirer dessus davantage sans me brûler les lèvres, j'éteignis le mégot et recueillis les fragments de tabac dans la boîte.

Sur le moment, je ne mesurai pas à quel point ce manque allait m'affecter. Mais le lendemain matin, pour la première fois, je me sentis désespérément seul. J'aurais donné n'importe quoi pour apercevoir un yacht. Pendant les quelques jours suivants, ma dépression empira ; bien que la jetée commençât à devenir splendide, je n'avais plus de cœur à aucun ouvrage. Pour couronner le tout, je perdis l'appétit et pendant plusieurs jours je souffris de troubles de l'estomac.

Je connais aujourd'hui la cause de tous ces malaises. Chaque soir, après un repas sans joie, le besoin de fumer me harcelait. J'avais appris à me passer de viande mais le manque de cigarettes me retira toute énergie, toute volonté. Je devins très maigre.

Alors, un miracle se produisit. J'étais assis dans mon bureau, lisant *Le Nègre du « Narcisse »*, de Conrad, quand Madame Chaparde s'élança sur la table, manqua à moitié son saut et, dans une contorsion sauvage, renversa une pile de livres et de magazines soigneusement alignés contre le mur. Je jurai contre elle tandis que les livres se répandaient sur le plancher. Le bruit que firent les bouquins en tombant provoqua la fuite de la chatte, peu habituée aux bruits, imprévus à Souvarof.

« Ces sacrés chats ! », bougonnai-je, et j'allais

me lever pour ramasser les livres, quand quelque chose m'arrêta. Là, sur la table, comme sorti du chapeau d'un prestidigitateur, était arrivé un paquet de cigarettes.

D'abord, j'osai à peine y toucher. Puis je m'emparai du paquet, l'ouvris et en sortis un de ces petits cylindres doux et blancs.

De crainte que le rêve se dissipe, je savourai la cigarette par anticipation et me dépêchai de l'allumer. Dans une douce sensation de bien-être, je me souvins qu'au départ du *Mahurangi* le capitaine m'avait donné quelques paquets que j'avais rangés dans mon bureau. L'un d'eux avait dû glisser derrière les livres et, si Madame Chaparde n'avait manqué son saut, j'aurais pu ne jamais le retrouver.

« *Fumé ma première cigarette depuis un mois,* écrivais-je dans mon journal. *C'était un plaisir d'un autre monde. Je me suis senti tellement mieux que j'ai célébré l'événement en me faisant frire six œufs pour le dîner, puis j'ai gratifié mes compagnons d'un grand tronçon d'une anguille pêchée sur le récif. Tout le monde est comblé ce soir et, demain, je déchirerai les dix-neuf cigarettes restantes pour en rouler deux à partir d'une.* »

Le lendemain matin, en me réveillant, je me découvris un autre homme. Avant tout, j'ouvris les cigarettes dans ma boîte à tabac. Leur nombre s'en trouva porté à trente-huit quand je les eus roulées avec parcimonie. Je pris la résolution de les faire durer un mois, de manière à fumer la dernière le jour de Noël, après avoir dégusté la boîte de bœuf.

Pauvres intentions humaines ! Moi qui n'avais jusque-là jamais beaucoup fumé, je fus pris d'un accès de folie et fumai les trente-huit cigarettes en cinq jours. Je savais à quelle absurdité je me livrais, mais je n'y pouvais rien, et, quand il n'en resta plus, le besoin revint et me tortura bien plus qu'auparavant.

Je ne me sentis plus aucune envie de travailler. Pendant des jours, je traînais, attendant, attendant, attendant le jour de Noël – et ma boîte de bœuf. Le manque de cigarettes était assez éprouvant en soi ; mais, sachant maintenant qu'il n'y avait plus un brin de tabac sur l'île, mon obsession se fixa sur une envie de viande, une tranche de pain avec du beurre ou, quelquefois, une barre de chocolat.

C'est l'obsession de la viande qui me tourmentait le plus. Peut-être avais-je encore un peu de fièvre, car il m'arrivait de me réveiller la nuit, transpirant de faiblesse. Toujours la viande. Puis, retombant tout déçu dans le sommeil, je voyais en rêve ma mère en train d'étendre d'épaisses couches de beurre sur des tranches de pain. Des visions d'une viande fameuse de Nouvelle-Zélande (quelque chose entre l'agneau et le mouton) envahissaient mon inconscient et, même après mon réveil, je voyais encore de grands plats de viande rôtie au pied de mon lit ou sur l'étagère à bouquins.

Mes rêves prirent ensuite un tour nouveau et horrible. Jusque-là, ils s'étaient contentés de mets simples mais très bons. Une nuit, un brusque changement se produisit. Il ne s'agissait plus de viande ni même de pain et de beurre, mais d'un seul plat à vous mettre l'eau à la bouche. Là, sur un magnifique plateau d'argent, avec, je m'en souviens, un couteau à découper et une fourchette étonnamment ciselée, au milieu d'une abondance de légumes exotiques, trônait le canard sauvage.

Je me réveillai en tremblant. Le choc était aussi terrifiant que si un maître d'hôtel avait soulevé un couvercle d'argent pour me présenter la tête savamment préparée de mon meilleur ami. C'était encore le milieu de la nuit mais je ne m'en précipitai pas moins sur la plage pour attendre le lever du soleil et m'assurer que le canard vivait toujours.

Combien de temps me fallut-il attendre, je ne m'en souviens pas. Enfin, après les premières lueurs, j'eus le soulagement de le voir arriver. Alors, seulement, je retournai au lit. Je m'endormis instantanément et ne me réveillai que peu avant midi.

Sous l'éclatant soleil d'une nouvelle belle journée, le souvenir du rêve s'effaça et devint presque ridicule. Ce soir-là, j'eus envie de rire pendant que je nourrissais le canard et que celui-ci me suivait pas à pas ; j'oubliai cette histoire... jusqu'au moment où le rêve recommença. Soir après soir, affamé, misérable et nourri de poisson, je m'endormais, et chaque nuit il était là, cuit à point sur un plateau d'argent. Bien sûr, je traversais à cette époque une grave crise psychique ; pénible pour quelqu'un qui se flatte d'avoir plutôt les deux pieds sur terre. Je sais aujourd'hui que cet état provenait du manque total de tabac compliqué par ma fringale de viande et le fait plutôt gênant de ne plus pouvoir supporter l'odeur du poisson ou l'idée même du poulet.

Mais les songes ont de curieuses répercussions. Je commençais à me rendre compte qu'ayant rêvé de ce plat délicieux nuit après nuit (et cela pendant plus d'une quinzaine de jours) je me mettais à regarder mon canard chéri avec de tout autres yeux. Le rêve et la réalité s'étaient en quelque sorte rejoints. Je fus horrifié de constater que je doutais de ma répugnance à l'idée de faire cuire le canard. Après tout, j'avais un besoin vital de changement de régime et il n'y avait donc rien de mal à assurer simplement ma survie. Il n'était même pas exclu que mon canard ne fût aussi de l'avis qu'il serait juste de se sacrifier pour sauver un ami.

Peu à peu mes desseins meurtriers commencèrent à bousculer mes derniers scrupules, si bien que lorsque le canard se dandinait pour venir me manger dans la main je me surprenais à penser combien il serait facile de lui tordre le cou. C'est sûr, il n'y avait pas de quoi s'attacher à un vieux canard défraîchi qui venait chaque soir à moi pour se faire immoler. Fallait-il que je sois fou pour ne pas lui rendre ce service !

Pourtant, j'hésitais encore. Comme il paraît ridicule, aujourd'hui, ce combat intérieur que je livrais alors ! Je n'attribuais pas, je n'attribuerai jamais aux animaux des sentiments humains, mais, quand même, ce canard semblait s'être élevé au niveau d'une espèce supérieure. N'était-il pas la seule créature vivante à être arrivée sur l'île, qui fût devenue mon ami pendant mon séjour ? Je m'étais appliqué pendant des semaines à gagner sa confiance, et maintenant il s'en remettait totalement à moi. Je ne suis pas un sentimental et je ne veux pas dramatiser la situation, mais peu à peu s'était installé en moi le sentiment que jamais je ne pourrais trahir cette confiance.

Chaque jour il me suivait en clopinant ; chaque jour il venait se faire nourrir ; chaque soir il s'envolait pour Whale Islet. Et chaque jour, pourtant, ces pensées meurtrières continuèrent de m'assaillir. Un matin, la tentation devint si forte que je faillis lui passer la main autour du cou. J'étais en sueur. Une torsion, et il serait prêt pour la casserole. À ce moment, il poussa un seul « couac » si innocent et si confiant que c'en fut assez. Les mains m'en retombèrent le long du corps.

Après cette expérience, je pris la décision de ne plus le nourrir à la main. Le soir suivant, il vint comme d'habitude et je lui disposai de l'*uto* et une boîte d'eau. Mais ce n'était plus là son cérémonial habituel, et il attendit que je lui tende une main garnie de nourriture. Comme je m'y refusai, il refusa de manger. J'en fus peiné. Je me sentais coupable envers lui, mais je ne voulais pas risquer sa vie encore une fois.

À partir de ce jour, je m'obstinai à ne plus l'alimenter à la main et, de son côté, il déclina toute nourriture. Cet affrontement entre nous dura une semaine, pendant laquelle je fus effondré. Puis, un jour, il ne vint pas.

J'attendis jusqu'à midi et, comme il ne se manifestait toujours pas, je fus presque saisi de panique. Sans hésitation, je lançai le *Canardeau* à travers un fort clapot et je ramai jusqu'à Whale Islet. Je pensai qu'il avait pu se blesser, mais je ne trouvai pas trace de lui. Je battis l'île d'un bout à l'autre. Il était parti, et je ne le revis jamais.

Je dois avouer qu'après cela ma vie devint triste et pesante au plus haut point. Je me sentis très déprimé et chagriné, car mon journal comporte des lacunes jusqu'à la veille de Noël. Ce jour-là, tout changea par suite d'une aubaine étonnante : je découvris une tortue sur la plage.

C'était la première fois que j'en voyais une depuis mon arrivée à Souvarof. Comme elle remontait avec difficulté vers le haut de la plage, je constatai qu'elle était énorme et devait peser dans les cent cinquante kilos. Je courus sur elle, car j'avais là la viande qui me faisait si cruellement défaut. J'eus toutes les peines du monde à la renverser sur son dos large de près d'un mètre. Après cette opération, la seule permettant de neutraliser une tortue, je ne sus pas trop quoi faire. Malgré tant d'années passées dans les îles, je n'avais jamais assisté au dépeçage d'une tortue. Je tâtai le dessous de son cou épais comme du cuir, et elle rentra aussitôt la tête jusqu'au bord de la carapace. Après réflexion, j'allai à la cabane, où je m'emparai d'un marteau. Puis je retournai à la plage et assenai sur la tête de l'animal un coup formidable. Son cou s'affaissa et je lui coupai la tête – opération difficile et abominable. Mais comme je peinais à couper cette peau rugueuse, pantelant de fatigue sous le soleil qui écrasait la plage, je ne cessais de m'encourager : « Neale, c'est de la viande, il faut le faire si tu veux te maintenir en vie. »

Il n'y avait aucune ombre et il me fallut plusieurs heures pour éventrer la carapace à l'aide de mon meilleur couteau. Quand celle-ci fut ouverte, je découvris qu'une partie de la viande était verdâtre et une autre rouge.

Je savais que les Maoris mangent la viande verte, mais, tout affamé que je fus, je ne pus me faire à cette idée.

Je découpai donc la viande rouge, qui ressemblait tout à fait à du bœuf, et je la mis en tas pour la transporter au garde-manger. Après avoir nettoyé la carapace, que je mis de côté, j'enfouis le reste dans le sable, y compris la viande verte et les intestins.

Je célébrai le jour de Noël en m'offrant un énorme steak de tortue, qui me parut être le meilleur plat de viande de ma vie. De peur que le reste ne se gâtât, je le coupai en morceaux et le fis bouillir avec quelques oignons. Après ce festin, je décidai de conserver la boîte de bœuf jusqu'au jour de l'An, date à laquelle il ne me resterait sans doute plus de tortue.

Ce régime carné, suivi pendant une semaine, produisit des effets miraculeux. Avec cette viande de tortue à volonté tous les jours, je constatai que non seulement ma santé mais aussi mon humeur en général s'amélioraient. Je suis certain que la viande m'aida à guérir mon besoin de cigarettes, car, soudain, tout devint plus lumineux. Je me sentis tellement mieux que le tabac ne me manqua presque plus. Mon sentiment de solitude et mon état dépressif disparurent. J'oubliai même le canard. Dès le jour de l'An, je me mis à travailler cinq heures par jour à la jetée. Je contemplais le travail à accomplir dans un état d'esprit très différent. Cette rangée de blocs, perpendiculaire à la plage, ne ressemblait plus à un monument pathétique à la mesure de la vanité de mes efforts.

Bien nourri, joyeux, et plein d'entrain, ces mêmes blocs de corail s'alignaient comme une réussite remarquable, je dirais même grandiose, dont l'achèvement ne demandait plus qu'un dernier coup de collier.

Il me fallut encore six semaines de travail acharné, et enfin la jetée fut terminée. Chaque bloc était en place, chaque interstice soigneusement bouché. À la mi-février, je n'avais pas seulement reconstruit la fameuse jetée d'Anchorage (après avoir roulé, charrié, culbuté chaque pierre de mes mains), j'avais aussi construit à son extrémité une petite plate-forme pourvue d'un toit de palmes tressées, qui serait très confortable pour pêcher, les nuits de mauvais temps.

J'inspectai mon ouvrage avec une grande fierté. Il paraissait solide. Souvent, avec beaucoup de mal, j'avais disposé les blocs sur les fondations naturelles en veillant à ce que le dessus de la jetée soit aussi uni qu'une route pavée et j'avais rempli chaque crevasse avec des petites pierres ou les graviers de la plage. Je pouvais marcher dessus pieds nus.

Il m'avait fallu six mois pour la construire, et je me remémorais soudain le jour où j'avais décidé d'entreprendre ce travail.

C'était quand le *Beyond* avait quitté le lagon. Sur l'heure même de son départ pour Apia, j'avais posé mon premier bloc de corail.

Six mois ! En marchant sur la jetée, pesant ici

et là de mon poids, recherchant toute fissure mal bouchée, je me rappelais combien cette période avait été fertile en événements – la fièvre, la faim, le manque de tabac et ce curieux épisode du canard sauvage. Et pourtant, malgré ces problèmes, la jetée était achevée.

Maintenant, c'en était fini de la sueur et de la fatigue. En contemplant la digue d'une certaine distance sur la place, je me disais qu'en Nouvelle-Zélande la construction de ce môle par une équipe d'ouvriers armés d'une grue et d'un bulldozer aurait coûté une petite fortune. Je pouvais à peine croire à ma témérité d'avoir entrepris seul une tâche si formidable. Six longs mois ! Et pourtant j'aurais juré que c'était hier que Tom Worth m'avait offert en adieu cette bouteille de rhum, hier seulement que je m'étais rendu compte combien cette jetée faisait mauvais effet.

Il me fallait célébrer l'événement d'une façon ou d'une autre ; aussi, quand j'eus ajusté la dernière palme sur le toit de mon nouvel abri de pêche, je déclarai ce jour férié pour l'inauguration officielle. Le soleil avait dû un peu me taper sur la tête, car voici comment je décris la scène dans mon journal :

« Dans une ambiance de grand enthousiasme, la nouvelle jetée a été officiellement inaugurée par le président du Conseil de l'île, Monsieur Tom-Tom. Le navire translagon "Canardeau" vint s'amarrer à l'extrémité du quai pendant que la fanfare locale

jouait "Oh ! pour une tranche de pain et de fromage !".

» Dans son discours, Monsieur Tom-Tom rendit un hommage vibrant à l'entrepreneur et à son équipe, qui, malgré les innombrables difficultés, menèrent à bien cette entreprise colossale. Il continua en soulignant qu'avec la grande profondeur de trente centimètres à l'extrémité les navires de fort tonnage pourraient désormais se mettre à quai en toute sécurité et que l'on pouvait s'attendre à voir de bien plus nombreux bâtiments utiliser ce port dans l'avenir.

*» Dans l'après-midi, un thé fut servi par Madame Chaparde et ses assistants. Dans la soirée, un bal eut lieu dans le pavillon après un excellent dîner de tripes de poissons et de queues de rats. Le jeune Monsieur Moineau égaya l'assistance avec sa chanson "*Uto *pour petit déjeuner,* uto *pour dîner". Le bal se poursuivit jusqu'aux heures du petit matin et se termina sur l'hymne national de Souvarof : "Nous n'avons pas vu un bateau depuis des années". »*

Enfin, j'étais arrivé au bout. Il s'en était fallu de peu, et le travail m'avait presque démoli. Mais, en fin de compte, j'avais réussi à faire ce que je devais, et j'en étais très content.

J'avais terminé juste à temps. Dans les vingt-quatre heures qui suivirent notre jour férié, le baromètre se mit à descendre à une vitesse inquiétante. Bien que le lendemain se levât sur un jour parfaitement calme, la mer plate était d'une couleur de plomb et Anchorage baignait dans une chaleur suffocante. Rien ne bougeait, ni une palme, ni une feuille de pandanus. J'allai faire un tour sur la côte est et, de Pylades Bay, j'observai la mer par-delà le récif. L'océan offrait l'apparence d'une menace cachée, comme s'il avait voulu prendre au piège l'insouciant en lui présentant une surface tranquille.

Je ne connaissais que trop bien ces présages, ces mots éculés du fameux « calme qui précède la tempête », et je retournai à la cabane. Il n'y avait pas de péril immédiat, mais il n'en était pas moins certain que quelque chose de sérieux se préparait. Avant toute chose, je vérifiai ma boîte d'outils de survie, m'assurant que les allumettes dans leur bocal étanche étaient sèches, puis je transportai la boîte jusque dans le trou pratiqué sous l'appentis. J'allumai ensuite un bon feu dans mon foyer de briques, et, pendant qu'il brûlait, je pris mon harpon pour une heure de pêche appliquée. Il semblait prudent de me faire quelques provisions. On ne sait jamais si une grande tempête durera quelques heures ou quelques jours.

Je disposais déjà d'une bonne quantité d'*uto* cuit, mais j'allai quand même en déterrer quelques douzaines de plus. Je les fis cuire et distribuai double ration aux poules. Ensuite, quand les premières bouffées de vent agitèrent les palmes, j'allai inspecter le jardin à la recherche des fruits mûrs qui ne manqueraient pas d'être emportés quand se déclarerait l'inévitable coup de vent.

Vers midi, le calme avait fait place aux moutons, que Conrad comparait à « un plancher de crêtes écumeuses », et les palmes n'avaient plus rien de tranquille. Les premiers vents atteignaient Anchorage après un parcours de plusieurs centaines de milles, provenant de quelque forte tempête dans le nord. Après vérification des haubans de la cabane, je ne vis rien d'autre à faire en matière de préparatifs.

Une douzaine de poissons enveloppés de feuilles d'arbre à pain cuisaient à l'étouffée sur le foyer. Quelques poissons-perroquets étaient au court-bouillon. J'avais assez d'*uto* pour soutenir un siège de plusieurs jours et, en fait, j'avais l'impression de me préparer à l'attaque d'un adversaire implacable. Sous le hangar, je disposais d'une grande quantité de bois, et j'avais dans la salle à manger une bonne provision d'arrow-root et de légumes frais, ignames, concombres, tomates, épinards, oignons. Une douzaine de « noix-de-coco-à-boire », quelques fruits à pain mûrs et un régime de bananes complétaient mes stocks de survie.

Dans le milieu de l'après-midi, on voyait des vagues gigantesques briser tout le long du récif nord. Avant le coucher du soleil, quand l'ouragan commença à atteindre sa pleine force, des vagues comme je n'en avais jamais vu jusqu'alors se mirent à briser à l'entrée de la passe. Les masses d'eau déferlantes s'y engouffraient pour ne perdre peu à peu de leur impétuosité qu'en atteignant la grande étendue du lagon.

Je me souviens de m'être dit : « Neale ! Cela pourrait être un autre 1942. »

Le vent soufflait maintenant avec une force fantastique et, avant de me replier dans le refuge de ma cabane, je parcourus quelques centaines de mètres jusqu'au point culminant de l'île. Je n'étais qu'à cinq mètres au-dessus du niveau normal de la mer et, déjà, de mon point d'observation, j'avais l'impression qu'Anchorage sombrait. Les vagues se précipitaient en roulant à travers la trouée du récif puis enveloppaient les plages avec une avidité de plus en plus grande.

Le premier cocotier s'écroula, déraciné, comme si des doigts géants s'employaient maintenant à saccager l'île. Les vagues battaient la jetée. En regardant vers le nord, je voyais d'autres lames gigantesques déferler par-dessus l'affaissement du récif qui sépare Anchorage de Whale Islet et s'engouffrer dans le lagon, devenu maintenant un immense désert de vagues en furie.

Pendant encore quelques minutes, je restai là, agrippé au tronc de l'un des cinq *tamanu*. Je ne crois pas avoir ressenti de peur physique ; j'étais plutôt fasciné et même subjugué par le caractère acharné de cette tempête, par la progression implacable des lames qui allaient jusqu'à faire disparaître les plages sous mes yeux. Les vagues et les paquets d'écume explosaient et s'écrasaient au cœur même de la jungle puis s'écoulaient au pied des arbres comme de l'eau savonneuse, pour être immédiatement suivies par la grande lame suivante. Anchorage paraissait si dérisoire, si précaire contre ce rouleau compresseur ! Oui, c'étaient les mots utilisés par Frisbie : « Anchorage est diablement fragile » ; et pendant que je me tenais là, trempé et aveuglé par un mélange d'embruns salés et de pluie qui se mettait à tomber à seaux, je commençais aussi à comprendre cette autre image de Frisbie parlant du bruit du vent qui « déchirait l'air », car c'est exactement ce qu'il faisait. Il hurlait à travers les palmiers, exprimant une plainte presque animale. Je restai encore un certain temps à regarder, sidéré, écoutant tout ce bruit ponctué par la chute d'un autre arbre.

Il n'y avait rien que je puisse faire. En rentrant à la case je dus me frayer un chemin à travers la cour déjà couverte de branches d'arbre emportées. Quand j'arrivai sous la galerie et ouvris la porte de mon bureau, le vent s'engouffra d'un coup si brutal que j'en chancelai et que je dus me bagarrer pour entrer.

Je parvins à repousser la porte et à la barricader. J'avais déjà fermé tous les volets mais le vent se jetait contre la petite cabane avec une violence si haineuse, qu'il semblait vouloir l'arracher de ses maigres fondations. La case se remplissait de courants d'air et les portes et les fenêtres tremblaient fébrilement. Je réalisai que j'étais raide de froid. J'avais mal aux membres de l'effort que j'avais fourni pour regagner la case. J'allumai une lanterne (la pièce, volets clos, étant plongée dans l'obscurité) et c'est à peine si je me reconnus dans le miroir de la chambre, tant mon visage était rouge de la morsure du vent et luisant des embruns et de la pluie. Je me séchai vigoureusement avant de me faire une tasse de thé.

Bien que cet ouragan ne fût pas aussi violent que celui subi par Frisbie, il était pourtant bien assez spectaculaire pour moi. D'autres branches de palmiers continuèrent de tomber, des noix de coco se mirent à voltiger dans les airs et le toit de tôle ondulée vibrait comme une scie circulaire.

C'est le bruit du cyclone qui était incroyable. J'avais déjà subi plus d'une tempête en mer, mais le vacarme était différent et j'en avais pris l'habitude. La seule ressemblance avec le vent sifflant dans le gréement provenait ici des haubans qui vibraient à chaque rafale. Le vent soufflait si fort qu'il dominait presque tous les autres bruits bien que, de temps en temps, je pouvais percevoir la chute d'un nouvel arbre. Je m'attendais à tout instant à voir s'envoler le toit de la cabane (ce qui serait à coup sûr arrivé sans les haubans). La nuit, le fracas des noix de coco tombant sur le toit rendait tout sommeil impossible. J'allai me faire une autre tasse de thé avant de me coucher mais c'est à peine si j'osais me tenir dans la cuisine, dont la construction était moins robuste que celle de la cabane.

Pendant des heures, je restai éveillé, assourdi par la tempête. J'avais conservé ma lampe allumée, ne tenant pas à ce que le toit me tombât sur la tête dans l'obscurité. Mais les rafales attaquaient chaque fente des volets avec tant d'obstination que la flamme ne donnait qu'une malheureuse lumière, ne laissant aucune possibilité de lire. J'en étais réduit à me tenir assis au bord du lit et à attendre dans l'anxiété.

Je dus m'assoupir un moment et, sans crier gare, un éboulement sembla s'abattre presque sur moi. Je me précipitai à la porte du bureau, trébuchant sur un amas de livres répandus sur le plancher. M'arc-boutant contre la porte, j'essayai de l'ouvrir contre le vent hurlant. Je pesai de toute la force de mon épaule. Cela n'y fit encore rien. Il ne se pouvait pourtant pas que le vent bloquât la porte à ce point et, d'autre part, la case semblait intacte. On pouvait le sentir au martèlement régulier de la pluie sur le toit. Alors, seulement, je compris, le toit de la galerie s'était écroulé.

J'allumai la lampe-tempête et je réussis à ouvrir l'un des volets pour escalader la fenêtre et retomber sur ce qui restait de la galerie. Des torrents de pluie me fouettèrent le visage et en un instant je fus trempé. Avant même de regarder à la ronde, je remarquai que le vent avait un peu faibli et qu'il avait tourné au nord-ouest. Cela, je le savais, signifiait que le pire était passé.

Pas étonnant que je n'eusse pas réussi à ouvrir la porte du bureau ! Une partie du toit de la galerie et le pilier qui la supportait étaient bel et bien effondrés. Mais, Dieu merci, la cuisine était épargnée. Quand les garde-côtes avaient muré une extrémité de la galerie, il leur avait fallu la renforcer. Mais la moitié du toit refaite par les Polynésiens du *Mahurangi* avait été emportée.

Battu par une pluie sans merci, je trébuchai dans les décombres. Il me faudrait des semaines pour réparer la galerie mais, pour le moment, je n'avais rien d'autre à faire que de rentrer à l'abri et tirer le volet derrière moi.

Dans le bureau, je remis les livres sur l'étagère et j'observai le baromètre. Il avait commencé à remonter. Comme je retournais dans ma chambre et éteignais la lampe-tempête, le tonnerre lointain qui avait grondé pendant des heures se rapprocha et éclata à la verticale de l'île. La lueur quasi permanente des éclairs pénétrait par chaque fissure de la maison. En quelques minutes la cadence de la pluie sur le toit se modifia ; maintenant, c'est de véritables avalanches d'eau qui tombaient du ciel.

La tempête était presque passée. Je poussai un

soupir de soulagement et m'en allai au lit. Les chats se mirent en boule à mes pieds, et je m'endormis comme une masse.

Au matin, je fus réveillé par un soleil dardant ses rayons à travers un entrelacs de palmes, comme si rien de particulier ne s'était passé. Il était bon de se savoir encore en vie. J'avais dû dormir longtemps, et les chats réclamaient leur nourriture. Je me levai, m'étirai, sortis et m'arrêtai bouche bée. Quatre vieux arbres s'étaient abattus en travers de la cour. La moitié du poulailler paraissait avoir été déchiré par un géant. Un bananier avait été arraché, et ses racines griffaient l'air. J'aurais pu renverser la clôture du jardin d'une simple poussée. Par miracle, le hangar et la douche tenaient encore debout, mais la galerie était à l'état d'épave.

Des monceaux de branchages venus de tous les coins de l'île jonchaient les espaces que je me flattais de tenir impeccables. J'en aurais pleuré.

Je ne pouvais pas faire grand-chose pour le moment, aussi partis-je sur le sentier de corail, me frayant un chemin à travers un enchevêtrement de branches fracassées et d'arbres déracinés. Je devais souvent enjamber des tas de palmes effilochées comme des fils de coton. Enfin, j'arrivai sur la plage...

Ma jetée n'existait plus. Je restai là, le regard fixe. Six mois de travail éreintant avaient été anéantis en six heures. Les blocs massifs sur lesquels je m'étais arraché les doigts et les mains, et qui m'avaient occasionné tant de fièvre, avaient été projetés sur la plage et se retrouvaient à peu près dans le même état chaotique qu'autrefois.

Un coup d'œil suffit pour comprendre ce qui s'était passé. Ce n'était pas les grandes lames déferlant à travers la passe qui avaient démoli la jetée. Celles-ci s'étaient contentées de cascader pour aller mourir au milieu du lagon. L'affaissement du récif entre Whale Islet et l'extrémité nord d'Anchorage apportait la réponse. À travers ce passage, des milliers de tonnes d'eau s'étaient précipitées de toutes leurs forces sur mon œuvre fragile.

« *J'étais si démoralisé,* écrivis-je dans mon journal, *qu'aucun juron ne me vint même aux lèvres. Je retournai lentement à la maison.* »

Chapitre 11

Sauvé par miracle

Trois mois s'étaient écoulés depuis l'ouragan. J'avais mis plus de six semaines pour réparer les dégâts et remettre les choses en ordre, mais il n'était plus question de reconstruire la jetée.

Ce samedi matin – c'était le 22 mai 1954 –, je me sentais au mieux de ma forme. La saison des cyclones était passée sans m'apporter d'autres tempêtes dignes d'une mention dans mon journal. C'était à présent le beau temps et le jardin n'avait jamais été si florissant. Pour une fois, je n'avais pour ainsi dire à me soucier de rien. Tout était parfait. Par cette belle matinée, rien ne me laissait présager que quelques heures plus tard je serais pratiquement paralysé, tremblant de peur et souffrant le martyre.

J'avais pris un bon breakfast constitué de poissons que j'avais laissés cuire toute la nuit enveloppés de feuilles. J'avais nourri les chats et, après avoir fait la vaisselle, j'avais lancé le *Canardeau* à l'eau et je m'étais mis à ramer vers One

Tree Island, où j'avais l'intention de planter quelques pousses de cocotiers.

Planter des cocotiers était devenu depuis peu une sorte de passe-temps qui m'apportait un sentiment extraordinaire de réussite. Chaque fois que je m'y livrais, j'avais l'impression de modifier l'évolution naturelle des choses pour les siècles à venir.

Ce matin-là, je pris mon temps pour ramer sur le lagon. J'avais un léger vent contraire et j'atteignis l'îlot vers 7 heures du matin. Je tirai mon lourd canot en bordure sur la plage de corail et, machinalement, je levai la barre d'acier qui me servait d'ancre et la jetai sur le sable.

C'est alors que la chose se produisit. Une sensation foudroyante me parcourut le dos et, plié en deux, je hurlai de douleur.

Sur le coup, je fus plus étonné qu'effrayé. Je restai absolument immobile, la sueur me coulant le long du corps. Puis, essayant de remuer avec précaution, je poussai un cri, cloué sur place par la souffrance. J'attendis, peut-être quelques minutes, c'est difficile à dire. Par contre, je me souviens que je tremblais des pieds à la tête. Tant que je ne remuais pas, je ne souffrais pas, mais si j'essayais de bouger, le moindre mouvement déclenchait une crampe dans chaque muscle.

Je n'avais aucun doute sur ce qui venait de m'arriver. J'étais certain de m'être disloqué le dos et je me souviens de m'être dit : « Neale, si tu abandonnes, c'est la mort. »

La brume du petit matin s'était dissipée et déjà le soleil dardait ses rayons sur mon dos nu et paralysé. De l'endroit où j'étais plié, je regardais scintiller la ligne des palmiers d'Anchorage sur le lagon. À cause de l'effet de mirage sur l'eau, la distance paraissait très courte, à peine plus d'un quart de mille. En réalité, mon refuge se trouvait à plus de trois milles et, dans mon état, j'avais l'horrible conscience que mes chances d'y arriver étaient infiniment minces. Je ne pouvais même pas envisager de parcourir les dix pas qui me séparaient du *Canardeau*.

Je voyais mon canot flotter sur l'eau peu profonde et, sachant qu'il me faudrait l'atteindre d'une façon ou d'une autre, je fis un effort, mais je ne parvins même pas à me tourner dans sa direction. Au moindre mouvement la douleur était si fulgurante que je m'inondais littéralement de sueur. Je pouvais tourner la tête mais rien de plus. Le plus curieux, c'était que moi, qui d'habitude supportais bien la douleur, je n'osais même pas risquer de provoquer un élancement en faisant un mouvement. Et je ne pouvais pas non plus rester là comme une statue solitaire à attendre la mort.

Enfin, je me décidai à tenter d'atteindre le bateau à quatre pattes. Je m'affaissai doucement sur la plage et restai accroupi, haletant, à réunir mes forces. Je repris un peu confiance sans oser toutefois m'étendre, malgré mon désir infini de me placer dans une position plus supportable. Mais je ne savais que trop bien qu'une fois sur le sable jamais je ne pourrais m'en relever de moi-même. Je restai donc simplement accroupi sous le soleil brûlant, pendant près d'une heure, essayant de ramasser assez de courage pour faire un mouvement.

Je m'y risquai presque à plusieurs reprises, mais au dernier moment l'instinct ou la terreur de la douleur qui en découlerait m'arrêta. Je ne pouvais me décider. Le temps passait et la sueur me ruisselait le long du corps comme au sortir d'un bain.

Je ne saurais expliquer aujourd'hui comment et pourquoi je parvins à fournir l'effort suprême. J'avais une conscience épouvantable et presque anesthésiante de ma situation désespérée. J'étais paralysé, à plus de deux cents milles de l'être humain le plus proche, et je ne voyais aucune raison pour qu'un bateau passât par hasard à Souvarof. Totalement seul, j'allais crever sur One Tree Island, comme un chien suffoquant au soleil, à moins de me tirer de là par un effort désespéré. J'eus conscience alors que j'étais de toute manière condamné à mourir. Mais je suis sûr que ce qui m'incita à fournir cet effort atroce fut moins l'instinct de survie qu'un désir insensé de regagner ma cabane. C'était mon seul refuge sur terre, et il me fallait l'atteindre. Même si je ne pouvais éviter la mort dans un isolement total, je serais au moins dans mon lit. Ce besoin de revenir à Anchorage, cet instinct irrésistible de me retrouver sur mon île furent d'un tel pouvoir psychologique qu'enfin j'accomplis ce dernier effort. Ce fut d'une incroyable difficulté et j'ai bien dû faire une douzaine de faux départs ; je transpirais et m'arrêtais comme si chaque fois une main puissante me retenait. Depuis lors, j'ai appris qu'un homme atteint d'un torticolis est dans l'incapacité de se forcer à tourner brusquement la tête. Telle était ma fâcheuse situation, compliquée au-delà de l'imaginable par le fait que tout mon corps paraissait pris dans un grand étau de torture.

Je ne sais pas encore comment j'y parvins. Je ne puis me rappeler comment je réussis à réunir la force et la volonté qui me permirent de ramper ces dix mètres jusqu'au bateau. Je n'ai aucune idée du temps qu'il me fallut. Chacun de mes mouvements de crabe engendrait une douleur foudroyante qui me contraignait à m'arrêter et à reprendre mon souffle. Mais Dieu sait comment, à travers un halo de souffrance, rampant et me traînant dans l'eau tiède et peu profonde, j'arrivai à atteindre la barque. Puis, assez curieusement, quand je me redressai à moitié pour m'accrocher au plat-bord, la douleur diminua. C'était comme si le fait de prendre appui à un support solide, et même au balancement familier et rassurant du *Canardeau,* m'apportait une sorte de répit.

À bout de forces, je me reposai contre le banc de nage, essayant de rester aussi immobile que possible et me sentant terriblement seul et perdu. Lorsque j'étais encore à Rarotonga, je n'avais jamais envisagé qu'une telle chose puisse arriver, qu'un simple geste irréfléchi puisse me plonger dans une situation où tout espoir m'était interdit. En sueur, étouffant, et osant à peine respirer, ce n'était pourtant pas ce moment tragique qui me démoralisait, ni même la douleur. Ce qui m'attendait, inéluctable, c'était un futur sans la moindre chance de survivre. Comment pourrais-je me nourrir si je ne pouvais faire un mouvement ? Ces pensées, dont les implications effrayantes avaient du mal à se faire jour dans mon esprit obscurci par la souffrance, étaient beaucoup plus déroutantes que la douleur physique elle-même. Il m'était arrivé, en d'autres occasions, sur l'île, de me sentir seul ou physiquement amoindri. La fièvre m'avait laissé comme une chiffe molle, mais au moins je m'étais quand même tiré d'affaire. À présent, pour la première fois, j'avais à affronter cette situation que je n'avais jamais cru possible, ce moment où j'étais obligé d'admettre : « Neale, désormais, tu ne peux plus rien faire. »

J'en étais arrivé là. J'en étais au point de tenter d'atteindre mon seul et dernier refuge, Anchorage, même si je devais en mourir. Par bonheur, je n'avais pas affalé la voile puisque j'avais eu un vent contraire pour gagner One Tree Island. J'avais pour moi de pouvoir compter sur la brise et le courant pour m'aider à rentrer à la dérive. Mais, d'abord, je devais monter à bord.

Ma lente marche en crabe le long de la plage m'avait exténué.

À moitié étendu, à moitié agrippé au bateau, je sentis que la seule manière d'y monter serait de progresser par petites étapes.

Je parvins à me redresser, mais j'étais si terrifié à l'idée de remuer le dos que je restai dans une certaine position pendant plus de dix minutes. Puis je pliai un genou avec précaution. Dans la mesure où je ne bougeais pas le bassin, je ne souffrais pas trop. J'essayai l'autre jambe et j'y parvins aussi. Centimètre par centimètre, je fis pivoter mes pieds pour me mettre face au canot. La sueur me coulait dans les yeux, et j'étais incapable de lever un bras pour m'essuyer.

Après un moment de repos, j'élevai une jambe et pliai le genou jusqu'à pouvoir le passer à l'intérieur du *Canardeau.* Le léger mouvement de l'eau compliquait la chose, mais je réussis quand même à élever une jambe puis l'autre. Ensuite, je m'affaissai avec précaution sur le siège et m'assis droit comme un I.

Une fois dans cette position, la douleur me parut un peu moins atroce ; ou peut-être, dans la mesure où l'on se sait encore en vie, le corps humain acquiert-il la capacité de composer avec la souffrance. Par chance, j'avais avec moi ma machette et une longue amarre. J'arrivai à reprendre un peu de cordage, que je roulai tant bien que mal à mes pieds, puis, d'un coup qui me fit hurler, je libérai l'ancre en tranchant l'amarre. Presque aussitôt, je sentis le *Canardeau* s'éloigner de la plage.

Je dus passer les quatre heures suivantes dans un brouillard de souffrance. Poussé par un vent favorable, le canot se mit à dériver vers l'île.

Je ne peux décrire en détail l'histoire de ce voyage hallucinant, ni même sa chronologie, pour la simple raison que je ne m'en souviens que d'une manière épisodique. Je me rappelle que j'avais à me tenir tout raide ; c'était la seule position sûre. Le soleil, que je considère d'habitude comme un ami, était devenu mon pire ennemi, car j'avais perdu mon chapeau en grimpant dans le canot. Même si j'avais pu l'atteindre, jamais je n'aurais pu le remettre sur ma tête.

Heureusement, je pouvais remuer les bras d'avant en arrière (tant que je ne les levais pas ou ne bougeais pas le dos). Aussi, tout en demeurant le plus immobile possible, j'élevai mes mains vers les rames et parvins à les tenir en position. Je faisais face à la direction dans laquelle nous nous dirigions mais je n'avais pas le courage de me retourner. De temps en temps, je parvenais à

« déramer » par petits coups, comme font les passeurs qui nagent tournés vers leur objectif. De cette façon, le *Canardeau* conservait un cap à peu près droit.

Devant moi s'étendait Anchorage et, sans aucun doute, la chose la plus atroce était de voir combien l'île semblait proche, sans toutefois paraître jamais se rapprocher. Pour la première fois de ma vie, j'éprouvais ce que les hommes qui meurent de soif peuvent ressentir à la vue d'un mirage.

J'avais l'impression que deux bouffées de vent allaient suffire pour faire échouer le *Canardeau* sur la plage. Je voyais avec netteté les palmiers s'agiter – ces palmiers que Stevenson nomme « les girafes des végétaux » – mais une heure plus tard, deux heures plus tard, le même horizon était tout aussi proche et tout aussi distinct. Tout indiquait que je ne devais plus en être loin et pourtant, par moments, mon esprit abruti refusait la vérité. Je me tenais assis, le soleil tapant sur ma tête habituellement couverte, craignant de faire un faux mouvement, et me demandant si, en fait, je me dirigeais bien vers Anchorage. Cent fois je faillis perdre espoir ! Ces heures d'agonie n'en finissaient pas. Le scintillement et la réverbération de l'eau devant moi m'aveuglaient les yeux et le cerveau.

Une ou deux fois, je fis un faux mouvement. Alors, après m'être redressé, pendant quelque temps, je ne pouvais rien faire d'autre que me raidir, suer et trembler au souvenir de cette décharge fulgurante.

Enfin j'arrivai, lentement, très lentement, à la plage et je me demandai avec angoisse comment j'allais maintenant atterrir et tirer le canot hors de l'eau. À ce point, je m'étais sans doute convaincu que la vie méritait d'être vécue, ou peut-être la douleur était-elle devenue plus supportable. Toujours est-il que je me sentis moins seul et moins perdu. J'étais presque chez moi, mais j'étais catastrophé à l'idée que je ne pourrais pas tirer le *Canardeau* sur la plage. J'avais perdu l'ancre quand j'avais coupé l'amarre pour m'éloigner de One Tree Island, mais il me restait encore une bonne longueur de filin. Ce cordage était ma toute dernière ligne de mouillage. Je n'avais sûrement pas la force de l'utiliser pour hisser le bateau sur le sable, mais, par ailleurs, je n'osais pas la lâcher, de peur de perdre le bateau, ce qui m'eût rendu la vie presque impossible sur l'île.

Je ne sais pas encore très bien ce qui se produisit, mais j'ai le souvenir confus que le problème fut résolu par une vague providentielle. Je ne me souviens que de l'impression d'avoir été soulevé, d'avoir perdu mon équilibre et d'avoir glapi de douleur. Quand j'ouvris les yeux, le *Canardeau* reposait en haut de la plage, si près de mon fauteuil de bois que j'aurais pu l'y avoir placé moi-même. Il reposait sur le flanc, si bien que je pus m'en extraire, ramper sur la plage avec le filin et l'amarrer au premier palmier.

Il était aux environs de midi et le soleil impitoyable me fit douloureusement réaliser que je devais rechercher l'abri de ma cabane sans tergiverser. Après un peu de repos, je parvins à me remettre en position de crabe et je commençai ma progression le long du sentier de corail.

J'ai du mal à me souvenir de la suite de cette journée. Je crois que mes efforts déchirants durèrent un temps infini. Toujours est-il que je me retrouvai au lit, avec à mes côtés deux noix de coco prises dans la cuisine, un verre, une machette et mon calendrier fait main.

Il me fallait à tout prix ce calendrier devenu tout à coup plus important que la nourriture ou la boisson. Se trouver tout à fait seul vous rend extrêmement conscient de tout ce qui peut vous arriver, quand vous êtes réduit à l'impuissance. Une peur nouvelle me tenaillait, celle de me trouver cloué au lit avec l'éventualité de guérir en fin de compte et de ne pas savoir combien de jours, de semaines ou de mois se seraient écoulés. Ce serait comme d'avoir perdu toute notion du temps, comme d'avoir perdu à tout jamais le souvenir d'une portion de mon existence. En me laissant aller au lit, le calendrier serré entre mes doigts, je me dis que, pourvu que mon réveil fonctionnât pour me réveiller régulièrement, je pourrais marquer mon calendrier au fur et à mesure que les jours passeraient. Le décompte des jours allait devenir une véritable obsession.

Je commençai à calculer (mais peut-être le terme « rêver » convient-il mieux à mon état du moment) que j'en aurais pour une semaine à me remettre d'aplomb. Cette perspective réconfortante était déjà si peu en rapport avec la réalité des choses qu'il me semblait, en outre, tout naturel de rester étendu pendant des jours sans me demander comment je subsisterais, privé d'eau et de nourriture. Je me sentais si soulagé et heureux de me retrouver dans mon lit, avec les chats ronronnant sous mes caresses, que je ne me souciai même pas de questions aussi vitales que le boire et le manger.

Étendu sur ma couche, j'aurais donné n'importe quoi au monde – oui, même le *Canardeau* – pour une cigarette. Juste une cigarette, ou, si c'était trop demander, juste un mégot assez long pour en tirer deux bouffées.

Je dus m'assoupir de temps à autre, car il ne me reste aucun souvenir des jours et des nuits qui s'écoulèrent. En particulier, je ne me souviens pas d'avoir ouvert les noix de coco pour en boire l'eau. Cependant, plus tard, mes sauveteurs les trouvèrent ouvertes, de même qu'ils constatèrent que j'avais utilisé le verre (comme prévu) pour ne pas mouiller mon lit.

Pourtant, jamais l'éventualité d'un secours ne m'était venue à l'esprit. Les chances étaient bien trop minces et absurdes. Il fallait tenir le coup et compter que les muscles coincés se débloqueraient. C'était tout ce que j'avais à espérer en matière de miracle.

Je pouvais tourner la tête et bouger mes bras ; il est donc probable que j'aie pu élever les noix de coco au-dessus de moi et les ouvrir maladroitement avec la machette. Mais je ne l'appris que plus tard, de la bouche de mes sauveteurs, qui arrivèrent avec un tel à-propos que, s'il s'agissait d'un livre de fiction, tout le monde me reprocherait cette coïncidence par trop tirée par les cheveux. Et je dois admettre, quand j'y repense, que tout cela semble tomber si ridiculement à pic, que c'est tout juste si je ne me sens pas coupable d'en rajouter un peu. Mais il me suffit de me référer au livre *Man and his Island*, que l'un de mes sauveteurs écrivit sur son voyage dans le Pacifique-Sud, pour retrouver noir sur blanc le chapitre relatant ces événements.

Je ne suis pas près d'oublier ce jour-là. J'étais éveillé, étendu sur le dos, quand j'entendis distinctement des voix d'hommes. N'étant pas très religieux, je ne croyais pas beaucoup aux miracles et je me dis qu'il s'agissait d'un rêve. Et, bien sûr, il ne pouvait être question d'autre chose, aussi vraies que m'aient semblé les voix, la seule autre possibilité étant que je devenais fou. J'ouvris les yeux. Chaque objet de ma chambre m'apparut très clairement. Puis j'entendis encore les voix, suivies de bruits de pas. Alors, au comble de l'agitation, je sus que je n'avais plus affaire à un rêve et que ces voix provenaient sans doute de pêcheurs de Manihiki débarqués sur l'île.

J'essayai d'appeler. Je sentis bouger les muscles de ma gorge, mais aucun son n'en sortit.

Les voix, soudain, passèrent d'un registre bas et indistinct à une toux claire, cette sorte de toux d'excuse qu'on fait pour entrer dans une pièce sans y avoir été invité. Puis, étonnamment nette, cette question :

« Il y a quelqu'un ?

– Qui est là ? parvins-je à croasser.

– Deux types débarqués d'un bateau, annonça la voix inconnue.

– Entrez, entrez ! », bégayai-je.

La discrétion avec laquelle mes visiteurs inconnus pénétrèrent dans la chambre est drôle, avec le recul. Je vis entrer deux hommes. Mon champ de vision était limité puisque je ne pouvais lever la tête, mais je fus soulagé de voir apparaître deux types barbus, au teint foncé, ou plutôt bronzé, des hommes blancs exposés au soleil. Ils me dévisagèrent un moment puis leurs yeux descendirent sur ma poitrine et sur le paréo qui me couvrait. D'une voix étonnée, l'un d'eux s'écria :
« Mais c'est un Blanc !

– Je m'appelle Tom Neale, balbutiai-je encore, je me suis démoli le dos. Vous aurez à me sortir de là. Quel jour sommes-nous ?

– Vendredi. (Ils me dévisageaient toujours.)

– Quelle date ? demandai-je.

– Le 26. »

J'avais encore de la peine à y croire.

« Je dois être là depuis quatre jours, à essayer de trouver assez de courage pour m'asseoir.

– Nom de Dieu ! » L'un des étrangers paraissait très soucieux. « Vous devez mourir de faim. Que puis-je vous faire cuire ?

– Une tasse de thé ne serait pas de refus, merci ! (Ils me dirent plus tard que j'avais même réussi à sourire.)

– Où puis-je faire bouillir l'eau ? », demanda-t-il en jetant un coup d'œil à la ronde.

Je lui dis qu'il pouvait faire du feu dans la cuisine, et cet homme surprenant (j'appris bientôt qu'il s'appelait Peb) dit à son compagnon : « Va faire du thé, Bob, et je vais voir si je peux l'aider à s'asseoir. »

J'avais déjà jugé à son accent qu'il était américain ; comme il se penchait sur moi, sa barbe noire me balayant le visage, je reconnus en lui cette sorte d'individu d'une force herculéenne, né pour courir l'aventure, certainement bon marin et tout à fait capable, sous ses qualités évidentes, de gentillesse et de douceur.

« Ne craignez rien, Tom, me dit-il en passant un bras puissant sous mes épaules, ça fera mal une fois, mais seulement une fois. »

Ça me fit un mal atroce, mais à présent c'était

presque sans importance. Je serrai les dents, et d'un seul mouvement il me plaça en position assise. Comme il me l'avait prédit, une fois passé, c'était passé.

« Ça vous a fait transpirer, dit-il gentiment, attendez, laissez-moi vous aider. » Il s'en alla dans la salle à manger, revint avec une serviette et m'essuya la sueur sur le dos et les épaules.

« Dans une minute, ça ira mieux », dis-je. J'entendis son compagnon annoncer de la cuisine que le feu était allumé.

« Ce qu'il vous faut, dit Peb, c'est un bon repas. On vous voit chaque côte sous la peau. Attendez un peu, je vais aller chercher quelques provisions sur mon bateau. »

Puis, comme s'il venait d'y penser : « Est-ce que vous faites usage de cigarettes ? »

Je ne souhaitais rien de plus au monde, mais son accent américain et cette curieuse expression (« faire usage de cigarettes »), s'ajoutant au choc de mon soulagement et à la certitude que je ne rêvais pas, engendrèrent une réaction ridicule. Je me mis à rire. Je ne sais pas au juste pourquoi, mais sans doute me suis-je souvenu à ce moment-là d'un western que j'avais lu un soir. J'avais ri tout seul sur cette même question que quelqu'un posait au sheriff, et celui-ci répondait : « Oui, et pas qu'un peu ! » Je me sentais une forte envie de répondre la même chose à Peb quand je remarquai qu'il avait l'air inquiet. « Ça va, Tom ? demanda-t-il.

– Une cigarette serait vraiment quelque chose de bienvenu », dis-je en manière de compromis.

Ce soir-là, je mangeai mon meilleur repas depuis des mois : un bol de soupe de légumes épaisse, une boîte de viande en conserve et des fruits au sirop. Peb avait apporté quantité d'autres produits miraculeux de son bateau. Une bonne goutte de rhum, mon premier alcool depuis que j'avais terminé la bouteille de Tom Worth, une cartouche de cigarettes et, presque aussi important, un pot d'onguent, dont mes nouveaux amis se servirent à tour de rôle pour me masser le dos.

Ce massage me fit un bien considérable, au point que le soir même je pus m'asseoir sur mon fauteuil en bois, à condition toutefois de rester tout droit. Pendant ce temps, Peb et Bob me racontèrent comment ils étaient arrivés tellement à point à Souvarof.

Peb était le surnom de James Rockfeller. Il habitait dans le Maine et s'était embarqué pour le Pacifique quelques mois plus tôt à bord de son bateau, le *Mandalay,* en compagnie de son ami Bob Grant. Ils avaient passé leur temps à naviguer d'île en île, ce qui est, comme Peb l'expliquait sans sourciller, « le meilleur moyen de découvrir le Pacifique ».

Peb prenait des notes et faisait des photos en vue d'un livre qui devait être publié plus tard, et j'avais l'impression qu'ils disposaient d'assez d'argent pour vivre plusieurs mois.

Au cours de ma vie, j'avais rencontré plusieurs jeunes aventuriers américains qui avaient économisé soigneusement pour abandonner leur travail et faire un voyage de ce genre avant de s'établir. Ceux-là appartenaient à cette catégorie.

Alors que Tahiti était à près de huit cents milles derrière eux, ils avaient mis le cap sur les Samoa quand, en parcourant les instructions nautiques, Peb tomba sur une phrase qui lui parut magique : *« Souvarof est inhabitée. »*

Ils prirent la décision de passer quelques semaines sur une île déserte.

« À la lecture du nom de Souvarof, tout me revint en mémoire à propos de cette île, me dit Peb ce soir-là.

» J'avais appris qu'un trésor avait été trouvé sur l'île et, bien sûr, j'avais lu Frisbie avant de quitter les États-Unis. En consultant les instructions nautiques, je fus pris d'une envie irrésistible de voir à quoi ressemblait cet atoll. »

Pas un instant, il ne leur était venu à l'idée que quelqu'un pût y vivre. Peb me raconta qu'ils avaient inspecté la plage déserte avec leurs jumelles, quand tout à coup quelque chose avait retenu leur attention. C'était mon canot sur le sable et, non loin de là, sous les palmiers, mon fauteuil.

Ils avaient jeté l'ancre et ramé vers la plage.

« Une des choses qui nous étonna fut que, sur

votre bateau, le nom *Canardeau* avait été peint d'une main mal assurée», me dit Peb. Une fois sur la plage, ils avaient découvert le sentier qui conduit à la cabane. Le *Canardeau,* le fauteuil, et pourtant aucun signe de vie, tout cela dut leur faire une étrange impression. « Ça me rappelait un peu l'histoire de la *Marie-Céleste* », dit Bob.

En arrivant à ma porte, tous deux avaient appelé à haute voix. Mais, bien qu'ayant sans doute crié assez fort pour se faire entendre sur tout Anchorage, ils n'avaient obtenu d'autre réponse qu'un silence étonnant et inquiétant.

Dès lors, ils n'avaient eu rien d'autre à faire que d'entrer dans la case.

« La pièce où je pénétrai ressemblait à une sorte de studio ou de bureau, me dit Peb, il y avait là des livres sur une étagère, des magazines et des journaux sur le bureau. Puis je regardai dans la deuxième pièce, votre chambre. Il faisait un peu sombre et je ne vis d'abord rien d'autre que votre pied de lit et les draps. Puis, je découvris deux pieds sur ces draps. Nous étions si stupéfaits que Bob me souffla que nous aurions dû frapper. Il se mit alors à tousser dans l'espoir que vous nous entendriez. J'avais une peur horrible de découvrir un cadavre. C'est alors que j'ai demandé : "Il y a quelqu'un ?" Vous pouvez imaginer quel fut mon soulagement en entendant votre voix ! »

Mes visiteurs séjournèrent deux semaines avec moi, me ramenant peu à peu à la vie avec beaucoup d'égards et de gentillesse, me reconstituant aussi avec de solides et saines conserves provenant du *Mandalay.* C'était le genre de nourriture que je n'avais pas goûté depuis des mois, et je fus convaincu, une fois de plus, que le corps humain a besoin de viande sous une forme ou sous une autre, en particulier pour exécuter de gros travaux manuels. L'échange de nos nourritures était un bon arrangement. Ils étaient enchantés de manger du poisson frais, des œufs, des poules, des légumes et des fruits, alors que je me goinfrais de porc et de bœuf en boîte et que je cuisais un pain délicieux avec leur farine.

Au cours de ces deux heureuses semaines, mon dos s'améliora à une vitesse incroyable, même si, comme je le notai dans mon journal, je fus incapable, jusqu'au 8 juin, d'utiliser mes deux mains pour me laver le visage, soit presque deux semaines après mon attaque. Deux fois par jour, Peb et Bob me frictionnaient avec une pommade, et au bout de quelque temps je pus marcher assez librement, et même à l'occasion me baigner dans Pylades Bay. De temps à autre, cependant, un élancement me pliait en deux, me poignardant en travers du dos, comme pour me rappeler que mon mal était encore loin d'être passé. Bien que le spasme fût d'assez courte durée, il était clair qu'une lésion chronique s'était installée.

« Ne croyez pas en être sorti ! me dit Peb vers la fin de leur séjour. Et vous ne vous en sortirez pas sans avoir vu un médecin. »

Bien entendu, je m'étais beaucoup préoccupé de mon avenir, car j'étais très inquiet de l'état de mon dos. Le souvenir de cette matinée sur One Tree Island m'angoissait encore avec autant de vigueur que ces élancements occasionnels, et je savais très bien que Peb avait raison. Je ne guérirais pas si je ne me soumettais pas à un examen médical. Sans doute serais-je capable de résister pendant quelques mois à condition de faire attention. Mais quelle vie serait-ce là pour un homme se trouvant à plusieurs centaines de milles de tout secours, obligé de se déplacer sans cesse avec précaution, d'y réfléchir à deux fois avant d'oser s'emparer d'une pelle ou de décortiquer une noix de coco ?

Je n'avais plus aucun doute maintenant que c'était l'effort qui déclenchait cette douleur paralysante, cette secousse soudaine, cette tension brusque et instinctive des muscles (avant même que le message fût passé du cerveau aux membres). Une telle infirmité rendrait évidemment la vie impossible sur une île où l'effort physique est essentiel pour se maintenir en vie. Je devais en prendre conscience. Ce grave handicap ne m'empêcherait pas seulement de vivre, il m'amènerait au bord du suicide.

Si j'avais eu un compagnon, comme Robinson son Vendredi, j'aurais pu être tenté de rester. L'assistance assidue de Peb m'avait montré qu'un compagnon pouvait rapidement me placer dans une sorte de position assise et débloquer les muscles que j'aurais été incapable de détendre moi-même. Mais il n'y avait pas de compagnon, et bientôt Peb lui-même aurait repris sa route.

« J'ai l'impression qu'il me faudra partir », lui dis-je, alors que nous marchions lentement le long de la plage et que le soir descendait, cette heure de la journée que je préférais entre toutes. « Je hais cette idée mais j'ai peur de mon dos – et j'aimerais vivre encore un peu. »

Peb était la bonté même. Avec tact, il offrit de m'emmener jusqu'à Pago Pago, bien qu'il n'y eût pas beaucoup de place sur le *Mandalay*. Je refusai cependant pour deux raisons. S'il me débarquait aux Samoa, je me retrouverais là-bas sans autre alternative que d'emprunter ou de travailler pour gagner l'argent nécessaire au prix du voyage jusqu'à Rarotonga, sur l'un des rares bateaux qui font la liaison entre les deux archipels. S'il était indispensable que je retourne à Rarotonga, alors je voulais y aller directement. Et, par ailleurs, quelque chose m'empêchait de m'éloigner de mon île avec Peb et Bob, tout merveilleux compagnons qu'ils fussent. Jamais ils n'auraient pu comprendre combien il m'en coûtait de la quitter. Il n'y avait d'ailleurs pas de raison pour que ces deux jeunes hommes intelligents qui « faisaient » le Pacifique puissent comprendre. J'admirais leur courage et leur soif d'apprendre ce qu'était la vie dans cette partie du monde, et cela à la manière rude (par opposition aux voyages organisés), mais je savais aussi que pour eux cette expérience ne serait jamais rien d'autre qu'un magnifique interlude ; un souvenir nostalgique qu'on raconterait aux enfants au coin de la cheminée, un album de photos qui ressusciterait la grande aventure de leur jeunesse.

Pour moi, au contraire, l'île ne représentait pas une aventure, mais quelque chose d'infiniment plus profond...

Tout un mode de vie. Et c'est pourquoi, si je devais absolument quitter Souvarof, il était capital que je puisse passer seul ces quelques dernières semaines sur l'île. Jamais je n'ai ressenti un besoin aussi fort, et je crois que Peb le comprit car il ne fit rien pour essayer de me dissuader. Il acquiesça simplement à mes efforts pour tenter de lui expliquer mes sentiments. Il accepta ma suggestion que, une fois arrivé à Pago Pago, il adresserait un télégramme au commissaire de Rarotonga, l'avertissant que j'étais malade et lui demandant de donner des instructions à la prochaine goélette se rendant à Manihiki pour qu'elle passe me prendre sur son chemin de retour.

Le commissaire serait probablement furieux, ce genre de chose coûtant de l'argent au gouvernement, mais dans mon état d'esprit du moment je ne m'en faisais pas trop sur les risques de m'attirer une petite colère officielle.

Et ainsi, au cours de notre dernière nuit ensemble, nous organisâmes une petite fête d'adieu. Je ne peux mieux faire que de me reporter à mon journal du dimanche 6 juin : *« Tué un autre coq pour le dernier repas que mes amis partageront ici avec moi, puisqu'ils doivent partir demain matin si le temps s'y prête. Nous avons fait un dîner magnifique avec une bouteille de champagne (mise à rafraîchir dans un sac mouillé suspendu à l'ombre dans un courant d'air). Nous avons terminé avec un gâteau au chocolat cuit et refroidi à bord, et une bonne tasse de café. Vraiment, mon meilleur repas depuis que je suis ici.*

» Après le dîner, un petit coup de rhum nous tint à bavarder jusqu'au milieu de la nuit claire et étoilée. J'étais très ému. J'aimais beaucoup ces deux garçons, et je ne pouvais me défendre d'une certaine mélancolie (facilitée par le rhum) à l'idée que, la vie étant ce qu'elle est, c'était probablement la dernière occasion que j'aurais de parler aux deux hommes envoyés par le destin pour me sauver. »

Comme je l'avais prévu cette nuit-là, je ne revis jamais Peb ou Bob, bien que nous ayons correspondu pendant quelque temps. J'appris ainsi que Peb s'était marié et qu'il s'était établi.

Le matin de leur départ, Peb m'invita à bord

du *Mandalay*, où je trouvai, réunis à mon intention, quantité de vivres, une bonne provision de cigarettes et quelques bouteilles de rhum.

« Elles vous aideront à tenir le coup jusqu'à l'arrivée de la goélette qui viendra vous chercher, me dit Peb dans une dernière poignée de main, et, pour l'amour de Dieu, prenez soin de vous ! »

« On se reverra bien un de ces jours ! », cria Bob, et tout aussitôt il se mit à remonter l'ancre. Avant même que je m'en rende compte, le *Mandalay* s'en allait aussitôt attrapés les premiers airs. Je restai un moment au pied de la jetée démolie, regardant intensément le voilier disparaître dans le lointain.

Quand il fut presque hors de vue, je me retournai et suivis le chemin bordé de corail jusqu'à la cabane. Je me fis une tasse de thé. C'était un moment important. Au cours de ces deux dernières semaines, nous nous étions prouvé qu'il était possible de vivre à trois en bonne intelligence. À aucun moment nous n'avions eu un moment de discorde. Ils s'étaient révélés des amis à toute épreuve, ce genre d'amis qu'on ne rencontre pas souvent au cours d'une existence. Et malgré tout, quand la bouilloire se mit à siffler, quand j'eus ébouillanté la théière et jeté dedans une grande cuillerée de thé, je ressentis un irrésistible sentiment de paix.

Deux semaines s'écoulèrent avant que le bateau vînt me chercher.

Quand j'y repense, bien qu'ayant eu à faire très attention à chacun de mes mouvements et que mon dos m'eût toujours fait souffrir, je vécus là les deux plus belles semaines de ma vie.

Chapitre 12

Adieu, mon île

Bien avant de le distinguer à l'œil nu, je sus qu'il s'agissait du schooner de Manihiki. Cette tache noire sur l'horizon, à l'endroit où le ciel se confond avec la mer, ne pouvait que signaler son arrivée. Aucun autre navire n'aurait pu se trouver aussi loin de sa route. Et, bien que pendant plusieurs jours j'eusse scruté la mer avec anxiété, très préoccupé par mon dos, une pensée soudaine me frappait maintenant comme un coup entre les yeux. J'avais à faire face à cette réalité que je m'étais obstinément refusé à admettre jusque-là : dans quelques heures je serais à bord de cette goélette et, dès lors, il se pourrait fort bien que jamais plus je ne puisse revoir Souvarof.

De ma vie, je n'oublierai ce moment. Je m'assis sur mon fauteuil de plage pour m'affermir et ouvrir une noix de coco, en attendant qu'au loin les voiles commencent à paraître.

Un émoi à la limite de la panique me gagna ; ce n'était pas seulement la crainte de rencontrer des gens à bord du bateau, ni même la perspective d'avoir à endurer une vie que je n'aimais pas à Rarotonga. Quelque chose de bien plus poignant que ces banales inquiétudes me tenaillait : tout simplement, je ne voulais pas quitter mon île. Je ressentais avec un profond sentiment de désespoir que pour rien au monde je ne voulais partir d'ici. Monsieur Tom-Tom surgit des palmes de cocotiers et bondit sur mes genoux, léger comme une plume.

Je le caressai machinalement en prenant conscience que je n'espérais rien d'autre de la vie que des moments de paix semblables à ceux que j'avais vécus sur cet atoll.

La stupeur en voyant cette petite tache au loin, l'idée qu'il n'y avait aucun moyen de retarder mon départ, furent synonymes de malheur et de solitude au plus profond de mon âme.

L'envie de rester devint si forte que les subterfuges les plus ridicules me traversèrent l'esprit. Peut-être pourrais-je me cacher ? Ceux qui allaient débarquer, ne me trouvant pas, ne penseraient-ils pas que j'étais mort sur un autre îlot ? Ne s'en iraient-ils pas en me laissant tranquille ? Peut-être avais-je même le temps de me rendre sur une autre île et de m'y cacher ? Je me demandais aussi (mais seulement un instant) si je ne pourrais pas mettre en scène ma « mort », en laissant quelques vêtements sur la plage, comme si je m'étais noyé.

Quand la souffrance s'atténue, on a vite fait

de l'oublier. En me tenant assis là, j'essayais de me convaincre, malgré la certitude que les douleurs m'assailliraient à nouveau, que je serais assez coriace pour survivre.

Pour le moment, je ne souffrais pas trop, mais dans un éclair de lucidité me revinrent en mémoire les paroles de Peb, un soir que nous étions assis à boire un verre sous la galerie : « C'est une chose de mourir tué ou noyé dans un ouragan ou dans la tempête, et d'une certaine manière c'est le genre de mort qui vous conviendrait. Mais c'est un tout autre problème de se trouver étendu sur le dos, sans pouvoir bouger, tout seul et mourant lentement de faim, vivant mais paralysé, et sachant qu'il y a à dix mètres de là plus de nourriture que vous ne pourriez en manger. »

Il avait raison, bien sûr. Il n'y avait pas d'échappatoire. Dans un soupir, je me levai et me redressai, faisant dégringoler sur le sable un Monsieur Tom-Tom indigné.

Je disposais encore d'un peu de temps avant que le bateau parvienne au rivage. J'en profitai pour retourner à la cabane et commencer à remplir une vieille valise en cuir, emportant les vêtements que je n'avais pas utilisés pendant dix-huit mois, deux ou trois chemises, mes « meilleures » chaussures. Je laissai dehors mon unique short à peu près décent, et une chemise. Je les revêtirais à la dernière minute. Mais avant cela je voulais nettoyer et mettre en ordre pour la dernière fois cette cuisine que j'avais presque entièrement faite moi-même.

J'y passai pas mal de temps, veillant à tout laisser impeccable, sachant que tôt ou tard un yachtman passerait par là. Puis j'allai jeter un dernier regard sur le jardin, si soigné maintenant et tellement différent de l'état dans lequel je l'avais trouvé avant de tuer les cochons sauvages. Les plants de tomates arrivaient presque à la hauteur de ma tête. Machinalement, je me mis à tailler à la machette quelques pieds d'épinards indiens. Mais je m'arrêtai : à quoi bon ? Le jardin tout entier serait étouffé en moins d'un mois.

Je me rendis au poulailler, j'ouvris la porte et la laissai grande ouverte. Les poules et les coqs devaient désormais pouvoir courir en liberté, puisque, sans moi et mon gong familier appelant au repas, les pauvres bêtes mourraient de faim. Comme moi, elles ne semblaient pas très pressées d'abandonner leur maison. Elles se contentaient de picorer çà et là à l'intérieur de l'enclos, pendant que je récoltais sept œufs. Je me dis que je les offrirais au capitaine du bateau, les œufs frais constituant toujours un changement apprécié aux menus en mer. Dans une dernière inspiration, j'attrapai les poules les plus grasses, dont je pouvais tout aussi bien faire cadeau au capitaine. De toute façon, elles ne seraient maintenant d'aucune utilité pour personne, revenues à l'état sauvage sur Souvarof.

J'allai chercher la caisse des chats, que j'avais conservée, sachant d'avance que je ne les abandonnerais jamais. Ils y seraient installés assez confortablement pendant le voyage jusqu'à Rarotonga. En les laissant en liberté sur le schooner, il est probable que je ne les aurais jamais revus. Il existe des gens qui haïssent les chats, et je me souviens d'avoir vu un homme en jeter un rageusement par-dessus bord.

J'avais terminé mes bagages et j'étais prêt bien avant que le bateau ne franchisse la passe. Je savais depuis longtemps que, lorsqu'un navire doit se dérouter pour visiter un atoll isolé, il n'aime pas traîner. Quand le bateau arriva lentement sur le lagon, je le reconnus. C'était un vilain rafiot de trois cents tonneaux à deux hélices, le *Rannah.* J'en fus quelque peu déçu, car j'avais espéré que ce serait Andy à bord du *Tiare Taporo.* Voir Andy en cette circonstance de ma vie m'aurait beaucoup réconforté.

Pendant que le bateau prenait son mouillage, je transportai une valise, mes outils, les poules et la caisse des chats sur la jetée et je me mis à attendre en observant la mise à l'eau de la barque qu'on m'envoyait.

Deux Maoris des îles Cook sautèrent à terre et me saluèrent joyeusement. Je les connaissais, tous deux ayant servi en même temps que moi sur d'autres navires. Je fis de mon mieux pour être aimable, mais je ne pus forcer les mots, tandis que je montais avec précaution dans la barque. Je m'assis sur un banc, figé, pendant que les deux hommes ramaient en direction du schooner.

Ce ne fut pas une petite affaire pour grimper à bord. Le *Rannah,* qui comptait un équipage de douze hommes et une demi-douzaine de cabines de passagers (plus une quantité innombrable de passagers de pont), était un bateau haut sur l'eau. Pourtant, tout le monde ne demandait qu'à m'aider, et c'est alors que j'aperçus le capitaine, John Blakelock, un vieil ami, qui m'adressait un chaleureux salut du haut de la passerelle.

Blakelock devait avoir la cinquantaine. C'était un homme costaud qui avait découvert le monde à travers toutes sortes de jobs. Il avait été policier, planteur, commerçant aussi bien que marin.

Je lui rendis son salut comme je pus mais je ne suis pas sûr qu'il s'en rendit compte, tant il semblait pressé. Tout le monde manifestait une précipitation ahurissante, et quelques instants plus tard nous étions déjà en route. Penché à l'arrière du *Rannah,* je regardai l'atoll disparaître dans la lumière blanc-gris de l'horizon.

C'était le 24 juin 1954. Un ou deux passagers vinrent à moi et essayèrent de me poser quelques questions. Mais je ne me sentais aucune envie de bavarder. C'était une chose de parler à des visiteurs de hasard à Souvarof, mais c'en était une autre de se faire aborder par des étrangers.

Ceux-ci n'avaient même pas l'élégance de se présenter et ne cherchaient que la possibilité de raconter à leur famille qu'ils avaient bien rencontré cet espèce de fou d'ermite qui avait vécu seul sur une île déserte.

Ma nostalgie fut rudement ébranlée par la voix de John Blakelock derrière moi : « Venez, Tom, allons donc prendre un verre ensemble. » Je n'ai pas honte d'admettre que j'avais les larmes aux yeux lorsque la tache qui avait été mon abri pendant vingt et un mois se fit de plus en plus petite, de plus en plus pâle, jusqu'au moment où elle finit par s'évanouir à l'horizon et disparaître à mes yeux. En vain, j'essayai de fermer mes oreilles à ces bruits autour de moi. Les passagers polynésiens riant et ricanant, les appels des matelots avec, en prime, un juron de temps en temps, tout cela me crispait.

Je repassais en mémoire mes soirées sur la plage avec les chats ronronnant au soleil couchant ; je pensais au rythme de cette vie que rien ne venait déranger et dont aucune de ces personnes autour de moi ne pouvait avoir la moindre idée ; j'évoquais ce jour où j'avais calfaté le bateau, cet après-midi où j'avais fabriqué les bougies, cette matinée où j'avais découvert la brique...

Et, maintenant, tout cela s'en allait, s'évanouissait comme un rêve, aussi vite que l'île avait disparu à mes yeux. Je me tenais immobile et je frissonnais en entendant le capitaine m'appeler à nouveau pour prendre un verre. Ce n'est pas le froid qui me fit frissonner mais la réminiscence inopinée de ce vieux dicton tahitien : « Le corail croît, le palmier pousse, mais l'homme s'en va. »

Troisième partie

Retour à la civilisation

Chapitre 13

Six années de frustration

Six années devaient s'écouler avant qu'il me soit donné de revoir Souvarof. Franchement, je ne peux pas retracer cette période sans évoquer un sentiment de frustration perpétuelle à l'idée que cinq cents milles seulement me séparaient de mon île.

En effet, Souvarof m'était désormais et pour toujours interdit. Les autorités avaient été claires sur ce point. De toute évidence, l'idée d'un nouveau séjour à Souvarof ne leur souriait pas du tout, et elles firent tout ce qui était en leur pouvoir pour me retirer une quelconque possibilité d'y retourner. Ce n'est pas que l'on ait été désagréable avec moi – presque au contraire – mais je me rendis compte très vite que sous tel ou tel prétexte il ne serait pas question de me permettre de repartir là-bas.

Si j'avais été quelqu'un de fortuné, possédant mon propre yacht, on n'aurait pas pu m'empêcher de partir, mais, comme le seul moyen de m'y rendre nécessitait de dérouter une goélette, c'était eux qui tenaient le bon bout.

Avant d'aller plaider ma cause auprès de M. Nevill, le commissaire résident de Rarotonga – qui me connaissait bien –, j'avais pris la précaution de me faire radiographier le dos à l'hôpital local. Quelques jours plus tard, le médecin me montra les radios et m'assura d'une voix encourageante : « Il n'y a aucune évidence d'un disque déplacé et j'ai plutôt l'impression qu'il s'agit d'une crise aiguë d'arthrite. » Pointant un doigt sur les ombres blanches et noires indéchiffrables pour moi, il ajouta : « Vous voyez, c'est ici que ça coince un peu ».

J'écarquillai les yeux avec respect sur la plaque et demandai si je devrais suivre un traitement. « Non, Tom, me répondit-il, vous êtes en bon état, mais, dans votre intérêt, ne soulevez rien de lourd. »

Réconforté par ces bonnes nouvelles, je me hâtai jusqu'au bureau du commissaire résident, situé juste derrière la Grand-Rue. Je trouvai la porte déjà entrouverte, et j'aperçus M. Nevill. Sans doute m'avait-il vu aussi, car il m'interpella : « Entrez, entrez, Tom ! »

Peu d'hommes auraient pu être d'une nature plus avenante, accommodante, et bien disposée à mon égard. Jusqu'ici, nous nous étions toujours salués familièrement dans la rue, car dans les petites villes comme Rarotonga les civilités sont réduites au minimum. Il était assis maintenant en manches de chemise derrière son bureau. J'entrai et restai planté devant lui, triturant maladroitement mon chapeau de palmes tressées.

« Je suppose, monsieur Nevill, que vous savez pourquoi je viens vous voir ?

– Souvarof, j'imagine ? » Il laissa échapper un imperceptible soupir et, me regardant droit dans les yeux, il me lâcha le morceau sans détour : « Non, Tom, j'ai bien peur qu'il n'en soit plus question.

– Mais pourquoi pas ? dis-je avec désespoir. Je ne demande pas d'y retourner tout de suite, mais, en travaillant dur pendant quelques mois, en gagnant assez d'argent pour acheter quelques vivres, pourquoi ne pourrais-je pas y aller de nouveau ? N'ai-je pas donné la preuve que je suis capable de m'en sortir ? »

Il resta silencieux pendant quelques secondes, puis, sur un ton calme et amical, il me dit : « Tout ce que vous avez prouvé, Tom, c'est que, sans un miracle, vous seriez mort aujourd'hui.

– Seulement, je ne suis pas mort !

– Croyez-moi, Tom, je comprends ce que vous ressentez, mais je représente le gouvernement, et un gouvernement a des responsabilités. Et un gouvernement ne peut pas compter sur les miracles, vous comprenez ? S'il le faisait, il se mettrait dans de drôles de draps. »

J'avais une sympathie naturelle pour M. Nevill. Je n'avais plus de raison de discuter. Nous échangeâmes une poignée de main, mais, comme j'atteignais la porte, je ne pus me retenir de dire : « Je vais écrire au ministre des Territoires insulaires, à Wellington, et lui soumettre mon cas. »

Ce brave M. Nevill avait réponse à tout. D'une voix calme, et toujours en souriant, il me répondit : « Écrivez si vous voulez, bien sûr, Tom, mais vous devez savoir que c'est à moi qu'il renverra l'affaire. »

J'écrivis quand même, mais M. Nevill avait raison. Lorsque je reçus la réponse négative, elle provenait tout droit de son bureau. De toute évidence, ma lettre lui avait été retournée avec la mention *« Faites pour le mieux »*.

Dès lors, le mécanisme fut mis en place, un mécanisme qui m'interdisait pour toujours toute tentative de fuite ; et, au fond, il était très facile d'empêcher mon évasion. Il suffisait de prévenir les transporteurs interinsulaires, tels que Dick Brown ou Andy, que si jamais ils m'emmenaient à Souvarof le commissaire résident n'aurait pas d'autre choix que de les obliger à aller, à leurs frais, s'assurer de temps en temps de ma bonne santé. Comme les bateaux passaient rarement par Souvarof, rien ne pouvait être plus dissuasif. Se rendre à Souvarof coûte de l'argent, beaucoup d'argent, et quel est le skipper qui eût accepté de se mettre un tel fardeau sur les épaules ?

Il ne restait qu'un seul espoir : un yacht privé ;

mais, là aussi, les obstacles ne manquaient pas. Rarotonga, contrairement à Tahiti, n'était pas un centre touristique et n'attirait pas les bateaux de plaisance. Et, en supposant même qu'il en arrivât, quel est celui qui eût consenti à m'embarquer, avec toutes mes provisions ?

Régulièrement, je retournais plaider ma cause auprès de M. Nevill. Régulièrement, sa réponse restait la même et je devais me retirer de son bureau aux murs blanchis en secouant la tête et en me disant à moi-même : « Neale, il ne peut pas ne pas exister un moyen. »

Naturellement il y en avait un, mais il me fallut six ans pour le trouver.

Pendant ce temps, je devais me nourrir et je fus vite obligé de prendre un travail de magasinier à la Cook Island Trading Company – celle-là même pour laquelle j'avais déjà travaillé sur d'autres îles. Mon salaire était de vingt-cinq livres par mois. Il va de soi que je haïssais chaque minute de mes journées, car, après Souvarof, ce n'était pas facile de m'adapter. À chaque instant, dans l'entrepôt, j'opposais avec nostalgie cette misérable existence de commerçant à la vie libre et si enrichissante que j'avais connue sur l'île.

Je me sentais en permanence contrarié. Au cours des vingt et un mois passés à Souvarof, je n'avais jamais eu recours à une pendule, sauf pour cuire l'*uto ;* maintenant, ma journée entière semblait réglée par le tic-tac de cette infernale machine. Pendant presque deux années, j'avais porté pour tout vêtement un simple morceau de paréo. Aujourd'hui, j'avais les jambes enfermées, emprisonnées dans une paire de pantalons longs. Chaque fois que je prenais une inspiration, je me sentais empoisonné par les fumées d'échappement des voitures venant de la station-service d'en face. Ce n'est que très rarement que je trouvais quelque chose qui me rappelât Souvarof. J'avais loué un logement pour dix shillings par semaine. Il se trouvait presque au bord de l'eau, en dehors de la ville. Quand le vent soufflait du bon côté, je pouvais entendre le roulement de la mer sur le récif. Dans le cas contraire, j'étais réveillé chaque matin par le chant du coq.

Je ne voudrais pourtant pas donner l'impression que ma vie à Rarotonga ne fut qu'un long entracte mélancolique ; ni que j'allais à mon travail et en revenais avec une mine si défaite que les gens m'évitaient. J'avais des amis, je ne manquais pas d'occupations et, évidemment, il m'arrivait de passer plusieurs jours sans penser à Souvarof.

Rarotonga n'avait pas changé. La Grand-Rue était aussi poussiéreuse qu'avant mon départ, et la résidence tout aussi massive. Un nouveau garage s'était construit sur le port d'Avatiu et, en bordure du village d'Avarua, un nouveau magasin de fournitures générales s'était monté. Je remarquai que la station radio, près du terrain d'aviation, s'était agrandie, tandis que le sanatorium de Black Rock, sur la côte ouest, s'était modernisé. Mais, dans l'ensemble, rien n'avait changé : Rarotonga restait une charmante petite communauté, d'un côté ramassée au bord de cet océan bienfaisant qui venait lécher ses plages, et, de l'autre, adossée au Te Manga, ce spectaculaire sommet de huit cents mètres, la plus haute montagne volcanique de l'île.

Assez vite, malgré mon humeur morose, je commençai à reprendre pied. Je ne me plaignais pas de la vie dure d'un agent de comptoir. Chaque matin, à 7 heures, j'allais prendre les clés chez le directeur avant d'ouvrir le magasin. Mon petit bureau, qui se trouvait dans un coin de l'entrepôt, me rappelait un peu mon cabinet de travail à Souvarof. Le mobilier était également sommaire – une simple table et une chaise –, mais là s'arrêtait la ressemblance, car lorsque j'ouvrais les volets je ne découvrais pas un sentier de corail bordé de palmiers conduisant à la plage, mais une station d'essence au bord d'une route de terre battue, si poussiéreuse qu'on devait l'arroser tous les jours pendant la saison sèche. Je parcourais des yeux ce spectacle plutôt déprimant pendant quelques instants, puis je m'emparais du lourd trousseau de clés et commençais à ouvrir l'un après l'autre chaque entrepôt. Ils étaient tous groupés autour du magasin, qui avait cela en commun avec les autres comptoirs des îles qu'on y trouvait à peu près de tout.

Le comptoir où je travaillais n'était pas seulement un magasin de vente au détail pour l'approvisionnement des habitants de Rarotonga, il était aussi le dépôt central de distribution de tous les petits magasins des îles appartenant à la compagnie, magasins dans lesquels j'avais travaillé pendant tant d'années. Tous ces entrepôts que j'ouvrais chaque matin renfermaient des stocks importants et j'avais plus affaire avec ce côté du travail qu'avec la revente au détail. Il me fallait contrôler l'état des stocks – qui allaient des biscuits de mer qui remplissaient un hangar aux boîtes de conserves qui en remplissaient un autre.

J'avais aussi à embaucher du personnel à l'occasion de l'arrivée d'une cargaison de vivres nécessitant un déchargement rapide. Nous disposions d'une cour pour entreposer le bois, d'une station-service, d'un magasin de peintures ; en fait, nous avions de tout, ce qui présentait l'avantage pour moi de m'éviter un travail monotone.

Pendant les week-ends, je prenais ma bicyclette et j'essayais de libérer ma carcasse de ce continuel sentiment de découragement, en parcourant les vingt milles de la route côtière qui fait le tour de l'île. L'exercice me faisait toujours du bien.

Et puis, bien sûr, il y avait Andy. Chaque fois qu'il était de retour d'un voyage, je parcourais à bicyclette les sept milles qui me séparaient de sa plantation de vingt hectares.

Personne ne savait mieux qu'Andy combien j'aurais aimé retourner là-bas. Mais il ne pouvait guère me donner d'espoir. Aujourd'hui encore, je me rappelle ses paroles au cours d'une soirée étouffante, alors que nous étions assis sous la véranda et que sa femme cuisinait à l'intérieur.

Je me souviens de cette nuit avec beaucoup de précision. Je revois la véranda avec sa grande table en bois de *tamanu* qu'Andy avait fait construire spécialement. Nous étions assis sur les coussins qui garnissaient ces mêmes bancs où Frisbie et moi-même avions longuement conversé, les coudes sur la table.

Ce soir-là, une bouteille de whisky et une carafe d'eau étaient posés entre nous. Andy aimait cette véranda. Comme beaucoup de marins, il prenait un plaisir particulier à regarder au loin par-dessus son jardin dont le gazon tondu avec soin descendait en pente douce jusqu'à la route. Le chemin était bordé de marguerites d'Afrique, de roses et d'une multitude de fleurs, rehaussées çà et là d'un buisson d'hibiscus aux fleurs jaunes, blanches, rouges et même violettes.

Je le regardai fixement à travers la table et lui posai la question : « À votre avis, quelles sont mes chances de revoir un jour Souvarof ? »

Il but une gorgée de whisky avant de répondre. Puis il dit : « Tom, je pense que les autorités ne vous permettront jamais d'y retourner. »

Je le savais déjà à moitié depuis longtemps, mais ces paroles me firent l'effet d'un point final. Je ne pouvais plus ignorer maintenant que l'administration resterait dressée entre Souvarof et moi. Et pourtant, malgré cette certitude, une sorte d'instinct me rendit courage. J'étais sûr que, d'une façon ou d'une autre, je finirais par l'emporter.

À cette époque, je comptais parmi mes rares amis Ron Powell, dont le chantier naval était situé non loin de mon logement. J'avais pris l'habitude de lui rendre visite dans la soirée, et je le regardais construire sa dernière commande. J'ai toujours admiré les constructeurs de bateaux, mais ce qui m'avait surtout attiré vers Ron, c'est qu'il avait visité Souvarof. Bien entendu, nous parlions de l'île et je ne lui avais pas caché mon intention d'y retourner. Et puis, un soir, il me dit tout à coup : « Et si nous construisions une barque de quatre mètres pour le jour où vous retournerez là-bas ?

– Vous êtes sérieux ? lui demandai-je, incrédule.

– Bien sûr ! »

Son visage rayonnait de joie. « Vous pouvez prendre votre temps, et ce n'est pas la place qui manque sur le chantier. Si vous voulez, Tom, nous pourrions nous attaquer aux plans dès à présent. »

Je n'ai rien d'un constructeur de bateau, mais au cours des soirées suivantes je me hâtais de quitter le magasin pour me rendre tout droit chez Ron, où nous élaborions des plans à l'échelle jusqu'à une heure avancée. Il ne s'agissait pas d'un bateau pour m'emmener à Souvarof, mais seulement d'une barque à utiliser une fois sur place, et je savais avec précision ce qu'il me faudrait. Elle devrait être légère et solide, presque sans quille, avec un fond en forme de V très ouvert. Légère, parce que je devais pouvoir la manœuvrer seul, la hisser sur la plage, la retourner pour la peindre. Solide parce que je voulais l'utiliser dans les eaux peu profondes mais aussi pour traverser les huit milles du lagon.

Ce fut pour moi un grand moment quand les plans furent achevés. Sur le papier, ma barque avait une longueur totale de trois mètres soixante, un franc-bord de quarante-cinq centimètres, une largeur d'un mètre trente-cinq, et elle était munie d'une dérive centrale. Le mât devait mesurer juste un peu moins de trois mètres soixante, de manière à tenir dans le bateau lorsque j'aurais à ramer.

« Quand commençons-nous la construction ? », demandai-je.

La vue de ces plans m'avait apporté un but nouveau dans la vie. C'était un début, un signe, appelez cela comme vous voudrez. Je savais que la construction de ce bateau me rapprochait de Souvarof.

Ron me regarda avec amitié et répondit : « Vous pouvez venir au chantier quand vous voulez. Je suppose que c'est après votre travail que cela vous conviendra le mieux. »

Et ainsi commença la construction de mon bateau.

Je ne perdais pas de temps, mais il me semblait que je n'en finirais jamais. La construction d'un bateau demande de l'adresse et de la patience, toute l'énergie et la concentration dont on est capable. Soir après soir, ma journée de travail au magasin terminée, j'expédiais mes corvées domestiques, puis je me rendais au chantier. Les progrès me paraissaient désespérément lents, jusqu'au jour où j'eus un coup de chance.

Ma mère était morte un an plus tôt et, maintenant que ses biens étaient enfin liquidés, je me retrouvais soudain en possession de deux cent quarante livres.

Du jour au lendemain, je donnai mon congé au magasin.

Je sais qu'il peut sembler un peu léger d'envoyer promener un emploi, même s'il est ennuyeux, mais ici, dans les îles, la notion de sécurité n'a pas cette sacro-sainte valeur qu'elle a acquise dans les pays occidentaux. Si quelque chose tournait mal, je pouvais toujours trouver quelque boulot, et, comme mon train de vie dépassait rarement une livre par semaine, mon héritage me mettait financièrement à l'abri pendant plusieurs années. De plus, j'étais obsédé par l'idée d'avancer la construction du bateau.

Mes progrès de ce côté me paraissaient en effet être en rapport direct avec mes chances de retourner sur l'atoll. Je m'étais mis dans la tête que je ne pourrais pas repartir sur l'île sans cette barque, et qu'une fois cette barque terminée les choses s'arrangeraient d'elles-mêmes. Si, en fin de compte, les événements ne tournèrent pas tout à fait comme je l'avais espéré, il n'empêche que je n'eus rien d'autre dans l'esprit que de finir ce bateau le plus rapidement possible.

En fait, le travail me prit un an et je rivetai moi-même, un à un, des centaines de clous. Quand la barque commença à prendre forme, je me refusai à la baptiser et je fis le vœu de ne jamais la lancer avant d'être prêt à l'emmener à Souvarof. Quand elle fut terminée, des amis vinrent me demander : « Hé ! Tom, pourquoi ne lances-tu pas ton bateau ? » J'éludais chaque fois la question en répondant : « Les conditions de navigation à Rarotonga ne s'y prêtent pas. »

Je ne donnai jamais à personne la raison véritable, préférant remiser le bateau derrière ma case, où je lui avais construit un berceau couvert de tôle ondulée pour le protéger de la pluie.

À mesure que les années passaient, le destin semblait nous condamner, la barque et moi, à rester à Rarotonga. J'en venais à oublier la relation qui existait entre la construction du bateau et mon rêve de retour à Souvarof. Parfois, j'étais presque effrayé par la fuite du temps et par le fait que je prenais de l'âge. Mais cette vie ennuyeuse et tranquille semblait agir sur moi comme un anesthésiant, jusqu'au soir où, parlant avec Andy du bon vieux temps, je pris conscience de la réalité, en percevant dans sa voix un ton grave que je ne lui connaissais pas. Penché sur la table, il m'exhortait : « Laissez tomber, Tom ! Vous rendez-vous compte qu'il y a maintenant cinq ans que vous avez quitté Souvarof ? »

Ses paroles m'arrivèrent en pleine figure. C'est vrai que cela faisait déjà cinq ans et que j'approchais de la soixantaine.

Cette nuit-là, de retour à ma petite case, je regardai d'un air découragé tout ce que j'avais amassé en prévision du départ. Une vingtaine de caisses et de paquets s'empilaient le long des murs, prêts pour le grand jour. J'avais là toutes sortes de nouveaux ustensiles – une meule à aiguiser que je n'avais pu acheter la première fois, un rabot de charpentier, deux autres scies, deux rouleaux de grillage, plusieurs planches pour faire des étagères ou des tables. J'avais même acheté une baignoire-sabot en tôle galvanisée.

Comme je me faisais une tasse de thé, je me demandais sombrement si tout cela valait bien la peine. Étais-je, à près de soixante ans, un idiot vieillissant à la poursuite d'un idéal qui depuis longtemps s'était enfui hors de sa portée ? Pourquoi ne voulais-je pas admettre la réalité et m'installer dans ce mode de vie qui semble satisfaire tout le monde ? Même Andy – oui, Andy lui-même ! – m'avait dit : « Laissez tomber ! »

Et, sans l'arrivée à Rarotonga d'un Américain du nom de Loren Smith, je crois que j'aurais complètement perdu courage.

Smith avait décidé de rester quelque temps. Il fut celui que le destin m'adressa pour lever l'interdit, alors que j'avais presque abandonné tout espoir.

Loren, ou « Smithy » – comme je l'appelais –, avait à peu près soixante ans. C'était un personnage jovial qui aimait les îles et se trouvait très heureux de naviguer de l'une à l'autre, cherchant un boulot quand il se trouvait à court d'argent. Bien qu'il possédât un voilier de dix mètres, d'un type connu sous le nom de Tahiti ketch, et portant le nom de *Tahiti,* son bateau n'avait pas été construit là-bas. Smithy avait choisi de rester un peu à Rarotonga pour travailler dans notre garage local. De ce fait, nous étions souvent en rapport, et un jour il me demanda si je pourrais lui donner un coup de main pour tirer son bateau à terre afin de le repeindre. Comme nous n'avions pas de slipway à Rarotonga, il fallait utiliser un palan et un tracteur.

Naturellement, je lui apportai mon concours et je l'aidai aussi à refaire sa peinture. Une fois le travail terminé et le *Tahiti* remis à flot, je pris l'habitude de rendre visite à Smithy sur son bateau et de passer la soirée à bavarder. Inévitablement, j'en étais venu à parler de Souvarof. Je lui avais même tellement rebattu les oreilles de mon expérience là-bas, que je craignais de lui avoir cassé les pieds. Mais, un soir que nous prenions un dernier verre dans son carré, Smithy se tourna vers moi sans préambule et me dit : « Tom, si vous désirez réellement retourner là-bas, je vous y emmène. » J'en lâchai presque mon verre et avalai de travers.

« Tom, c'est sérieux », ajouta-t-il.

J'étais si estomaqué que je restai d'abord sans réponse, mais, quand la parole me revint, je m'efforçai, malgré la vague d'excitation qui me bouleversait, de rester très flegmatique. Je ne voulais pas que ce miracle m'échappât.

« C'est une merveilleuse proposition, dis-je du ton le plus neutre, mais, voyez-vous, Smithy, jamais vous ne pourriez charger tout mon équipement à bord.

– C'est simple, répondit cet homme déconcertant en remplissant mon verre, nous n'aurons qu'à faire deux voyages. »

Même à cet instant, je ne pouvais croire à son offre.

« Mais vous avez déjà un dinghy sur le pont. » Je devais avoir l'air de chercher des excuses. « Vous ne pourriez jamais y ajouter ma barque.

– Qu'à cela ne tienne, dit-il sans aucune hésitation, nous la remorquerons. »

Alors, pour la première fois, je me laissai aller à croire que j'avais peut-être bien là une chance sérieuse de revoir Souvarof. Il ne me vint pas à l'idée de lui demander pourquoi il me faisait cette offre généreuse. Je l'acceptai comme allant de soi. Mais je pense aujourd'hui qu'il avait sans doute voulu me rendre l'aide que je lui avais apportée sur son bateau. Outre le fait qu'il possédait un véritable goût pour l'aventure.

Nous parlâmes très avant dans la nuit. En m'en retournant à ma cabane, je savais non seulement que cette affaire était bien réelle mais aussi que notre départ était prévu dans les trois prochaines semaines.

Dès le lendemain, je commençai à expédier mes paquets par camion à un ami qui vivait près du mouillage du *Tahiti* et qui possédait un abri vacant. À partir de ce moment, je passai mes soirées à ranger à bord tout mon équipement.

Une nouvelle fois je fis le tour des magasins comme je l'avais fait tant d'années plus tôt, en quête de provisions en gros. Mais, cette fois, si j'achetais à peu près les mêmes produits, l'état de mes finances me permettait d'en prendre une quantité bien plus importante. J'avais appris quelques leçons au cours de mon premier séjour sur l'île, et j'étais bien résolu à ne pas les oublier, chaque fois que j'entrais dans une boutique. Je me rappelais avant tout combien la viande m'avait manqué, et c'est pourquoi j'achetai trois fois la quantité que j'avais acquise à mon premier voyage. Je dépensai aussi beaucoup plus en thé et en lait en poudre, sachant combien je pouvais être malheureux sans ma tasse de thé du soir sur la plage.

J'avais toujours ma vaisselle et mes ustensiles de cuisine ; la plupart de mes outils étaient en bon état, d'autant plus qu'au cours des années j'en avais acheté d'autres. Mais l'attirail de jardinage m'avait grandement fait défaut. Je fis l'acquisition d'un bon râteau, d'une grande fourche, d'une bêche et d'une brouette pour transporter l'humus que j'aurais à récupérer pour faire un nouveau jardin. Comme je connaissais chaque recoin de chaque entrepôt de la Cook Island Trading Company, j'étais à même de « gratter » toutes sortes d'articles dévalorisés mais inestimables pour moi. Le jour où j'achetai mes outils de jardinage, le gérant y joignit une boîte d'engrais. Tout le monde semblait avoir à cœur de m'aider. L'un des employés du magasin de peintures me fit cadeau d'un assortiment de pinceaux, simplement parce que je lui avais raconté comment j'avais dû fabriquer mes propres pinceaux à Souvarof. Je n'oubliai pas davantage d'acquérir une douzaine de pinceaux d'enfant pour déposer le pollen sur les bourgeons de tomates.

Naturellement, la nouvelle de mon départ fut bientôt connue de tout le monde à Rarotonga. Cette fois encore, au cours de ces semaines d'agitation et de précipitation, je perçus, à travers la sympathie qui m'était témoignée, les traces d'une envie nostalgique, comme si chacun eût donné beaucoup pour s'embarquer dans une semblable aventure.

Un jour que je me trouvais chez « Donald » pour me procurer quelques vieux sacs à sucre, l'un des vendeurs, que je connaissais depuis des années, me regarda soudain droit dans les yeux et laissa échapper : « Tom, voulez-vous m'emmener avec vous ? »

C'était un homme au visage couvert de taches de rousseur, de quarante-cinq ans environ, et donc assez jeune par rapport à moi. Sa voix trahissait un désir presque pathétique et je me souvins qu'il était déjà en poste derrière ce comptoir avant même que je m'en aille pour la première fois. Pauvre diable !

Mais c'était impossible et je ne pouvais lui faire qu'une seule réponse. J'étais sincère, car c'était un brave garçon, quand je lui dis : « Désolé, Jim, mais ça ne marcherait pas. Croyez-moi, ça ne marcherait pas. Je retourne à Souvarof parce que j'aime être seul, et, si nous étions isolés là-bas ensemble, nous nous bagarrerions comme des chiens en moins d'un mois. »

Je n'avais besoin que d'un seul compagnon sur l'île : un chat. Madame Chaparde et Monsieur Tom-Tom avaient depuis longtemps disparu de ma vie et je les avais remplacés par une autre chatte. Comme ma barque, elle ne portait encore aucun nom, et j'ai l'impression que durant cette période j'avais cessé de donner des noms aux choses. J'avais choisi d'attendre le dernier voyage pour emmener la chatte. Par contre, j'étais décidé à emporter tout de suite deux coqs et six poules. Comme il n'y avait pas de place sur le pont pour loger la caisse à claire-voie que je leur avais faite, je me résolus à les faire voyager dans la barque que nous prendrions en remorque dès le premier voyage et que nous laisserions sur l'île pendant que nous retournerions chercher le reste de mes affaires.

Une seule chose me tracassait : comment pourrais-je payer le prix de mon transport ? Je savais que Smithy n'était pas riche, et je pensais qu'il serait indécent de lui laisser aussi la note de carburant. Chaque trajet représentait une distance de cinq cent treize milles, soit, pour deux allers-retours, plus de deux mille milles au total.

Quelques jours avant d'avoir terminé le chargement de ma première cargaison, je m'approchai de Smithy et lui tendis une liasse de billets, cinquante livres.

« C'est pour quoi ? me demanda-t-il avec étonnement.

– C'est pour m'emmener à Souvarof », répondis-je.

Il contempla les billets en silence pendant un moment, puis, sans dire un mot, il empocha l'argent. Nous ne reparlâmes jamais de cette question, mais je me sentis beaucoup mieux d'avoir payé mon passage.

Il me restait encore à rendre visite à M. Nevill, le commissaire résident. Je savais qu'il devait être au courant de mes plans, mais je ne m'en sentais pas moins tenu d'aller le voir et de lui parler d'homme à homme. Malgré les nombreuses fois où il avait refusé de m'aider, il s'était toujours comporté avec correction, en sorte que nous avions conservé des rapports qui n'excluaient pas l'échange de quelques paroles amicales quand nous nous rencontrions. Je ne voulais pas lui laisser l'idée que je m'étais débiné derrière son dos.

J'aurais pu prédire sa réaction quand je me rendis à son bureau de la résidence, quelques jours avant mon départ. « Monsieur Nevill, lui dis-je, je pars pour Souvarof. » Il sourit :

« Oh oui ! Tom, je n'ignore pas que vous partez ! »

Et, comme il n'était plus impliqué dans ses fonctions officielles, il me tendit la main et me souhaita bonne chance.

La nuit précédant mon départ, je fis la tournée de mes meilleurs amis pour leur dire au revoir. Je me demandais, maintenant que j'avais presque soixante ans, combien d'entre eux il me serait donné de revoir un jour. Il se trouvait qu'Andy était chez lui, et je m'en allai à bicyclette boire un dernier verre avec lui. Comme nous étions assis l'un en face de l'autre, une bouteille de rhum sur la table entre nous, il me sortit cette phrase, qui, je dois l'avouer, me fit grand plaisir : « Vous n'abandonnez jamais, n'est-ce pas, Tom ! » Cet ami, le plus ancien de tous, paraissait déconcerté. « J'aimerais bien savoir ce qui vous pousse à tant aimer Souvarof.

– Je n'en sais rien moi-même, Andy, et peut-être est-ce aussi bien ainsi », lui dis-je.

Je retournai en ville et j'allai, ensuite, voir Ron Powell. Il m'avait apporté tant d'encouragements dans la construction de ma barque, que je lui avais promis de l'inviter quand, après toutes ces années, je finirais par la lancer.

Nous la transportâmes tous les deux au bord de la mer et, pour la première fois, je l'essayai sur l'eau. Elle évoluait magnifiquement, comme pénétrée de ce que j'attendais d'elle.

Comme il fallait aussi arroser le lancement, Smithy et quelques autres se joignirent à nous. Nous restâmes à bavarder et à trinquer presque jusqu'au lever du soleil.

On aurait dit que la moitié de Rarotonga s'était rassemblée pour me faire ses adieux en ce jour de mars 1960 où enfin nous appareillâmes. Curieux, et je pourrais même dire fascinés, les gens s'étaient alignés sur le quai. De vieilles connaissances vinrent me serrer la main et me souhaiter bonne chance. Quelqu'un m'apporta une livre de thé. Une dame qui habitait une grande maison, non loin de ma cabane, m'offrit un gâteau qu'elle avait confectionné elle-même. Et, presque au moment de notre appareillage, je vis accourir hors d'haleine l'ami chez qui j'avais laissé la bicyclette. Il brandissait quelque chose qui ressemblait à un long bâton noir, et n'était autre que la pompe.

« Elle vous a servi la dernière fois, s'écria-t-il, cela pourrait se reproduire ! »

Les amarres furent larguées et, peu après, nous glissions hors du port. Derrière nous, Rarotonga s'amenuisa. D'abord les gens se dispersèrent, les maisons blanches disparurent, puis l'église et, enfin, seul le vieux volcan Te Manga conserva sa massive silhouette sur l'horizon.

Malgré ma joie et mon attente, j'avais la gorge nouée. N'est-il pas absurde, me disais-je, de tant souhaiter s'éloigner de ses amis, et de tant souffrir quand cela arrive enfin.

« Eh, Tom ! me cria Smithy, prenez la barre pendant que je vais vérifier le moteur. »

Terminé, le temps des rêveries ! Nous étions en route, de retour vers l'« île du Désir ».

Chapitre 14

Retour à Souvarof

Il nous fallut onze jours pour gagner Souvarof. Nous rencontrâmes un mauvais temps continuel, avec vents contraires et parfois des lames déferlantes. Malgré tout, je m'arrangeais quand même pour descendre dans la barque matin et soir afin de nourrir mes poules et écoper l'eau de pluie. Je ne pouvais y parvenir qu'en halant sur le filin de remorque pour amener d'abord la barque au niveau de notre arrière. Ensuite, Smithy la maintenait dans cette position pendant que je sautais dedans. Ce n'était pas une manœuvre facile, et, quand il faisait vraiment mauvais temps, nous n'avions pas d'autre solution que de recommencer l'opération quatre fois par jour pour empêcher le canot de couler. Un jour, je ne réussis pas à grimper dans la barque et tombai à la mer, mais je parvins à m'accrocher au filin de remorque.

Je ne pourrais pas dire que ce voyage fut une partie de plaisir. Nous devions utiliser toute notre énergie pour maintenir le *Tahiti* sur sa route.

Nous pouvions à peine faire la cuisine et, en ce qui me concerne, je n'arrivais même pas à penser à ce qui m'attendait. Le fait d'être parvenu à retourner à Souvarof représentait l'une des grandes réussites de mon existence, et j'aurais dû me sentir tout excité ; mais, en raison du mauvais temps, ce voyage à bord du *Tahiti* avait quelque chose d'une douche glacée. Nous étions trop occupés à réfléchir. Même manger un repas froid devenait aléatoire quand le temps était au plus fort.

La veille de notre arrivée à Souvarof, le vent tomba et nous passâmes la nuit à quelques milles au large du récif. Bien qu'encore à une grande distance je pouvais par moments entendre le grondement de la mer sur l'atoll. J'étais assis sur le pont – tout comme je l'avais été quelques années plus tôt sur le pont du *Tiare Toporo,* avec Andy – et je pouvais enfin me réjouir à l'idée que mon île n'était plus qu'à quelques milles, et que le lendemain j'y serais, marchant sur la plage de sable blanc et dur, les oreilles offertes au clapotis des vagues tièdes et au bruissement du vent dans les palmes.

Smithy dormait dans la cabine, mais maintenant, le mauvais temps loin derrière nous, j'étais assis sous un ciel rempli d'étoiles. Seul le doux clapotis de l'eau contre le bois de la coque troublait le silence de la nuit. Nous avions beau être éreintés par le voyage, je ne pouvais admettre l'idée de perdre cette nuit à dormir. C'était la nuit la plus merveilleuse qui fût, une de ces nuits qui avait dû inspirer à Masefield le poème « La mer solitaire et le ciel ». Tout paraissait ne faire qu'un, et j'avais le sentiment d'être seul au centre d'une vaste sphère noire.

Il était 4 heures du matin quand je finis par m'endormir, et je me réveillai deux heures plus tard, frais comme une pâquerette, par une belle matinée ensoleillée. Puisque nous n'avions plus de vent, nous utilisâmes le moteur auxiliaire pour nous approcher de l'île. À 8 heures, nous franchissions la passe dans le récif et j'avais Souvarof devant les yeux.

Quel moment ! Vu du pont du *Tahiti*, rien ne semblait avoir changé. Je ne me faisais pourtant aucune illusion sur le fouillis qui m'attendait. La lumière du matin accrochait le sommet des vieux palmiers de plus de vingt mètres, et ils apparaissaient en silhouettes, noirs et baignés d'une clarté éclatante. Il me semblait (et cela se comprend) que l'île n'avait jamais été aussi belle. Comme nous tournions la pointe sud pour entrer dans le lagon, j'observai d'abord le dais formé par les palmes des plus jeunes arbres penchés tendrement sur la plage. Puis la vieille jetée, qui semblait bien dans l'état où je l'avais laissée. Les cinq grands *tamanus* de Frisbie étaient toujours debout – rien ne pourrait jamais les déloger –, mais je pouvais voir la trace des tempêtes aux quelques vieux cocotiers qui gisaient sur le sol. Tout était tranquille, jusqu'au moment où une vingtaine de frégates s'envolèrent toutes ensemble, furieuses ou effrayées par notre intrusion, pour s'en aller chercher abri sur One Tree Island.

Smithy me dit : « Mouillons l'ancre ici et je vais vous donner un coup de main avec votre bateau. Ce n'est pas la peine de mettre le mien à l'eau pour le moment. »

Une fois l'ancre accrochée au fond, j'amenai le canot contre le bateau et Smithy tint le cordage pendant que je montais à bord. Les poules manifestèrent quelque inquiétude quand Smithy monta à son tour et que je me mis à ramer vers la plage.

Ce fut un étrange moment, tout chargé d'émotion, quand nous atteignîmes la plage et que je sautai dans l'eau tiède pour amarrer le canot. En un instant, les six années d'attente furent effacées de l'ardoise, comme si elles n'avaient jamais existé. J'avais l'impression de rentrer d'une expédition sur l'un des îlots, le *Tahiti* au mouillage sur le lagon n'était qu'un autre yacht de passage.

La plage était toujours la même, juste un peu salie par quelques palmes soufflées par le vent jusqu'en lisière des arbres. Mais rien n'avait changé, tout comme rien n'avait dû changer depuis mille ans. Quand je passai de la bordure de corail au sable de la plage, je quittai mes chaussures de caoutchouc pour mieux sentir le sable me brûler la plante des pieds.

Le caquètement misérable des poules me rappela aux tâches sérieuses. Nous avions du pain sur la planche, d'autant plus que Smithy voulait retourner aussitôt que possible à Rarotonga pour le deuxième voyage.

« Mais nous ne pouvons pas commencer à décharger avant d'avoir jeté un coup d'œil sur la cabane, dis-je à Smithy. Qui sait, elle est peut-être par terre ! »

Nous eûmes quelques difficultés à nous frayer un chemin sur le sentier de corail – ce sentier autrefois si bien entretenu. Il était à présent tout encombré de branchages et de lianes grimpantes. On avait l'impression de marcher à travers la jungle et, quand nous atteignîmes la cour, juste devant la cabane, Smithy jeta un regard circulaire et dit simplement en se grattant la tête avec une sincère conviction : « Tom, aucun homme ne peut venir à bout d'un tel fouillis. »

La cabane et les dépendances extérieures étaient complètement submergées par la végétation grimpante, mais je fus content de constater que mes haubans tenaient encore bon. Des palmes mortes jonchaient tout le terrain. Le vieil abri que j'utilisais pour remiser mes outils et le bois pour le feu semblait dans un état encore pire que lors de mon arrivée la première fois sur l'île. Un regard sur la cuisine me fit comprendre que j'aurais pratiquement à la reconstruire ; par-derrière, mon arbre à pain avait totalement disparu sous les lianes. Autour de moi, tout était à reprendre de zéro. Le jardin se présentait comme une jungle de plantes et de noix de coco germées qui avaient dû tomber des arbres voisins. La palissade du jardin et la clôture du poulailler s'étaient effondrées.

Et pourtant je ne me souviens pas d'avoir éprouvé le moindre sentiment de découragement. Ce n'était pas pis qu'en 1952, et je m'en étais bien tiré alors, même sans bateau au début. Aujourd'hui, j'avais de meilleurs outils, davantage de provisions et un bon canot. Évidemment, j'aurais à donner un coup de collier pour remettre les choses en état, mais, puisque je l'avais déjà fait une fois, j'étais capable de le refaire – et ce n'était pas le moment de gémir.

« Au moins, la cabane est encore debout. Regardons ça de plus près. » Je me dirigeai vers la galerie. Elle avait tenu le coup, et mes réparations faites après l'ouragan qui avait emporté la jetée tenaient encore six ans après, bien qu'il y eût à faire ici et là un peu de tressage sur le toit.

J'ouvris la porte et commençai à expliquer à Smithy : « Ceci était mon bureau... », mais je m'interrompis net : le plancher était un lac.

« C'est de là que ça vient, dit Smithy en montrant le toit. Rien de bien grave, et nous réparerons ça en une journée. »

Il s'agissait d'une vilaine fuite, une plaque de tôle ondulée ayant été arrachée. Je découvris peu après qu'il en était de même dans la salle à manger. J'étais en train d'examiner le toit quand quelque chose attira mon attention. Un morceau de papier ou plutôt deux morceaux, l'un blanc et l'autre vert, étaient posés bien en évidence sur le banc, maintenus par un pavé de corail. Je saisis le papier blanc. C'était une note qui datait de mars 1956. Elle disait : *« Je ne sais pas qui vous êtes et si vous reviendrez mais j'aimerais vous faire savoir que mon bateau a séjourné ici pendant deux semaines. Nous avons apprécié les fruits de votre beau jardin et nous avons mangé cinq de vos poules. J'espère que ceci couvrira tout. Sincèrement, Sid P. Thatcher, San Francisco. »*

L'autre « morceau de papier » était un billet de vingt dollars. « Eh bien ! s'exclama Smithy, je ne savais pas qu'il existait encore des gens honnêtes sur cette terre ! »

Comme le geste de ce M. Thatcher inconnu était élégant ! Il soulevait en moi toutes sortes de pensées. Y avait-il une Mme Thatcher ? Était-il encore vivant ? Je conservai ce billet pendant très longtemps, jusqu'au jour où il tomba fort à propos.

« Allons, Tom, cessez de vous demander comment vous allez dépenser cet argent, dit Smithy pour me sortir de mes réflexions, j'aimerais voir un peu plus de votre domaine. »

Nous repassâmes dans le bureau pour entrer dans la chambre à coucher. Elle était tout à fait sèche, sans une trace d'humidité.

Compte tenu de la fuite du toit, qui ne représenterait pas un bien grand problème une fois que je m'y attaquerais, nous décidâmes de stocker mes paquets dans la chambre à coucher jusqu'à mon retour.

D'abord, nous déchargeâmes tout sur la plage, transportant les caisses, les planches, les rouleaux de grillage, les poules à l'aide de ma barque. J'ai perdu le compte du nombre de voyages que nous fîmes, mais à la fin un tas énorme s'élevait sur le sable. Pendant que Smithy allumait un feu, je partis pêcher et je revins avec trois grandes langoustes pour le déjeuner. Après quoi, travaillant presque sans désemparer, nous traînâmes les lourdes caisses sur le sentier de corail, jusqu'à la cabane. Toutes les caisses étaient clouées, mais je n'avais pas pu sceller mes bidons de pétrole. Aussi, par souci de sécurité, je les calai soigneusement entre le mur et quelques caisses.

Je dus mettre les poules en liberté. Les pauvres bêtes ! Elles titubaient, comme saoules. Il allait leur falloir pas mal de temps avant de s'habituer à nouveau à la terre ferme et sèche.

Tout fut entreposé dans la cabane au cours de l'après-midi, mais, avant d'avoir hissé le bateau jusque sous la galerie et l'avoir recouvert de sacs vides, le crépuscule était descendu. Nous convînmes de passer la nuit sur le *Tahiti* pour n'appareiller que le lendemain.

Avant de repartir pour Rarotonga chercher la deuxième cargaison, j'écrivis un mot sur un morceau de carton et l'épinglai sur la porte :

« *À toutes fins utiles*

» *Je vous prie de ne pas tuer de coqs ou de poules, de ne rien prendre de mes affaires et de ne pas utiliser mon bateau. Je compte être de retour dans trois semaines environ. Tom Neale.* »

J'étais de retour le 23 avril.

Quatrième partie

Sur l'île

Avril 1960 - décembre 1963

Chapitre 15

Visiteurs du ciel

Quand j'entrepris d'écrire ce livre, j'étais presque décidé à le terminer au moment où je quittai l'île avec mon dos malade. Je pensais qu'il pourrait être fastidieux pour le lecteur de relire les mêmes histoires, puisque au cours de mon deuxième séjour je vécus à peu près la même expérience que la première fois. J'étais revenu parce que je ne pouvais pas vivre ailleurs qu'à Souvarof – mes raisons pour aimer cette île n'étant pas plus compliquées que cela. Le défi de m'installer à nouveau sur l'atoll, en accomplissant les mêmes tâches, aurait pu donner au lecteur un goût de déjà lu.

Puis, je changeai d'avis et pensai intéressant de rapporter quelques incidents qui rompirent la monotonie de mon existence. Mais, avant d'en arriver là, je dois, aussi brièvement que possible (et au risque de me répéter), dire comment je recommençai mon installation. Les premiers jours s'écoulèrent comme dans un rêve. En dépit du fait qu'il me fallait pêcher, faire la cuisine, ramasser du bois pour le feu, c'est à peine si mes pieds touchaient terre.

Je me levais le matin, je revêtais mon paréo, je me faisais du café, puis je me disais qu'à cette heure j'aurais dû me trouver en pantalon long, un trousseau de clés à la main, sur le point d'ouvrir le magasin : j'avais réussi à m'échapper ! Et c'était là l'exaltante sensation qui rendait ces premières journées si incroyablement merveilleuses et précieuses. J'avais trompé le Système, déjoué le Destin, la Vie elle-même, et tout cela par miracle.

Mon deuxième séjour à Souvarof dura trois ans et demi pendant lesquels six yachts seulement vinrent faire escale. Une fois, quatorze mois s'écoulèrent sans m'apporter un être humain ; pourtant, je ne me sentis jamais seul.

Je passai mes premières semaines à établir un rythme de vie durable. Plus jamais je ne m'infligeai de longues heures de travail physique comme je l'avais fait lors de mon premier séjour. J'avais retenu cette leçon amère que l'on ne peut pas se surmener et se sous-alimenter à la fois – et je m'étais juré de ne jamais l'oublier.

Après avoir disposé de six années pour revivre chaque moment passé sur l'île et réfléchir aux fautes que j'avais commises, j'en étais arrivé à la triste conclusion que, moi qui aimais la cadence de vie tranquille des îles, j'avais failli adapter à l'île les pratiques de la moitié de mon existence dans le Pacifique-Sud. Et je sais très bien pourquoi. J'étais si fier de mon île que j'avais voulu tout faire trop vite. Et ainsi, par un curieux retour des choses, j'avais imposé à cette île où le temps ne compte pas l'agitation et l'affairement des grandes villes auxquelles j'avais précisément voulu échapper. Peut-être était-ce un peu exagéré, mais maintenant j'avais pris la ferme résolution de ne pas renouveler les erreurs antérieures, même si j'avais à affronter une végétation aussi sauvage que celle qui m'avait accueilli à mon arrivée en 1952.

Cette fois, j'avais de meilleurs outils, de meilleures provisions et, par conséquent, un meilleur point de départ. Bien que le jardin fût un entrelacs de lianes et d'herbes folles, au moins les cochons ravageurs n'existaient-ils plus. Les vieux bananiers avaient un aspect florissant et mes pousses de papayers ressemblaient aujourd'hui à des arbres respectables.

Les poules que j'avais apportées étaient tout à fait domestiquées et leur exemple sembla rappeler de lointains souvenirs aux quelques survivantes de la basse-cour que j'avais abandonnées six ans plus tôt, à tel point que dès qu'elles me virent apparaître elles accoururent à la soupe. En examinant ce qui restait de leur ancien enclos et me sachant équipé de deux rouleaux de cinquante mètres de grillage, je me dis que le travail de reconstruction serait relativement facile.

Pendant ces premières semaines, j'essayai de remettre peu à peu la maison en ordre. Après avoir réparé le toit, je peignis en blanc l'intérieur de la salle à manger, je rénovai la cuisine et je construisis une nouvelle cuisinière dotée d'un four dans lequel je pouvais cuire des plats à l'aide des ingrédients les plus alléchants apportés avec moi. Puisque je disposais maintenant du lait en poudre, je fus à même de me faire des flans dès que les poules se mirent à pondre, et de la pâtisserie tant qu'il me resta de la farine.

Bien que la remise en état du jardin s'avérât un travail herculéen, j'y pris plus de plaisir qu'à toute autre tâche, et cela en dépit de certains problèmes. Éliminer les lianes ne représentait qu'un début. Je découvris que l'humus qui restait dessous était couvert d'une telle épaisseur de chiendent que, quelle que soit la quantité que j'en éliminerais, d'autres touffes pousseraient. Quand j'avais nettoyé un espace, je le ratissais pour mon semis jusqu'à ce que plus rien de vivant n'apparût à la surface du sol. Mais il me suffisait de tourner le dos, ou qu'une averse tombât, pour que le terrain fût à nouveau envahi de joyeuses pousses. Si seulement les graines grandissaient aussi vite que les mauvaises herbes ! Quand, enfin, elles se mettaient à germer, j'étais souvent incapable de reconnaître les graines des herbes et je devais laisser pousser les deux jusqu'au moment où j'arrivais enfin à faire la différence. Puis, juste quand la plantation commençait à devenir prometteuse, je pouvais compter sur mes vieux amis (eux ou leurs descendants) les petits bernard-l'ermite pour raser toutes les tendres pousses. C'était à croire qu'ils avaient patiemment attendu que je leur ensemence le potager pour leur agrémenter la vie.

En plus du jardin, il fallait aussi nettoyer la jungle alentour. Le sentier jusqu'à la plage était maintenant si encombré qu'à certains endroits je devais scier de grosses branches qui avaient poussé pendant mon absence. Au cours des six années écoulées, les vents avaient empilé d'énormes tas de branchages et de palmes mortes, comme par pure malveillance, aux endroits où cela me gênait le plus.

J'étais constamment occupé à jouer de la machette ou de la hache. Beaucoup du bois coupé me servit comme combustible, mais j'avais toujours l'œil à la recherche des tiges et des bâtons pouvant servir de tuteur à mes pieds de tomates, qui poussaient à une incroyable vitesse maintenant qu'ils avaient de l'air pour respirer.

Peu à peu, sans m'en rendre compte, je retombais tranquillement dans la routine, mais à un rythme plus lent. Même si j'avais largement de quoi m'occuper, je ne me sentais pas coupable en prenant un jour de congé. Maintenant que je disposais d'un bateau solide, la tentation de partir en vacances était bien plus forte. Je commençais à m'offrir des excursions périodiques vers les petites îles du lagon. Par une belle journée, avec un vent favorable, je parvins à couvrir en deux heures les six milles jusqu'à Motu Tuo. Une fois sur place, le temps semblait si parfait que je ne pus résister au désir de passer la nuit sur cet îlot.

J'avais une grande habitude de dormir à la belle étoile, mais il me vint une idée. Robinson Crusoé s'était construit une résidence secondaire à quelques milles de son lieu d'établissement. Pourquoi n'en ferais-je pas autant ? Qu'est-ce qui m'empêcherait d'avoir une villa d'été sur Motu Tuo ? Lorsque j'en aurais assez d'Anchorage, il me suffirait de faire la traversée à la rame ou à la voile pour me changer de décor. Je fus pris d'enthousiasme et passai toute la journée à construire un abri sommaire fait de branches de palmiers. Puis je harponnai quelques labres et cueillis des papayes sauvages. Je me fis un repas de poissons grillés et de fruits cuits sur le pas de ma nouvelle résidence, le tout arrosé de l'eau de noix de coco au lieu de ma tasse de thé habituelle.

Un seul incident vint gâcher cette expédition idyllique. Au milieu de la nuit, je me réveillai en criant sous le coup de la douleur si violente dans une jambe que j'eus l'impression que l'on m'avait ouvert le mollet d'un coup de couteau. Il n'y avait pas de lune et j'étais sans lampe, mais, en me penchant pour toucher ma jambe, je sentis l'humidité poisseuse du sang, en même temps que la présence, à côté de ma main, de quelque chose qui bougeait et se dérobait.

J'avais oublié ces sacrés crabes de cocotier ! Le cruel pincement ne paraissait pas avoir fait de dégâts trop sérieux, mais, après avoir nettoyé la blessure à l'eau de mer, je ne pus retrouver le sommeil cette nuit-là. Au voyage suivant, je pris avec moi une scie, un marteau et des clous et je me construisis une couchette à partir de morceaux de bois ramassés sur la plage.

Au cours des mois suivants, tout en ne travaillant que si j'en avais envie, ma cabane sur Motu Tuo devint tout à fait confortable. Elle n'eut jamais l'apparence de mon habitation d'Anchorage, mais j'installai quelques étagères pour y laisser des ustensiles de cuisine, ainsi qu'une lampe-tempête, du pétrole, deux boîtes d'allumettes, chacune scellée dans une boîte étanche (pour le cas où je me serais fait tremper pendant la traversée).

Une fois, je passai une semaine entière sur l'îlot. J'avais emporté quelques outils pour construire une couchette moins sommaire. Je voulais aussi tresser le toit et les murs avec des feuilles de pandanus qui, si le travail est bien fait, durent plusieurs années de plus que les palmes de cocotier. Je ramassai un grand stock de bois à brûler et je bâtis une cuisine rustique mais pratique, juste derrière la hutte. Le seul problème était l'absence complète d'eau potable dont j'avais besoin pour ma tasse de thé du soir.

Je n'avais rien pouvant servir de récipient pour recueillir l'eau de pluie. Je songeai à nettoyer un vieux fût à pétrole et à l'amener ici, mais j'écartai cette idée. Je ne pouvais pas m'imaginer buvant de l'eau qui aurait stagné à ciel ouvert entre mes séjours. En fin de compte, j'apportai des bouteilles d'eau avec moi à chaque voyage.

J'aimais mes petites excursions à Motu Tuo. Bien que l'îlot ne fût pas aussi beau que « mon » île, j'étais tout surpris de voir comme un changement de paysage pouvait être agréable.

Motu Tuo, où Frisbie avait une fois suggéré en plaisantant que je devrais m'établir, était presque aussi grand qu'Anchorage, mais les autres îlots tels que One Tree (où mon dos avait « grippé ») et Brushwood étaient si petits que je les visitais rarement, sauf pour y récupérer les épaves utilisables.

Et, ainsi, le temps s'envolait sans effort d'une semaine à l'autre. Si je n'avais fidèlement tenu mon journal chaque jour, j'aurais difficilement pu croire que six mois s'étaient déjà écoulés.

Certains mois, j'avais assisté à de grands changements. Le jardin était maintenant luxuriant, j'avais pollinisé les boutons, tressé le toit de la galerie et repeint l'intérieur de la case. Les poules s'étaient multipliées, j'avais détruit les crabes de cocotier. Mais pendant tout ce temps je n'avais pas vu une voile à l'horizon, ni un avion dans le ciel. J'avais été entièrement seul, et tout à fait heureux.

Sans avertissement, en novembre 1960, le silence qui baignait l'île (brisé seulement par le grondement des vagues et les cris des oiseaux) fut tout d'un coup ébranlé par un vrombissement si puissant que le chat se sauva comme s'il y allait de sa vie et que les poules se précipitèrent dans l'abri illusoire de leur cage. C'était si inattendu que moi-même je fus terrorisé pendant quelques instants. Je crus qu'une autre guerre avait éclaté. Je sortis comme un fou de la cabane, tandis que le vacarme se faisait de plus en plus fort et inquiétant. Je gagnai le couvert des cocotiers et, regardant en l'air, je vis deux ombres énormes dans le ciel, aussi monstrueuses et prédatrices que les frégates qui s'enfuyaient maintenant, affolées. Puis je réalisai qu'il s'agissait de deux hélicoptères.

Jusqu'au moment où ils se trouvèrent presque à l'aplomb de la case, je pensai qu'ils allaient peut-être me laisser tranquille. J'étais encore caché parmi les arbres puis je me mis à courir sur le chemin de corail et j'attendis sous les palmiers en bordure de la plage, près de la vieille jetée. Le premier hélicoptère se posa doucement devant moi dans un tourbillon d'hélices qui souleva des nuages de poussière. Quand il s'immobilisa, plus semblable encore à un oiseau, les pales gigantesques s'arrêtèrent de tourner, une porte s'ouvrit et deux hommes en treillis kaki surgirent. Peu après, le second hélicoptère atterrit à quelques mètres du premier. D'après leur attitude, il était évident qu'aucun des hommes ne se doutait le moins du monde que quelqu'un vécût sur cette île et j'espère qu'on me pardonnera pour avoir apporté une petite touche de sensationnel. Comme ils se tenaient là, l'un d'entre eux releva sa casquette à visière pour s'éponger le front. Je sortis du couvert des arbres, soulevai mon chapeau de paille et dis : « La flotte américaine, je suppose ? »

Je n'ai jamais vu deux hommes aussi frappés de stupeur. Ils restèrent bouche bée pendant une dizaine de secondes, jusqu'au moment où l'un d'eux, reprenant ses esprits, recula d'un pas, fit un salut impeccable, puis s'avança et me serra la main.

« Nom de Dieu, s'exclama-t-il, qu'est-ce que vous faites ici ?

– Je vis ici, lui répondis-je.

– Seul ?

– Oui, seul. Vous êtes la première personne à qui je parle depuis six mois. »

Ils m'entouraient. L'un d'eux m'offrit une cigarette, examina ma peau couleur d'acajou et dit d'un ton hésitant : « Vous n'avez pas l'air d'un indigène, monsieur.

– Non, répondis-je simplement, je suis néo-zélandais.

– Ben, nom de Dieu, s'exclama-t-il, vous avez une drôle de chance que nous ayons atterri ici : on va pouvoir vous sortir de là. »

Ils ignoraient encore que j'étais sur cette île parce que j'avais choisi d'y être. L'un d'eux me dit avec empressement que leur navire (je pouvais maintenant l'apercevoir au large du lagon) se rendait en Nouvelle-Zélande, et il était certain qu'ils pourraient me « sauver » et me ramener à la civilisation.

« Mais je me plais ici », répondis-je, presque incapable de m'empêcher de rire.

L'officier le plus ancien se passa la main dans les cheveux et murmura : « Allons bon, voilà que Robinson Crusoé existe vraiment ! »

Je leur fis les honneurs de mon domaine et j'appris qu'ils dépendaient d'un brise-glace américain, *Le Glacier*, en route pour l'Antarctique, via la Nouvelle-Zélande. Le navire poursuivait sa route, aussi ne pouvaient-ils pas s'attarder, de peur de voir le bateau sortir de leur rayon d'action et de se retrouver coincés avec moi. Ils avaient effectué cette promenade à titre de « vol d'entraînement », et, en fait, avec l'idée de ramasser quelques noix de coco. Je leur en ouvris quelques-unes pendant qu'ils examinaient ma case en détail, ainsi que le jardin et le poulailler. Ils avaient du mal à croire que ce genre d'histoire puisse encore exister au vingtième siècle.

« Vous êtes vraiment sûr de ne pas vouloir nous accompagner ? », demanda l'un des pilotes.

Peu après, ils étaient prêts à repartir. Nos adieux furent scellés par de nombreuses poignées de main. Ils fouillèrent dans leurs poches pour me laisser leurs paquets de cigarettes entamés. Ils me dirent avec regret : « Ah ! si nous avions su que vous viviez ici, nous aurions pu vous apporter tout ce que vous vouliez. »

Nous bavardâmes encore une minute et ils me promirent de contacter ma sœur en Nouvelle-Zélande, pour lui faire savoir que j'allais bien. Et, avec une pointe de gaucherie, ils me dirent : « Désolés, monsieur Neale, mais nous devons partir. Les ordres sont les ordres et nous avions droit à une demi-heure. Ce fut merveilleux de vous rencontrer. »

Ils montèrent à bord, me saluèrent encore de la main, et, dans un tournoiement d'hélices et un ouragan de poussière, ils s'élevèrent dans le ciel pour regagner le vingtième siècle.

À mon retour à la baraque la vieille chatte était sortie de sa cachette et les poules s'affairaient déjà à picorer dans la cour.

Toute la visite n'avait duré qu'une demi-heure, la plus courte visite jamais faite par quiconque à Souvarof.

Ce passage des hélicoptères devait être suivi d'une conséquence intéressante. Tout à fait à mon insu, l'U.S. Navy diffusa un bref communiqué de presse sur son passage à Souvarof. C'est ainsi que Noel Barber, auteur et journaliste, entendit parler de moi pour la première fois, alors qu'il se trouvait à l'hôpital à la suite d'un accident de voiture. L'envie lui vint de visiter l'île – et moi-même –, et il arriva cinq mois plus tard à bord du *Manua Tele,* qu'il avait loué à Pago Pago.

Quand il débarqua, Noel pouvait encore à peine marcher avec des cannes, car il avait été gravement blessé. Il resta deux jours et m'apporta bon nombre de provisions, au nombre desquelles du thé, de la farine, du corned-beef, sans oublier whisky, rhum et cigarettes.

J'étais si reconnaissant pour le stock de nourriture qu'il avait apporté, qu'après l'appareillage du *Manua Tele* je m'assis à mon bureau et lui écrivis une longue lettre de remerciements. Elle dut attendre quatorze mois avant de pouvoir quitter l'île, car il s'écoula quatorze mois jusqu'à l'arrivée d'un autre bateau à Souvarof. Cette visite eut lieu dans les circonstances les plus inattendues.

Un matin, je venais de me laver le visage et j'allais boire mon café quand j'entendis une sirène de bateau – la sirène d'un bateau que je connaissais aussi bien que le son de ma propre voix.

Je m'écriai : « Mais c'est le *Tiare Taporo,* ce doit être Andy ! »

Laissant là mon café, je courus sur la plage et découvris le *Tiare Taporo* au milieu de la passe. Deux marins maoris ramaient déjà dans le canot, à mi-chemin de la plage. Dès le moment où je vis le *Tiare* arrêté au milieu du chenal, je sus qu'il ne resterait pas longtemps. Andy connaissait si bien le lagon que, s'il avait eu l'intention de s'attarder, il y serait entré carrément et il aurait mouillé.

Quand le canot accosta sur la plage, je reconnus un des gars de l'équipage, qui me cria : « Hello, Tom ! »

Une fois à terre, je vis qu'ils avaient avec eux un passager polynésien qui me salua d'une poignée de main un peu solennelle. Il m'observa, trouvai-je, d'une manière assez étrange, comme si j'étais un revenant.

« Andy est-il toujours le capitaine ? », demandai-je.

On me répondit qu'il l'était toujours et qu'il était impatient de me voir. Ils allaient m'emmener immédiatement à bord du *Tiare.*

Je les priai d'attendre un instant, le temps de retourner à la case pour y prendre le billet de vingt dollars de M. Thatcher, ainsi qu'un peu de courrier qu'Andy posterait pour moi.

Puis nous partîmes pour le *Tiare,* et j'aperçus bientôt Andy sur la dunette. Nous accostâmes à l'arrière et je me dirigeai vers la passerelle, où Andy m'accueillit de sa chaleureuse poignée de main habituelle.

Cette rencontre fut le seul moment où je ressentis quelque peu ma solitude. D'habitude, le contact avec des visiteurs ne m'émouvait jamais très profondément, mais Andy était de loin mon plus ancien ami, il était directement rattaché à mon passé, à Rarotonga, à la moitié de ma vie. Le revoir là me serra la gorge et me ramena aussitôt sous la grande véranda, où nous avions si souvent passé une soirée.

Mais le moment d'émotion se dissipa quand il se mit à parler. « Tom ! s'exclama-t-il. Grâce au ciel, vous êtes toujours vivant ! »

Je le regardai avec étonnement.

« Y aurait-il quelque raison pour que je ne le sois pas ? rétorquai-je.

– N'êtes-vous pas au courant ? répondit-il lentement. Ne vous ont-ils (d'un mouvement de la tête, il désigna l'équipage du canot), ne vous ont-ils pas dit que tout le monde vous croit mort ? »

J'éclatai de rire.

« Venez prendre un verre dans le carré. » La voix d'Andy était presque brutale. « Je vais tout vous expliquer. »

Dans le carré, je me sentais à peu près comme chez moi, en face de cet homme qui était mon ami depuis plus de trente ans. Je bus mon premier whisky et je prêtai l'oreille à une histoire des plus étranges.

Andy revenait de Puka Puka et rentrait à Rarotonga, quand il reçut un message radio du commissaire résident (un nouveau, car M. Nevill était parti depuis longtemps). Le message était bref et clair. Une forte rumeur avait atteint Rarotonga, suivant laquelle un bateau de pêche japonais, qui avait fait escale à Souvarof, avait découvert mon cadavre.

Regardant par-dessus son verre, Andy dit calmement :

« Le *Tiare Taporo* a reçu l'ordre de se rendre à Souvarof, de faire des recherches et, au besoin, de vous enterrer chrétiennement.

– Un bateau de pêche japonais ! dis-je en éclatant de rire, mais, Andy, vous êtes le premier humain que je vois depuis quatorze mois !

– Eh bien, je suis enchanté de constater qu'il ne s'agit que d'une rumeur ! dit Andy sèchement.

– Mais comment une telle rumeur a-t-elle pu se répandre ?

– Je n'en sais pas plus que vous, admit Andy, j'ai reçu le message radio, et c'est tout. Oublions cela et buvons un autre verre. »

Le temps, c'est de l'argent pour un bateau, et Andy n'était pas le propriétaire du *Tiare Taporo,* aussi sa visite fut-elle courte – encore qu'un peu moins que celle des Américains dans leurs hélicoptères.

Il resta dans la passe pendant deux heures, au cours desquelles nous bavardâmes de nos amis à Rarotonga et de ce qui se passait dans le monde.

Nous avions tant à dire (rien pourtant de bien grande importance) que le temps paraissait s'envoler et, jusqu'au dernier moment, j'eus l'espoir qu'il resterait un peu plus longtemps. Après tout, c'était Andy qui, le premier, m'avait amené sur cette île.

Mais, après avoir bu un dernier verre et bavardé encore un peu, Andy dit enfin à contrecœur : « Il faut que je reparte. Je suis désolé, Tom, de ne pouvoir rester plus longtemps et faire un tour à terre. Vous vous souvenez de ce premier pique-nique sur Motu Tuo ?... Mais je dois suivre les ordres. »

Avant le départ, j'achetai une boîte de pain de mer et un peu de tabac à la boutique du bord, et Andy me fit cadeau d'une bouteille de rhum.

Comme j'étais sur le point de dire au revoir et de descendre dans le canot, je ne pus m'empêcher d'ajouter : « N'oubliez pas de leur faire savoir que je suis toujours vivant !

– Je leur ai déjà envoyé un message, et, ce soir, Rarotonga saura que vous vous portez bien. » Il ajouta par-dessus son épaule : « Et faites en sorte que ça dure, Tom.

– Il vous faudra encore attendre longtemps avant de m'enterrer », lui répliquai-je, en embarquant dans le canot.

Je me tins sur la vieille jetée jusqu'au moment où le *Tiare Taporo* disparut à l'horizon. Je me sentais plutôt triste, me demandant ce qu'ils faisaient maintenant à bord, m'imaginant que dans quelques jours Andy serait de retour à cette « civilisation » que je détestais tellement, et qui pourtant, à cette heure, me semblait avoir quelques attraits. Presque avec découragement, je me représentais Andy retournant à son bungalow, je voyais son jardin avec ses marguerites africaines ; puis j'eus une vision fugitive des boutiques dans la rue principale. En contemplant la pleine mer au-delà du lagon, je me dis que je n'aurais pas détesté revenir à Rarotonga pour une quinzaine de jours de vacances.

La vieille chatte se frottait à ma cheville nue et me rappela à la réalité.

« Ne joue pas au vieux fou sentimental, Neale, me dis-je sévèrement, tu sais très bien que tu ne pourrais plus supporter cette vie au bout d'une semaine. »

Tout de même, quand j'arrivai à la cabane, je me versai une rasade de l'excellent rhum d'Andy. C'était la première fois que je m'envoyais un verre dans la journée. Mais aussi est-ce la seule fois où j'en eus réellement besoin.

Chapitre 16

Cinq heures dans l'eau

Je n'ai jamais rencontré dans ma vie de force de la nature plus implacable que l'océan Pacifique. Il me faisait parfois penser à un ennemi qui aurait attendu son heure pour me surprendre au moment où j'étais désarmé.

C'est pourquoi je ne me risquais jamais à sortir en canot si le baromètre montrait le moindre signe d'un possible mauvais temps. Je ne savais que trop bien avec quelle rapidité le Pacifique peut changer d'humeur ; tantôt calme et tranquille et, l'instant d'après, devenant un chaudron de forces titanesques. Je ne laissais pas non plus s'écouler une semaine sans examiner ma boîte à outils, qui représentait ma seule chance de survie au cas où un ouragan aurait balayé l'île.

Et, pourtant, ce ne fut en rien de ma faute si je me retrouvai, ce matin de juillet 1961, à lutter pour ma vie, mon canot retourné au milieu du lagon.

Je ne le savais pas au début, mais j'allais rester dans l'eau cinq heures durant.

Il n'y avait eu aucun signe précurseur. Nous avions subi une courte période de mauvais temps mais elle était maintenant terminée, de même que la saison des cyclones. Le baromètre était haut, et ce jour-là se leva aussi tranquille que la plupart des autres. Rien, en apparence, ne devait me faire hésiter à parcourir les cinq milles jusqu'à Bird Island dans une de ces « tournées d'inspection » où je cherchais à voir si rien d'utilisable n'avait été rejeté sur la plage.

J'atteignis l'îlot, poussé par une bonne brise, je collectai deux ou trois épaves et, vers midi, je repris la route d'Anchorage. J'étais au milieu du lagon, naviguant par plus de cinquante mètres de fond, quand soudain, venu de je ne sais où, un grain se leva et me tomba dessus. En l'espace de quelques secondes, tout se transforma. Le soleil disparut, les nuages devinrent d'un noir d'encre, et le vent se mit à hurler. J'allais essuyer une de ces tornades terribles qui se forment en quelques minutes. Je n'eus même pas le temps d'amener la grand-voile et je me contentai de larguer l'écoute en catastrophe. Puis j'amarrai le tout contre le mât. C'est un truc qui permet de maîtriser rapidement une voile, et je le connaissais depuis longtemps. Au total, l'opération me prit moins d'une minute et le bateau se trouva paré pour encaisser le grain avant qu'il n'atteigne son maximum de violence. J'avais conservé le foc. Je me sentais capable de l'amener et j'avais confiance. L'heure suivante me parut très dure et très inconfortable mais sans aucun danger, dans la mesure où je me laissais simplement malmener comme un bouchon.

Cependant, l'orage se renforçait. Je pouvais le voir courir sur moi à travers le lagon et je commençai à avoir des doutes.

Il était stupéfiant d'observer à quelle vitesse la mer se levait sous la poussée du vent. Soudain, je frissonnai au souvenir d'une description de Frisbie. Dans un de ses livres il expliquait comment de grosses vagues, s'engouffrant dans la passe, pouvaient se heurter à des lames déferlantes à l'intérieur du lagon et exploser en un nuage d'embruns.

Et c'est exactement ce qui se produisit. En l'espace de quelques minutes, l'anneau de corail se transforma en un collier d'écume et les vagues, à l'intérieur du lagon, commencèrent à grossir en force et en taille. Au-dessus de Brushwood et de Turtle, les deux îlots les plus proches, je voyais des nuages de frégates noires projetées dans tous les sens, malgré la grande envergure de leurs ailes. Les hautes vagues qui s'entrechoquaient de l'autre côté du récif jaillissaient en un écran qui masquait toutes les terres.

Je ne me faisais pas encore trop de bile car le gros des lames, s'engouffrant dans la passe, restait très au sud de ma position et le déferlement se faisait d'est en ouest. En fait, je n'étais exposé qu'aux vagues résiduelles et, bien que trempé, je pouvais affronter le ballottement jusqu'au moment où une rafale plus forte me tomba dessus.

Ce qui arriva ensuite n'aurait jamais dû se produire. J'avais arrimé ma voile avec soin quand j'avais lié la bôme contre le mât, mais cette soudaine rafale parvint à mordre dans la voile, à s'y introduire, si bien qu'avant de pouvoir intervenir celle-ci claquait au vent au sommet du mât.

Je savais qu'il fallait agir vite si je ne voulais pas me trouver en danger réel de chavirer. Avec précaution mais aussi rapidement que je le pus, je grimpai sur le banc de nage de l'avant, puis, entourant le mât d'un bras, j'essayai, de l'autre, d'étouffer la voile qui battait follement.

J'avais presque réussi quand une autre rafale m'atteignit et la voile se gonfla en plein sur moi.

Sans avertissement, le bateau chavira gentiment, la quille en l'air. Je ne pus rien faire. Pendant un moment, je restai désarmé, attendant que mon bateau eût fini de se retourner sous moi, si lentement, en vérité, que l'instant d'après je pus presque « descendre » dans l'eau.

Une vague s'empara de moi et m'enfonça dans la mer tiède. Quand je refis surface, les yeux irrités par le sel, suffocant et crachant, je constatai que j'avais été entraîné à plusieurs mètres du bateau. La situation était si confuse que d'abord je crus l'avoir perdu. De grosses vagues me couraient dessus sans arrêt et tout était assombri par les nuages d'orage qui obscurcissaient le ciel. Puis j'aperçus une tache claire et je sus qu'au moins le bateau était sauf, même retourné. Je nageai dans sa direction et j'essayai de m'y agripper, mais il me fut impossible de trouver la moindre prise sur la coque lisse.

Heureusement, dans l'eau, j'étais parfaitement à mon aise, un héritage de mes vieux jours tahitiens. Quelque part sous l'eau, le mât devait pointer vers le fond et je me dis que si seulement je pouvais l'atteindre et lui donner une bonne poussée j'aurais une chance de redresser le bateau. Ce n'était pas tellement une question de force. En appliquant l'effort au bon endroit, un bateau chaviré avec son mât aura une tendance naturelle à se retourner dans le bon sens.

Je pris une bonne inspiration et plongeai. Mais j'avais sous-estimé la difficulté. Plusieurs fois, je dus recommencer avant de parvenir à attraper la tête de mât. Je savais qu'après m'en être emparé j'aurais à nager sous l'eau, me propulsant avec les jambes, et poussant d'une main le mât vers le haut. Heureusement, à midi, l'eau était chaude, mais il me fallut plonger dix ou douze fois. La lutte me semblait ne jamais devoir finir. Quand je remontais à la surface pour respirer, je ne trouvais rien à quoi m'accrocher, et je devais nager à la chien parmi les vagues déferlantes. Finalement, je parvins à atteindre le mât et à lui donner une énorme impulsion. Aussitôt il parut céder et me glissa des doigts.

Je l'accompagnai dans sa remontée jusqu'au moment où je perçus le vent sur mon visage. Je pris une bouffée d'air et d'écume en nageant dans le violent clapot, quand je sentis quelque chose me frotter la jambe. Si c'était un requin, il n'y avait rien à faire. Mais le contact avec une partie dure me fit comprendre qu'il s'agissait plutôt du mât.

Enfin, il s'établit à l'horizontale, juste sous les vagues. Je m'en emparai pour prendre mon premier moment de repos, me plaçant en travers, indifférent aux vagues qui, l'une après l'autre, venaient me frapper. Fermement accroché, à moitié submergé, je me demandais ce que je pourrais bien faire ensuite. D'abord, j'eus l'idée de pousser le mât hors de l'eau. Mais j'y renonçai, me disant que si je devais lâcher prise trop longtemps les vagues m'emporteraient.

Le mât se trouvait couché sur l'eau et il agissait à la manière d'un balancier sur une pirogue. Comme le canot flottait sur le flanc, j'avais au moins une plate-forme pour me soutenir. Mais si je voulais le mettre à l'endroit, il n'y avait rien d'autre à faire que de redresser le mât. Tant qu'il y aurait du vent, cette manœuvre serait impossible. J'essayais d'ouvrir les yeux entre les vagues qui n'en finissaient pas de me submerger.

Il semblait, d'après le peu que je pouvais voir, que le ciel commençait à s'éclaircir.

Je savais que ces orages sont violents mais courts. Aussi je choisis de prendre mon mal en patience et d'attendre que les vagues se fassent plus petites et moins nombreuses, jusqu'au moment où je pourrais nager à la verticale sans craindre d'être emporté loin du bateau.

Le grain dura une heure ou un peu plus et, chose curieuse, je ne me souviens pas d'avoir eu peur des requins. Je n'en vis aucun et je suppose que j'étais trop occupé à rester accroché au bateau – et à ma vie – pour y penser. Je crois surtout que pendant tout ce temps l'instinct seul me fit agir.

L'attente fut interminable, et, quand enfin les vagues commencèrent à s'espacer, j'eus peine à y croire. En me hissant un peu au-dessus de l'eau, je jetai un coup d'œil à la ronde. La mer était encore agitée, mais il n'y avait aucun doute qu'elle commençait à se calmer. Les vagues me frappaient encore de temps en temps mais elles ne me recouvraient plus. Le ciel aussi avait viré du noir au gris et, tout en flottant, une main accrochée au mât, j'observai la bande de ciel bleu, par où le soleil allait bientôt revenir. Aussitôt la vie me parut bien plus gaie.

Réconforté par cette constatation, je m'attaquai à la tâche essentielle, qui consistait à désolidariser le mât et les voiles du bateau. Cette opération me prit au moins une heure. Plus tard, comme je racontais à quelqu'un comment j'y étais parvenu, il me répondit froidement que c'était impossible. Quoi qu'il en soit, en usant de force et de patience, ce n'était pas aussi difficile qu'on pourrait le croire.

Mais j'eus l'impression d'y passer un siècle. Il fallait d'abord libérer le haubanage, les deux étais de derrière et celui de devant. Ils étaient constitués de câbles assujettis à leur point d'attache par des cordages qui, ayant gonflé dans l'eau, étaient devenus d'autant plus difficiles à dénouer que je devais plonger par petits coups. Mais je parvins à les défaire. Ensuite, je dus plonger pour dégager les écoutes du foc, manœuvre aisée puisque je les avais simplement tournées sur les taquets. Plusieurs fois j'eus à m'arrêter pour reprendre mon souffle et reposer mes jambes en m'agrippant au mât. La tâche suivante consistait à rassembler ce que j'avais détaché, à l'enrouler autour de la bôme et à amarrer grossièrement le tout contre le mât qui flottait encore sous l'eau.

Puis je passai à l'examen du mât lui-même. Son gréement était simple. Deux câbles reliaient la tête à chaque plat-bord et le pied reposait dans une emplanture prenant appui directement sur la quille. J'avais volontairement choisi un système peu compliqué, pour que, sans nuire à la robustesse, je puisse aisément déposer le mât sans aide, simplement en le soulevant hors de son logement.

Il se révéla que la manœuvre était beaucoup plus difficile que je ne m'y attendais. Je ne parvins pas à l'arracher bien que le vent fût complètement tombé et qu'il ne restât plus que du clapot. Mais je trempais dans l'eau depuis plusieurs heures et je commençais à sentir la fatigue. Chaque nouvelle tentative devenait plus exténuante. Toutes les fois que je me tenais d'une main au bateau et que de l'autre j'essayais d'extraire le mât, j'avais l'impression d'être trop rapproché du pied pour avoir un bon bras de levier. Je compris que je devais pouvoir utiliser mes deux mains. Je m'accrochai donc au bateau pendant quelques instants, puis je nageai jusqu'à la pointe du mât et je me mis à le secouer vigoureusement en tous sens en le tirant vers moi. À ma grande satisfaction, mes efforts furent aussitôt récompensés. Dès le premier essai, je sentis le pied se dégager de son logement. J'avais donc réussi, mais j'étais trop exténué pour éprouver autre chose qu'un profond sentiment de soulagement. Je n'avais pas à craindre que le mât se mît à dériver, tout chargé qu'il était de ses voiles qui formaient une masse spongieuse dans l'eau.

Ensuite, il devenait simple de redresser le canot. Je nageai de l'autre côté, je saisis le platbord avec mes mains et je fis contrepoids en prenant appui de mes pieds sur la dérive. Il se redressa immédiatement et je lâchai prise avant que mon poids le chavirât de nouveau. En son milieu, le plat-bord émergeait tout juste de quatre ou cinq centimètres.

J'avais perdu mon écope au cours du chavirement, aussi, après m'être reposé un peu, suspendu au plat-bord, je commençai d'évacuer l'eau avec mes mains. Le vent s'était considérablement calmé mais les vagues étaient encore assez hautes pour passer par-dessus bord, du moins jusqu'au moment où, m'aidant des bras et des jambes, je parvins à mettre la proue au vent. Me tenant de la main droite, j'écopais de la gauche. Pendant plus d'une heure, il me fallut écoper comme un fou, avec quelques arrêts pour me reposer. De temps en temps, le canot se remettait en travers des vagues, qui le remplissaient à nouveau. J'ai cru ne jamais y arriver.

En son milieu, le canot dépassait à peine de la surface de l'eau de quelques centimètres, mais j'étanchai avec obstination, sachant que le vent continuerait de tomber.

Une heure plus tard – ou peut-être davantage, j'avais perdu la notion du temps –, il me sembla que le bateau flottait un peu plus haut sur l'eau. Et le soleil commença d'apparaître. À partir de ce moment, je pris grand soin de maintenir la proue face à la mer et, pour y parvenir, je dus souvent interrompre mon travail. Même aujourd'hui, si longtemps après, je me souviens encore d'un moment en particulier : alors que je reprenais mon souffle contre le plat-bord, je m'écriai tout haut : « Neale ! Tu ne vas pas te laisser faire par ça ! »

Et en effet, en continuant d'écoper, je vis le franc-bord se dégager peu à peu jusqu'à une dizaine de centimètres au-dessus de la surface. J'avais gagné la partie. J'étais alors si exténué que ce fut comme d'avoir atteint la terre promise, et je pris le risque de monter à bord. Il m'aurait été fatal d'essayer de grimper par le côté, aussi, après m'être assuré que la proue était bien face à la mer, je rassemblai toutes les forces qui me restaient et je nageai jusqu'à la poupe, que j'escaladai en vitesse pour retomber à l'intérieur. Le canot pouvait tout juste me porter sans couler, mais il s'en fallait de très peu et je n'osais m'accorder la moindre seconde de repos. Je m'assis sur le banc du milieu et me mis à évacuer l'eau de mes mains jointes. Il est étonnant de voir quelle quantité d'eau on parvient à expulser de cette façon. En peu de temps j'avais gagné plusieurs centimètres de franc-bord et c'est alors seulement que je pus me détendre un peu.

Enfin, maintenant, je me sentais en sécurité. Il ne me restait plus qu'à finir d'étancher jusqu'au moment où le niveau serait assez bas pour me permettre de hisser à bord le mât, les voiles et la bôme, puis de me mettre en route.

Je n'avais plus assez de force pour gréer le mât et rentrer à la voile. Fort heureusement, les avirons avaient été bien arrimés et se trouvaient encore au fond du bateau. Je les dégageai et j'entrepris péniblement de ramer vers Anchorage.

J'arrivai à la nuit tombante. Au moment où je m'essuyai, une fois chez moi, je constatai que tout l'intérieur de mon bras gauche était à vif. À chaque mouvement pour rejeter l'eau, j'avais dû me râper la peau contre le plat-bord.

J'étais trop fatigué pour m'occuper de cette blessure. Comme je l'écrivis dans mon journal ce soir-là : *« Pas besoin de me bercer, cette nuit. »*

Chapitre 17

Les naufragés

Après le passage d'Andy, aucun navire ne rendit visite à Souvarof pendant plusieurs mois. À cette époque, j'étais trop heureux et trop occupé pour me plaindre du manque de contacts humains. Tout allait parfaitement bien. Je faisais trois récoltes de tomates par an et j'avais en abondance melons, concombres, oignons et patates douces, plus de fruits d'arbres à pain et de bananes que je ne pouvais en consommer et, bien que depuis longtemps ma farine fût terminée, mon carré de manioc constituait un excellent succédané pour la confection des puddings. Il me restait une bonne provision de thé que m'avait laissée Noel Barber, mais je l'économisais avec soin, utilisant et faisant resservir les feuilles plusieurs fois. Je ne manquais pas d'œufs ni d'un poulet de temps en temps, puisque j'avais maintenant une cinquantaine de poules dans le poulailler. Même l'absence de tabac ne me gênait plus. J'avais l'impression d'être immunisé contre l'état de manque, ce besoin irrésistible qui m'avait torturé quand il s'était emparé de moi. Cet heureux cours des choses confirmait ce que j'avais toujours soupçonné, à savoir que cette envie de tabac et de viande, à l'époque où je construisais la jetée, ne provenait que du surmenage.

J'aurais pu trouver à remplacer le tabac si je l'avais voulu. Beaucoup d'habitants des îles Cook fument des feuilles de bananier finement roulées pour constituer une sorte de cigare local, mais, croyez-moi, le goût est fort éloigné de celui du tabac. J'en avais bien fait l'essai autrefois et je n'avais pas trouvé cela déplaisant, mais, heureusement, j'avais atteint le stade où, pour le moment en tout cas, le tabac ne me manquait plus. J'aurais pris un profond plaisir à fumer une cigarette si quelqu'un m'en avait offert une, mais je n'étais pas prêt à m'empoisonner la vie à me rouler des cigares de bananier.

Bien que le temps n'eût véritablement aucune importance, quelques vestiges du passé, ou peut-être un besoin inconscient de conserver un lien avec le monde extérieur, m'obligeaient à tenir un compte précis des jours, des mois et des années. Je n'avais pas de calendrier, aussi m'en fabriquai-je un à partir d'une feuille de papier que je divisai en trente carrés. Chaque matin, après avoir récolté et compté les œufs, j'en inscrivais le nombre dans un carré en même temps que la date, sans oublier, à la fin de chaque mois, de me rappeler cet inestimable vers d'écolier – « Trente jours compte septembre » – et de mettre en conséquence deux dates dans le même carré quand c'était nécessaire.

Puisque je devais récolter les œufs tous les jours, je prenais un certain plaisir à en tenir un compte exact, et inscrire la date à côté du nombre d'œufs devint une formalité à laquelle je m'appliquais avec soin. Pour plus de sûreté, je reportais la date de mon calendrier fait main sur le cahier qui me servait de journal. Et je le faisais chaque soir, commençant toujours par la lecture du baromètre et continuant par la relation des événements de la journée. Je me demande pourtant si aucun de ces épisodes fut aussi saisissant que celui du 30 août 1963, quand j'écrivis : *« Aujourd'hui, j'ai eu le plus grand choc de ma vie. J'étais assis tranquille sous la galerie à tresser des palmes pour réparer un trou du toit, lorsque quelque chose me fit lever la tête. Debout devant moi, et m'observant en silence, se tenait un homme grand et mince, vêtu d'un paréo style Hawaii et d'une chemise à fleurs. À cette apparition, mon cœur s'arrêta de battre un instant puis ma frayeur fit place à la colère. »*

Mes premières paroles sortirent sur un ton de reproche et d'incrédulité : « Qu'est-ce que vous foutez ici ? »

C'est seulement quand il commença à bredouiller une réponse que je compris qu'il était aussi éberlué que moi.

« Je ne savais pas... commença-t-il. Je croyais que cette île était inhabitée.

– Qui êtes-vous ? », lui demandai-je en me radoucissant.

Il me dit qu'il s'appelait Ed Vessey, qu'il était américain et voyageait sur son yacht avec sa femme samoane et sa fille. Se rendant de Pago Pago à Honolulu, ils avaient relâché dans le lagon pour se détendre un peu d'une traversée sans vent qui leur avait demandé douze jours pour parcourir quatre cents milles.

« Je suis tout à fait désolé de vous avoir effrayé, ajouta-t-il, mais, sincèrement, j'étais moi-même encore plus sidéré que vous. Quand je vous ai découvert, j'ai essayé de vous avertir mais je n'ai pu dire un mot.

– C'est bon », dis-je d'un ton plus avenant, car, en fait, j'étais enchanté de voir un visage nouveau. « Si nous allions à votre bateau ?

– D'accord », dit-il, puis il ajouta avec tact, en jetant un regard sur mon pagne : « Peut-être pourriez-vous vous habiller un peu plus, il y a deux femmes sur la plage. »

Je me hâtai de rentrer chez moi et, pour la première fois depuis plus d'un an, j'enfilai un short.

Vêtu de mes effets les plus respectables, je fus enchanté de faire la connaissance de la femme d'Ed Vessey, une charmante Samoane qui fumait cigarette sur cigarette. Leur fille, Sileia, était une gentille adolescente de treize ou quatorze ans. Derrière, sur le lagon, leur beau yacht était au mouillage.

« Son nom est *Tiburon,* dit Vessey, c'est un bateau de treize mètres, avec six couchettes et un bon moteur auxiliaire.

– Il est magnifique ! », m'exclamai-je, non sans une pointe d'envie.

Trois nuits plus tard, ce n'était qu'une épave et je me retrouvais avec trois naufragés sur les bras.

L'accident se produisit sans préavis. La journée avait été belle et j'avais passé l'après-midi sur le *Tiburon* en compagnie de la famille. Mme Vessey nous avait chanté des chansons en s'accompagnant de la guitare. Nous avions bu un verre ou deux et j'étais rentré à terre à la rame.

Juste avant de me coucher, je jetai un coup d'œil dehors. Quelques serviettes de table étendues pour sécher battaient au vent, mais je n'y fis pas autrement attention. Les grains courts et soudains étaient monnaie courante à Souvarof, et le *Tiburon* était mouillé bien à l'abri dans le lagon.

Je me couchai, je lus un chapitre de Conrad, j'éteignis la lampe et je m'endormis profondément jusqu'au moment où un cri – « Tom ! » – m'éveilla brutalement. Je sautai du lit, car j'avais reconnu la voix d'Ed qui paraissait venir de la galerie. Je me demandai presque avec humeur ce qu'il pouvait bien faire là à cette heure de la nuit.

Puis, venant des ténèbres, plus forte que le vent, sa voix me parvint nettement, faisant cette déclaration curieusement formulée :

« Tom, il n'y a plus de *Tiburon* ! »

Je perçus de l'angoisse et non de la peur dans sa voix.

Je n'en revenais pas. Il n'y avait pas vraiment d'orage et le vent n'avait même pas commencé à faire vrombir mes haubans. Je ne trouvai rien d'autre à répondre que « Quoi ? » pendant que j'allumais une lampe-tempête. Comme je sortais sous la galerie, Ed répéta : « Il n'y a plus de *Tiburon*. »

Et là, sous l'auvent, se tenaient Ed, sa femme et sa fille. Je levai la lampe pour mieux les voir tandis que de noirs nuages filaient rapidement devant la lune. Leurs brassières de sauvetage encore autour du cou, dégoulinants, ils avaient l'air misérables.

« Entrez ! Entrez donc ! », dis-je en les faisant passer dans ma chambre à coucher, où je ramassai quelques couvertures. « Tenez, mettez ça sur vous ! Inutile de me raconter maintenant ce qui est arrivé. Laissez-moi d'abord vous faire un peu de thé. »

Je jetai quelques copeaux sur les cendres de mon feu, et la bouilloire fut bientôt en route. Ce n'est que lorsqu'ils eurent quitté leurs vêtements mouillés et bu leur thé chaud que je leur demandai ce qui s'était passé.

« Nous venions juste de nous coucher, expliqua Ed, et ça soufflait fort dehors mais sans qu'il y eût vraiment de quoi s'en faire. Puis, d'un seul coup, la ligne de mouillage a cassé. J'ai senti le *Tiburon* se mettre en travers du vent et commencer à dériver. Je sautai de ma couchette sans même prendre le temps de replacer mes fausses dents, que j'avais enlevées parce qu'elles me faisaient mal. Une fois sur le pont, je criai aux autres de se lever et je lançai le moteur. Sileia et sa mère arrivèrent immédiatement et commencèrent à détacher le canot juste pour le cas où... À ce moment-là, je n'avais pas encore trop peur. »

Il but un peu de thé, et je revois cette scène dans ma chambre à coucher comme si elle avait eu lieu hier. Ils étaient tous les trois enveloppés dans les couvertures, me rappelant, dans la faible clarté de la lampe-tempête, une image d'un livre de mon enfance, qui représentait un groupe de Peaux-Rouges tenant une assemblée capitale.

« Vous n'auriez pas une cigarette ? », implora Mme Vessey.

Je fis non de la tête, et Ed poursuivit son récit. Je compris qu'il avait essayé de faire virer le *Tiburon* pour entrer plus profondément dans le lagon, mais, évidemment, la longueur du câble qui pendait à sa proue rendait le bateau peu manœuvrant. De plus, il n'y avait aucune lumière sur l'île qui pût l'aider à s'orienter.

« Avant de pouvoir faire quoi que ce soit, dit-il

misérablement, le bateau a dérivé tout droit sur un pâté de corail. Il a dû se déchirer sur une grande longueur à l'avant, sans doute à tribord, mais l'accident s'est produit si vite que je n'ai pas pu tout embrasser d'un coup d'œil. Tom», il était presque en pleurs, «le bateau a sombré en quelques minutes. Les femmes ont eu juste le temps de libérer le canot, et nous avons sauté dedans tandis que le voilier coulait. Nous n'avons pas eu une seconde pour emporter quoi que ce soit, sauf ceci...» Il montra de la tête la guitare que sa femme avait pu saisir au dernier moment. C'était le seul et unique objet qu'ils avaient avec eux.

Apercevant l'île dans une brève trouée de lune, ils réussirent à ramer jusqu'à la côte. Mais ils atterrirent près de la pointe nord et ils durent parcourir la plage en trébuchant dans les flaques jusqu'à la jetée.

À partir de cette nuit, nous fûmes quatre à partager ma chambre à coucher, et ma vie fut transformée. C'en était fini de mon existence en solitaire qui condescendait à l'occasion à accueillir des hôtes. J'étais devenu un membre d'un groupe de quatre personnes dont je connaissais à peine les trois autres. De plus, il se pouvait très bien que mes naufragés aient à endurer leur exil en ma compagnie pendant des mois, voire des années. Ils n'avaient pratiquement pas de vêtement, pas de nourriture, en fait, rien, à l'exception d'une guitare et des nippes qu'ils portaient sur eux. Et, bien qu'ayant pris l'habitude et même du plaisir à accueillir de temps en temps les touristes d'un yacht en visite, j'étais tellement attaché à ma manière personnelle de vivre, à mon petit train-train, que l'idée de partager ma vie avec ces trois étrangers hébétés me catastrophait. Parfois, je me jurais que, quelle que soit la durée de leur séjour, je ne laisserais pas entrer une femme dans ma cuisine. J'étais si fier de mon organisation sur le plan culinaire, de mon nouveau fourneau, de ma maîtrise du feu si patiemment acquise, que l'idée d'une femme quelconque s'approchant de mes réserves me hérissait d'horreur.

Aussi, le matin suivant, je m'arrangeai pour me trouver le premier dans la cuisine, et j'y préparai un breakfast de café et d'œufs pour tout le monde. Après cela, Ed et moi partîmes examiner l'épave. Le bateau reposait sur le fond, appuyé au pâté de corail. Sa proue était submergée à marée haute, si bien que seuls le toit de la cabine et le mât émergeaient encore de l'eau. Puisque le bateau était incliné contre le corail, je dis à Ed : « Je crois qu'il vaudrait mieux attendre la marée descendante. À ce moment-là, nous pourrons peut-être monter à bord. »

Au bout d'une heure environ, nous étions de retour sur le *Tiburon*. Le niveau de l'eau avait baissé, découvrant la proue, et seul l'arrière du bateau demeurait sous l'eau. Nous pouvions monter sur l'avant et marcher à pied sec sur le pont.

D'un coup, un projet enthousiasmant s'imposa à nous.

« Pourquoi ne sauverait-on pas le matériel ? proposai-je à Ed. Vous êtes un naufragé au même titre que Robinson Crusoé. Souvenez-vous de tout ce qu'il put retirer du bateau.

– Mais la cabine, Tom ? » Ed paraissait hésitant. « Lequel de nous deux pourrait retenir son souffle assez longtemps pour aller récupérer quelque chose qui en vaille la peine ?

– Ce n'est pas retenir mon souffle qui me tracasse, dis-je en pensant à l'époque où je faisais de la plongée à Tahiti et, il n'y avait pas si longtemps, quand j'avais plongé tant de fois pour sauver mon canot chaviré.

» Le problème se pose une fois que vous y êtes. Il est assez facile de tenir ses yeux ouverts en nageant sous l'eau mais il sera certainement plus difficile de chercher à tâtons les petits objets dans une cabine pleine d'eau. Comment retrouvera-t-on vos dents, par exemple ?

– Que ne donnerais-je pas pour les récupérer », soupira Ed. Et il ajouta : « Je vais vous dire ce que j'ai : un masque. Je n'ai pas de tuba et vous ne pourrez pas respirer, mais il est pourvu d'une grande surface vitrée étanche qui couvre tout le visage. »

C'était tout ce qu'il me fallait.

Ed jura qu'il savait exactement où le trouver dans le carré. Le lendemain, à marée basse, nous grimpions à nouveau sur le bateau. Puisque le masque était d'une importance primordiale, nous avions établi qu'Ed ferait la première plongée – ou plutôt la première tentative – dans la cabine submergée. Ensuite, nous plongerions chacun à notre tour.

Nous pataugeâmes sur le pont jusqu'à l'escalier de descente donnant accès au carré où Ed et sa femme avaient dormi juste avant le naufrage.

S'y introduire ne s'avéra pas aussi difficile que nous l'avions craint. Ed descendit doucement les marches de l'escalier, la tête hors de l'eau, jusqu'au moment où ses pieds touchèrent le plancher. Puis il prit une bonne inspiration et disparut pendant que je restais à l'attendre avec de l'eau à hauteur des genoux. Bien qu'il n'eût sans doute pas séjourné sous l'eau plus d'une minute, il me sembla qu'il y était resté un siècle lorsqu'il réapparut, suffocant, sur les marches au-dessous de moi. Sa tête juste hors de l'eau, il respira un grand coup et brandit triomphalement le masque. Il l'avait trouvé dès la première tentative.

Ce fut là le début d'une quinzaine entière passée à plonger pour les « trésors cachés », ce qui comprenait tout, de la pâte dentifrice aux jumelles.

Nous avions établi un strict emploi du temps. Je commençais la journée avec le breakfast, puis les femmes faisaient la vaisselle, nettoyaient la baraque et ramassaient du bois pour le feu pendant qu'Ed et moi nous rendions sur le bateau à marée basse. Ed en était encore à chercher désespérément ses dents tandis que sa femme était obsédée par l'idée qu'il restait quelques cartouches de cigarettes à bord. Elle m'expliquait leur place exacte dans tous les détails.

« Elles sont dans l'équipet juste au-dessus de ma couchette », insistait-elle, au point que je ne pus m'empêcher de lui répondre : « Quel joli petit tas de tabac ça vous fera après un séjour de plus d'une semaine dans l'eau de mer ! »

Pauvre femme ! Elle était vraiment intoxiquée. Dès que nous nous mettions en route pour nos expéditions de plongée, elle abandonnait Sileia – une gentille fille tranquille mais pas très jolie – et se hâtait d'aller cueillir les jeunes feuilles de bananier dans la brousse. Puis elle se les roulait avec une dextérité experte. Il était rare de la voir sans un de ces cigares à la bouche.

Bien qu'Ed et moi plongions chacun de trente à quarante fois par jour, chaque plongée durant à peu près une minute, ses cartouches de cigarettes n'avaient pu être récupérées. Évidemment, il n'était pas question pour nous de nous mettre à la recherche d'objets déterminés. Nous ne pouvions rien faire d'autre que de plonger et attraper ce qui nous tombait sous la main.

Nous éprouvions une étrange sensation à l'intérieur du bateau. Bien que coulé, le *Tiburon* reposait juste au ras de l'eau et des rayons de lumière pénétraient dans les hublots, de sorte que l'on voyait très bien à travers le masque. Je faisais l'expérience d'un sentiment de lévitation. L'eau à travers laquelle je me déplaçais en retenant ma respiration était pleine d'objets curieux qui semblaient défier la gravité – des livres déchirés, des papiers, des cartes, de petits morceaux de tissu, qui flottaient légèrement autour de moi.

Malheureusement, au bout d'une semaine, ces papiers, ces livres commencèrent à se désagréger et les plongées devinrent beaucoup plus difficiles. Nous devions maintenant évoluer dans une eau si pleine de particules de papier qu'on n'y voyait plus rien.

Parmi les premières choses que nous récupérâmes se trouvaient les vêtements et la literie des Vessey. À nous deux, nous retirâmes tous leurs effets, trois matelas, leurs couvertures, les draps et même des serviettes. Nous chargeâmes tout cela dans mon bateau, puis on les mit à sécher sur la plage, après quoi Mme Vessey eut pour tâche de les rincer afin d'en éliminer le sel.

Au voyage suivant, nous explorâmes la cuisine et nous en rapportâmes sept bouteilles d'alcool et toutes les conserves en boîtes que l'on put trouver – du corned-beef, des fruits au sirop, du beurre et même de la crème. Quand nous eûmes ramené la nourriture à terre, les boîtes furent passées trois ou quatre fois dans de l'eau douce, pour les débarrasser de leur sel, puis soigneusement séchées avant d'être stockées.

Vers la fin de la deuxième semaine, je finis par mettre la main sur les cigarettes de Mme Vessey (deux cartouches très détrempées de Pall Mall), et je n'oublierai jamais son expression quand je les lui tendis.

« Ce n'est pas la fin du monde », lui dis-je pour la consoler. Il vous faudra les déballer, puis faire tremper le tabac dans de l'eau douce pour évacuer le sel. Ensuite vous devrez le sécher, et je vous donnerai de mon papier à cigarettes pour vous en rouler de nouvelles. »

Pauvre Mme Vessey! L'obsession d'une bonne bouffée de tabac, maintenant que ses cigarettes se trouvaient devant elle, était assez forte pour l'emporter sur sa consternation du moment. Dans l'espoir d'un miracle, elle prit les cartouches ramollies et les ouvrit.

Eh bien, le croiriez-vous, si impossible que cela paraisse, quelques cigarettes étaient encore sèches! Cinq paquets enveloppés de cellophane avaient échappé à la macération générale et se trouvaient en état d'être fumés. Évidemment, Mme Vessey avait déjà une cigarette entre les lèvres avant que j'aie pu me remettre de mon étonnement. De tous les événements curieux qui s'étaient produits à Souvarof, celui-là était l'un des plus étonnants. Ces cigarettes avaient trempé dans l'eau de mer pendant quinze jours !

Mme Vessey était si réjouie qu'elle me donna deux des paquets secs. Mais je n'allais pas les fumer comme ça ! J'ouvris une cigarette et roulai la moitié du tabac dans une de mes feuilles de papier.

Mon deuxième jour de triomphe fut celui où je retrouvai les dents d'Ed. Depuis que l'eau, à l'intérieur du bateau, était devenue sale et épaisse, j'avais perdu tout espoir de mettre la main sur un objet si petit. À ce moment-là, il ne restait plus grand-chose de valeur à sauver. Mais un matin que je me tenais d'une main vers le bas et que de l'autre j'explorais le plancher à travers une masse de papier, je sentis entre mes doigts un machin dur et d'une forme curieuse.

C'était là en effet sa prothèse dentaire. Quelle célébration nous avons faite ce soir-là !

J'avais préparé une poule dans la matinée et, pour la première fois depuis le naufrage du *Tiburon,* Ed put se mettre quelque chose d'un peu ferme dans la bouche.

Nous ouvrîmes une boîte de pêches et une bouteille de rhum, toutes deux rescapées du yacht. Ed porta un toast en mon honneur et proclama : « Je promets de ne plus jamais me plaindre si ces dents me font encore mal, et, à partir de maintenant, elles ne bougeront plus de là où elles sont ! Merci, Tom ! »

Notre petite fête nous tint éveillés plus longtemps que d'habitude. Nous vidâmes presque toute la bouteille de rhum pendant que Mme Vessey jouait de la guitare à la lumière d'une lampe à pétrole. Vers minuit, je fis une réflexion qui eut de curieuses suites. « Il est temps d'aller nous coucher, dis-je, le pétrole est précieux dans ce coin du monde. »

Ed s'excusa, tout confus : « Je suis désolé, Tom, à l'idée que nous brûlons toute votre provision juste pour chanter un peu. »

Le matin suivant, en rentrant d'une promenade sur la plage, il paraissait pensif. Il vint à moi, dans le fond de la cour où j'empilais du bois. « Cela peut vous paraître idiot, commença-t-il avec hésitation, mais je crois que si vous vouliez m'aider je pourrais nous installer la lumière électrique. »

Je le regardai avec stupéfaction.

« Oui, je vous assure ! Il reste à bord du *Tiburon* un moteur avec sa génératrice, plein de matériel électrique et du fuel. Nous n'aurons qu'à amener tout cela à terre et, après l'avoir séché, il n'y aura aucune raison pour que nous ne puissions pas faire démarrer le moteur. »

À marée basse, nous nous rendîmes sur l'épave. Le moteur qui entraînait le générateur était boulonné sur le pont, un peu en arrière de la barre. À vue d'œil, il pesait au moins ses cent cinquante kilos.

Puisque toute la partie arrière se trouvait submergée en permanence, la seule façon d'avoir accès aux boulons était de nous agenouiller sur le pont, armés d'une grande clef, de nous pencher jusqu'à nous mettre le nez au ras de l'eau et essayer de dévisser les écrous. L'opération se révéla épuisante. Il nous fallut presque une journée pour venir à bout des trois écrous, mais, quand nous en fûmes au quatrième, il fut impossible de l'atteindre avec une clef. Nous essayâmes encore toute une journée, mais, obligés de travailler constamment avec nos mains sous l'eau, nous ne parvînmes pas à le faire tourner.

« On ne va pas abandonner maintenant ? s'exclama Ed avec rage. Nous n'avons qu'à couper le boulon avec une scie à métaux. »

En théorie, cela paraissait judicieux, mais, en pratique, nous nous aperçûmes qu'il était impossible d'approcher la scie du boulon. Finalement, nous fûmes obligés d'utiliser la lame de scie sans son support. Nous eûmes raison de ce boulon tout comme deux prisonniers réussissent à scier les barreaux de leur cellule. En travaillant à tour de rôle, toujours sous l'eau, il nous fallut encore une journée entière pour libérer le moteur.

Mais, maintenant, il était trop lourd pour que nous puissions le soulever à deux. Heureusement, les mâts étaient encore debout et, pataugeant dans l'eau jusqu'aux genoux, nous arrivâmes à gréer un palan, à hisser le moteur au-dessus de l'eau et à le descendre doucement à l'arrière de mon canot. Puis on passa par-dessus bord deux réservoirs en caoutchouc pleins de fuel, qu'Ed transportait en réserve sur le pont, et nous les remorquâmes jusqu'à l'île.

Une fois le moteur sur la plage, nous entreprîmes de le démonter et de nettoyer avec soin chaque pièce dans du fuel pour la débarrasser du sel. C'était un ouvrage de damnés de travailler sur la plage en plein soleil, d'autant plus qu'après un mois sous l'eau chaque boulon et chaque écrou semblaient scellés par le sel. Quatre jours durant, nous nous acharnâmes sur le moteur, parfois si absorbés dans notre tâche que nous en oubliions les heures de repas, jusqu'au moment où Sileia accourait nous prévenir que la popote était prête. Le moteur était couvert d'une crasse épaisse qui eut tôt fait de salir tous mes outils. Quand nous eûmes mis au jour les cylindres, la suite fut assez simple, mais jusque-là nous n'avions pas osé couper les boulons récalcitrants, faute de pièces de rechange. Nous nous étions malgré tout risqués à frapper quelques coups à l'aide d'un marteau et d'un ciseau pour dévisser les écrous les plus obstinés et pouvoir enfin atteindre les pistons et les soupapes.

Chaque pièce ayant été nettoyée et séchée,

nous remontâmes le moteur et nous le raccordâmes à un réservoir de fuel. J'avais quelque peine à croire qu'il marcherait, et je restai là à regarder, d'un air sceptique. Ed tourna la manivelle pour entraîner le volant. Il ne se passa rien. Un autre effort, un autre tour, toujours rien.

« Mais, je le sens, il est prêt à partir », grogna Ed.

Il donna une nouvelle impulsion au volant, et cette fois les pistons bougèrent. Il cracha, toussa, puis se mit à vivre.

Tout exalté, Ed se pencha dessus et l'arrêta pour changer l'huile. Nous recommençâmes quatre fois cette opération – ne laissant le moteur en marche qu'une demi-minute – avant qu'Ed se déclarât satisfait.

Pendant qu'Ed travaillait sur l'un de ses deux générateurs de rechange, je coupai quatre branches d'arbre qui serviraient de rouleaux pour avancer le moteur de la plage jusqu'au hangar. Après les avoir écorcés, ils remplirent assez bien leur fonction. Il ne nous en fallut pas moins toute une journée pour amener le moteur jusqu'à une plate-forme en ciment construite autrefois par les garde-côtes pour leur propre générateur.

Le moteur aurait dû être boulonné sur le socle, mais, comme nous n'avions aucun moyen de le faire, nous construisîmes un cadre de bois dans lequel nous enfonçâmes des cales fabriquées de manière à coincer le moteur et à éviter les trépidations intempestives. Nous avions alors récupéré tout le matériel électrique du bateau et, dans l'après-midi suivant, Ed avait festonné la chambre, la salle à manger, et même la cuisine, de fils électriques.

En tout, nous étions les heureux possesseurs de quatre ampoules et, en ce jour mémorable, juste avant la tombée de la nuit, Ed mit le moteur en marche. Je me tenais sous la véranda avec Mme Vessey, qui, maintenant, avait déjà fumé toutes ses cigarettes et en était à nouveau aux feuilles de bananier quand Ed s'écria : « On y va, Tom. »

Il donna deux tours de manivelle, et en quelques secondes Souvarof fut inondé – enfin presque ! – de lumière électrique.

Comme je l'écrivais dans mon journal ce soir-là, à la lumière d'une ampoule : *« Personne de ceux que je connais à Rarotonga ne me croirait si je leur disais que j'ai la lumière électrique à Souvarof. »* Puis, je ne sais pourquoi, j'ajoutais : *« Tout cela serait bien beau si seulement ça ne me rappelait d'un peu trop près cette civilisation que j'ai toujours voulu fuir. »*

En repensant à ces mois où les naufragés séjournèrent avec moi, je suis encore étonné qu'il n'y ait jamais eu entre nous un mot plus haut que l'autre. Ils s'adaptèrent de façon remarquable à la situation et se firent une philosophie qui leur permit d'accepter les choses sans une plainte ni un mouvement d'humeur.

Quant à moi, ayant choisi cette existence, je n'avais pas à affronter les mêmes difficultés. Dans une certaine mesure, aussi, l'attitude des Samoans face à la vie aida sans doute Mme Vessey à accepter ce qui s'était passé. Mais, pour Ed, la perte du *Tiburon*, ajoutée à la perspective de rester pendant des mois sans aucun contact avec la civilisation, dut être une rude épreuve. Ed était un homme remarquable. Il ne rouspéta jamais, il ne donna même jamais l'impression d'être soucieux. Et c'est seulement lorsqu'ils furent sauvés et qu'Ed n'eut plus à maîtriser son exaltation, que je compris ce qu'il avait enduré secrètement pendant tout ce temps pour ne pas inquiéter sa femme et sa fille.

Leur délivrance ne devait avoir lieu qu'au bout de deux mois, pendant lesquels nous nous installâmes dans une routine agréable. Puis, un matin, vers 8 heures, comme je marchais le long de la plage, j'aperçus la silhouette grise d'un navire à cinq milles au large.

Il passait au nord de l'île et naviguait vers l'est. Même à cette distance, je pouvais dire qu'il s'agissait d'un bâtiment de guerre. Je courus le long du sentier et criai : « Ed, venez vite ici et apportez vos jumelles ! »

Il comprit aussitôt de quoi il s'agissait : « J'arrive ! », cria-t-il tout excité, et en moins d'une minute il m'avait rejoint sur la jetée, juste à temps pour voir le bateau disparaître derrière la pointe nord de l'île.

« Nom de Dieu ! s'écria-t-il en baissant ses jumelles. Il faut l'arrêter, il le faut !

– J'ai peur que ce ne soit trop tard », murmurai-je.

La femme et la fille d'Ed arrivaient en courant, et ce dernier leur cria : « Passons de l'autre côté de l'île ! »

Trois cents mètres seulement séparaient la jetée de Pylades Bay, mais jamais ils ne nous parurent si longs à parcourir. Ed fonçait devant lui sans se soucier des branches et des buissons, s'essoufflant quand même à ce brusque effort, pendant que sa femme se traînait derrière en criant « Attends-moi ! », comme s'il pouvait la perdre.

« On pourra peut-être le voir encore ! balbutia Ed. Tom, il faut qu'on l'arrête ! »

Nous émergeâmes de la brousse dans la pleine lumière de la plage et nous le découvrîmes, juste devant nous.

« C'est bien un navire de guerre », confirma Ed en observant à travers ses jumelles. Puis il ajouta d'une voix étranglée : « Mais je ne pense pas qu'il s'arrête. »

Je n'eus pas le cœur de lui dire que, d'après ce que j'en savais, il avait tout à fait raison. Mais Ed ne se tint pas pour battu. Se tournant vers Sileia, il lui dit : « Cours vite chercher le miroir de ta mère dans la chambre à coucher. » Il me regarda avec angoisse pendant que la gosse détalait.

« Peut-être que nous pourrons lui adresser un message par signaux, nous avons encore le temps. » En moins de deux minutes, Sileia était de retour. Ed s'empara du miroir et commença de s'en servir comme d'un miroir de signalisation.

« Ne le perdez pas de vue, Tom », dit-il tout en envoyant ses signaux par réflexion des rayons du soleil. Je pris les jumelles et je constatai que le navire continuait de filer au même cap. Et, soudain, j'eus l'impression que... qu'il n'avançait plus.

« Rien de nouveau ? », demanda Ed.

Il me semblait que le bateau s'était arrêté, mais je n'en étais pas sûr. Mes yeux me jouaient peut-être un mauvais tour et je n'osais pas me risquer à faire naître un faux espoir.

« Continuez vos signaux », lui dis-je.

Au bout de deux minutes, le doute n'était plus possible. « Il a vu vos signaux ! », m'écriai-je, tout excité.

À ces mots, Ed posa le miroir, et, élevant Sileia dans ses bras, s'exclama : « Nous sommes sauvés, chérie ! Tu te rends compte, nous sommes sauvés ! »

Dans les jumelles, je pouvais voir nettement que le navire avait maintenant changé de cap et se dirigeait droit sur l'île. Moins d'une heure plus tard, il était mouillé dans le lagon et Ed et moi nous rendions à son bord. C'était une frégate néo-zélandaise, le *Pukaki*.

Nous montâmes à bord, et le capitaine, après nous avoir confirmé qu'il avait capté nos signaux, accepta de bonne grâce de donner à Ed le temps de faire ses bagages. Il envoya même une équipe à terre pour aider à charger les objets les plus lourds – tels que le moteur et le générateur. Ed voulait emporter ce qu'il avait sauvé du naufrage, car c'était là tout ce qu'il possédait au monde. « Mais il faudra faire vite, dit le capitaine avec fermeté, je n'ai pas les moyens d'attendre toute la journée. »

Je restai à bord un peu plus longtemps, bavardant avec les jeunes Néo-Zélandais de l'équipage. Ils me rappelaient d'une manière très touchante l'ardeur et l'enthousiasme avec lesquels j'avais, moi aussi, commencé la même carrière. Je ne voulais pas me trouver à terre avec les Vessey pendant qu'ils faisaient leurs bagages. Leur départ imminent m'affectait plus profondément qu'aucun des adieux que j'avais déjà vécus.

Tout en m'attardant à bord, je redoutais le moment où ils partiraient. Nous étions passés à travers tant d'événements ensemble et nous avions vécu aussi proches les uns des autres que peuvent le faire des êtres humains, sans jamais un mot plus haut que l'autre. Et puis, à ma manière très paternelle, je m'étais pris de beaucoup d'affection pour Sileia. Avec une sorte d'étonnement, je pris conscience que j'avais secrètement nourri l'espoir que peut-être ils ne seraient jamais délivrés.

Heureusement, les formalités d'appareillage dans la marine de guerre permettent rarement les adieux prolongés, et je préférais cela.

Nous nous séparâmes dans la petite cabine que le capitaine avait mise à leur disposition. Ed me serra la main, je donnai un gros baiser à Sileia, puis Mme Vessey – Mme Vessey, la joyeuse fumeuse de bananier – se mit à pleurer en me jetant les bras autour du cou et en m'embrassant avec ferveur. « Que Dieu vous protège, Tom, pour ce que vous avez fait. » Voilà tout ce qu'elle me dit.

Je me dépêchai d'enjamber le bastingage pour descendre dans mon canot, car je sentais que ces picotements dans les yeux menaçaient de me trahir. En ramant vers la plage, je me dis presque brutalement : « Voyons, Neale, tu as choisi ta vie, ne la gâche pas. »

Le *Pukaki* avait repris sa route bien avant que j'atteigne la plage. Je n'ai jamais revu Ed et sa famille.

Post-scriptum

Ainsi se termine mon histoire, car j'ai quitté Souvarof le 27 décembre 1963, à peine deux mois après le départ des naufragés. Plusieurs circonstances m'amenèrent à prendre cette décision.

La raison principale est fort simple. Je me rendais compte que je prenais de l'âge, et la perspective d'une mort solitaire ne me tentait pas outre mesure. Je ne voulais pas faire de sentiment là-dessus, mais le temps était venu de m'éveiller d'un rêve exquis avant qu'il ne tourne au cauchemar.

J'aurais pu m'attarder sur l'île pendant quelques années encore mais, peu après le départ des Vessey, un groupe de onze plongeurs de perles arriva à Souvarof et, franchement, transforma mon paradis en enfer. C'étaient des indigènes insouciants de Manihiki, et je ne les détestais pas. Mais leur désordre, le bruit qu'ils faisaient et la promiscuité suffirent à dissiper mes doutes et couper court à toute hésitation.

Puis, quand j'appris que d'autres Polynésiens pourraient bien venir chaque année plonger dans le lagon pendant quelques mois, je décidai de repartir avec les plongeurs.

C'est ce que je fis, et je le ne regrette pas.

À présent, je suis de retour à Rarotonga. Et, voyez-vous, j'ai aussi apporté la preuve que j'étais capable de vivre sur une île déserte et d'y être heureux. Cette réussite me permet aujourd'hui de penser que l'emploi de magasinier, somme toute, n'est pas aussi monotone que je l'avais ressenti avant 1952.

Je suis comblé de souvenirs dont personne ne pourra jamais me déposséder. Je me suis plu à les ressusciter dans ces pages, et j'espère que vous y avez pris le même plaisir.

Table

Cet ouvrage a été achevé d'imprimer
par l'imprimerie Darantiere (Quetigny)
en octobre 2009 pour le compte des
Éditions de La Table Ronde.

Dépôt légal : mai 2009.
N° d'édition : 173156.
N° d'impression : 29-1504.

Imprimé en France.

R 1